Sportgroßveranstaltungen als staatliche Herausforderung

Europäische Hochschulschriften
Publications Universitaires Européennes
European University Studies

Reihe II
Rechtswissenschaft

Série II Series II
Droit
Law

Bd./Vol. 5334

PETER LANG
Frankfurt am Main · Berlin · Bern · Bruxelles · New York · Oxford · Wien

Henning Gädeke

Sportgroßveranstaltungen als staatliche Herausforderung

PETER LANG
Internationaler Verlag der Wissenschaften

Bibliografische Information der Deutschen Nationalbibliothek
Die Deutsche Nationalbibliothek verzeichnet diese Publikation in der Deutschen Nationalbibliografie; detaillierte bibliografische Daten sind im Internet über http://dnb.d-nb.de abrufbar.

Zugl.: Freiburg (Breisgau), Univ., Diss., 2011

Dekan: Prof. Dr. Sebastian Krebber
Erstgutachter: Prof. Dr. Andreas Voßkuhle
Zweitgutachter: Prof. Dr. Jens-Peter Schneider
Datum der mündlichen Prüfung: 8. November 2011

Gedruckt auf alterungsbeständigem,
säurefreiem Papier.

D 25
ISSN 0531-7312
ISBN 978-3-631-63265-9

www.peterlang.de

Meinen Eltern и Калина

Vorwort

Die vorliegende Arbeit wurde von der Juristischen Fakultät der Albert-Ludwigs-Universität Freiburg im Oktober 2011 als Dissertation angenommen. Die Arbeit befindet sich im Bezug auf Rechtsprechung und Literatur auf dem Stand Mai 2011. Vereinzelt konnte spätere Rechtsprechung und Literatur noch berücksichtigt werden.

Mein Dank gilt zunächst meinem Doktorvater Prof. Dr. Andreas Voßkuhle, der trotz zahlreicher Verpflichtungen bereit war, diese Arbeit zu betreuen und stets die Zeit für wissenschaftlichen Rat fand. Er ließ mir dabei die akademische Freiheit, die man sich als Doktorand wünscht. Prof. Dr. Jens-Peter Schneider danke ich für die zügige Erstellung des Zweitgutachtens und seine inhaltlichen Anregungen.

Ein besonderer Dank gilt Dr. Stephan Neidhardt, Maître en droit, LL.M., der immer bereit war, über diese Arbeit zu diskutieren und dadurch wertvolle Impulse gab. Sonja Röder, LL.M., danke ich herzlich für die kritische Durchsicht der Arbeit.

Herrn Polizeidirektor Uwe Papenfuß, Leiter der Polizeidirektion Kassel, danke ich für die Einblicke in die polizeiliche Praxis im Zusammenhang mit Sportgroßveranstaltungen, die er mir in einem ausführlichen Hintergrundgespräch gewährte.

Meinen Eltern und meiner Frau Kalina danke ich für ihre mannigfaltige Unterstützung. Ihnen widme ich diese Arbeit.

Inhaltsverzeichnis

Abkürzungsverzeichnis

a. a. O.	am angegebene Ort
ABl.	Amtsblatt
Abs.	Absatz
AG	Amtsgericht
AK	Alternativkommentar
ÄndG	Änderungsgesetz
AöR	Archiv des öffentlichen Rechts
Art.	Artikel
ASDS	Association Suisse de Droit du Sport
Aufl.	Auflage
BayRS	Bayerische Rechtssammlung
BayVBl.	Bayerische Verwaltungsblätter
Bd.	Band
BGBl.	Bundesgesetzblatt
BGH	Bundesgerichtshof
BGHZ	Entscheidungen des Bundesgerichtshofs in Zivilsachen
BMI	Bundesminister des Innern
BMJ	Bundesminister der Justiz
BT-Drs.	Drucksache des Deutschen Bundestages
BVerfG	Bundesverfassungsgericht
BVerfGE	Entscheidungen des Bundesverfassungsgerichts
BVerwG	Bundesverwaltungsgericht
BVerwGE	Entscheidungen des Bundesverwaltungsgerichts
bzw.	beziehungsweise
ca.	circa
DDR	Deutsche Demokratische Republik
ders.	derselbe
DFB	Deutscher Fußball Bund
DFL	Deutsche Fußball Liga

d. h.	das heißt
DM	Deutsche Mark
DOSB	Deutscher Olympischer Sportbund
DÖV	Die Öffentliche Verwaltung
dpa	Deutsche Presse-Agentur
DPolBl.	Deutsches Polizeiblatt
DVBl.	Deutsches Verwaltungsblatt
ebd.	ebenda
EG	Europäische Gemeinschaft
EU	Europäische Union
EuGH	Europäischer Gerichtshof
EuR	Europarecht (Zeitschrift)
EuZW	Europäische Zeitschrift für Wirtschaftsrecht
f. / ff.	folgende
FIFA	Fédération Internationale de Football Association
Fn.	Fußnote
FS	Festschrift
GBl.	Gesetzblatt
GewArch	Gewerbearchiv
GmBH	Gesellschaft mit beschränkter Haftung
GS	Gedenkschrift
GVBl.	Gesetz- und Verordnungsblatt
GVwR	Grundlagen des Verwaltungsrechts
HGR	Handbuch der Grundrechte
Hrsg.	Herausgeber
HStR	Handbuch des Staatsrechts
iVm	in Verbindung mit
JR	Juristische Rundschau
JurPC	Internet-Zeitschrift für Rechtsinformatik und Informationsrecht
JZ	Juristenzeitung

Lfg.	Lieferung
LG	Landgericht
LKV	Landes- und Kommunalverwaltung
LT-Drs.	Drucksache des Landtages
MEPolG	Musterentwurf eines einheitlichen Polizeigesetzes
Mio.	Million(en)
Mrd.	Milliarde(en)
NJW	Neue Juristische Wochenschrift
NordÖR	Zeitschrift für Öffentliches Recht in Norddeutschland
Nr.	Nummer
NRW/NW	Nordrhein-Westfalen
NVwZ	Neue Zeitschrift für Verwaltungsrecht
NVwZ-RR	NVwZ-Rechtsprechungs-Report Verwaltungsrecht
NZBau	Neue Zeitschrift für Baurecht und Vergaberecht
NZV	Neue Zeitschrift für Verkehrsrecht
OLG	Oberlandesgericht
OVG	Oberverwaltungsgericht
PrOVGE	Entscheidung des Preußischen Oberverwaltungsgericht
RabelsZ	Rabels Zeitschrift für ausländisches und internationales Privatrecht
RL	Richtlinie
Rn.	Randnummer
Rs.	Rechtssache
RT-Drucks.	Drucksache des Reichstages
S.	Seite
Slg.	Sammlung
SpuRt	Sport und Recht (Zeitschrift)
SR	Systematische Rechtssammlung (Schweiz)
TM	Unregistered Trade Mark
UEFA	Union Européenne de Football Association
usw.	und so weiter

v.	versus
VBlBW	Verwaltungsblätter für Baden-Württemberg
VerwArch	Verwaltungsarchiv
VG	Verwaltungsgericht
VGH	Verwaltungsgerichtshof
vgl.	vergleiche
VO	Verordnung
VR	Verwaltungsrundschau
VVDStRL	Veröffentlichungen der Vereinigung der Deutschen Staatsrechtslehrer
W-LAN	Wireless Local Area Network
WM	Weltmeisterschaft
WM-OK	Weltmeisterschafts-Organisationskomitee
ZEuP	Zeitschrift für Europäisches Privatrecht
ZG	Zeitschrift für Gesetzgebung
ZHR	Zeitschrift für das gesamte Handels- und Wirtschaftsrecht
ZIS	Zentrale Informationsstelle Sporteinsätze
ZRP	Zeitschrift für Rechtspolitik

Erster Teil: Einführung

§ 1 Historische Einführung, Aufriss der Probleme und Gang der Untersuchung

I. Historische Einführung

„Panem et circenses" [1] – dieses Zitat aus den Satiren des römischen Dichters Juvenal aus dem ersten Jahrhundert nach Christus steht wie kein anderes für Großveranstaltungen der verschiedensten Art.

Diese reichten in der Antike von Gladiatorenkämpfen im Kolosseum und Wagenrennen im Circus Maximus in Rom bis hin zu tagelangen Feiern zur Krönung neuer Kaiser. Auch die Panhellenischen Spiele, zu denen die Olympischen Spiele zählten und die bereits im 8. Jahrhundert vor Christus stattfanden, können als Vorgänger von Sportgroßveranstaltungen unserer Zeit bezeichnet werden.[2]

Der Zweck dieser Veranstaltungen war und ist zum einen - wie der Ausdruck „Brot und Spiele" verdeutlicht - die Unterhaltung des Publikums.[3] Andererseits wurden schon immer auch politische Ziele damit verfolgt. So dienten die Olympischen Spiele als politisches Forum und nach den Perserkriegen als Symbol innerstaatlicher Eintracht.[4] Zusätzlich stellten die Spiele dieser Zeit bereits damals einen bedeutenden Wirtschaftsfaktor für die ausrichtenden Städte und die regionale Wirtschaft dar. Der bedeutendste Unterschied zu den heute ausgetragenen Sportgroßveranstaltungen liegt in der Trägerschaft. Die Veranstaltungen der Antike[5] wurden, sieht man von Besonderheiten bei Gladiatorenkämpfen ab, in der Regel als öffentliche Aufgabe[6] wahrgenommen und nicht wie in heutiger Zeit zumeist von Privaten durchgeführt. Die verschiedenen Interessen und Dimensionen antiker Spiele sind

---

1 Decimus Iunius Iuvenalis (Juvenal), Satiren, 10, 81. Dieser Ausdruck war ursprünglich als Kritik am römischen Volk gedacht, das seine Macht an Feldherren und Beamte abgegeben hat und sich nunmehr mit Brot und Spielen zufrieden gibt.

2 Vgl. auch den ähnlichen historischen Vergleich bei W. Woyke, Mega-Events und ihre Bedeutung für die Politik, in: ders. (Hrsg.), Sport und Politik, 2006, S. 13f.

3 Zum anderen wurden die Veranstaltungen der Antike - insbesondere die Panhellenischen Spiele – aber auch zur Ehrung der Götter ausgerichtet. Zu den Panhellenischen Spielen zählten neben den Olympischen Spielen zu Ehren des Zeus auch die Pythischen Spiele zu Ehren des Apollon, die Isthmischen Spiele zu Ehren des Poseidon und die Nemeischen Spiele, die ebenfalls zu Ehren des Zeus stattfanden, vgl. M. Siebler, Olympia, 2004, S. 5.

4 Ebd., S. 166.

5 Vgl. hierzu im Hinblick auf die öffentlichen Spiele im Rom der Antike F. Bernstein, Ludi publici, 1998, S. 23ff.

6 Vgl. auch das Staatsverständnis von Aristoteles, Politik, Drittes Buch, 9. Kapitel (1280b), zitiert nach: E. Rolfes, Aristoteles: Politik, 1981, S. 96: „Zweck des Staates ist also, dass man gut lebe [...]."

auch bei den Sportgroßveranstaltungen unserer Zeit wieder zu beobachten, wie sich im weiteren Verlauf der Arbeit zeigen wird.

Eine Renaissance erlebten Sportgroßveranstaltungen in der Neuzeit im Zusammenhang mit der durch die Industrialisierung ausgelösten zunehmenden Verstädterung und dem Aufkommen von Massenkommunikationsmitteln. Es war vor allem der Fußball, der von England aus seinen Siegeszug um die Welt antrat, in einem Ligabetrieb organisiert wurde und damit zum wöchentlichen Großereignis wurde. Hieraus folgend stehen in dieser Arbeit auch Fußball-Veranstaltungen im Vordergrund der Bearbeitung.

II. Aufriss der Probleme und die Notwendigkeit ihrer gemeinsamen Behandlung

Sportgroßveranstaltungen bilden aus tatsächlichen und rechtlichen Gründen eine spezielle Materie, die es bereichsspezifisch zu behandeln gilt. Sie sind gekennzeichnet durch spezielle Phänomene und rechtliche Probleme, die möglicherweise auch ein speziell auf sie zugeschnittenes juristisches Instrumentarium notwendig machen.

Ein Blick auf die zu Sportgroßveranstaltungen erschienene Literatur[7] zeigt, dass aus verwaltungsrechtlicher Sicht ein Großteil der spezifischen rechtlichen Probleme typischerweise im Sicherheitsrecht angesiedelt ist. Hierbei geht es zum einen um die Frage der Sicherheit derartiger Veranstaltungen, daneben aber auch um die Problematik, wer die dadurch entstehenden Kosten erstatten muss. Wie die Notwendigkeit des Sportstättenbaus zeigt, sind darüber hinaus auch Bereiche wie das Bauplanungs- und Bauordnungsrecht betroffen.

1) Auswirkungen auf den öffentlichen Raum

Die rechtlichen Probleme rühren daher, dass Sportgroßveranstaltungen allein durch ihre Größe in den öffentlichen Raum „hineinragen“. Als wichtigste Beispiele jüngerer Zeit sind die Fußballweltmeisterschaft 2006 sowie im kleineren Maßstab die Handballweltmeisterschaft 2007 und die Leichtathletikweltmeisterschaft 2009 in Deutschland zu nennen, bei denen Zehntausende in die Stadien und Hallen strömten. Hinzu kommen beinahe jede Woche Fußballspiele mit bis zu 80 000 Zuschauern mit womöglich rivalisierenden Gruppierungen oder Motorsportveranstaltungen

---

7 Verwiesen sei hier nur auf die Arbeiten von F. Deusch, Polizeiliche Gefahrenabwehr bei Sportgroßveranstaltungen, 2005; B. Krahm, Polizeiliche Maßnahmen zur Eindämmung von Hooligangewalt, 2007; S. Leutert, Polizeikostentragung bei Grossveranstaltungen, 2005; F.-P. Stümper, Die Gewährleistung der öffentlichen Sicherheit und Ordnung bei Großsportveranstaltungen, 2001; S. Wahlen, Polizeikostenerstattung kommerzieller Großveranstalter, 2008.

mit über 100 000 Zuschauern. Auch im Amateursportbereich gibt es Volksläufe mit Tausenden Teilnehmern.

Dieses erhöhte Bedürfnis zur Nutzung des öffentlichen Raums zeigt sich am anschaulichsten, wenn die Durchführung der Veranstaltungen direkt im öffentlichen Raum erfolgt (Straßenradrennen, Laufveranstaltungen etc.).[8] Aber auch wenn die eigentliche Veranstaltung in einem privaten Bereich, wie beispielsweise in einer Halle oder in einem Stadion, stattfindet, hat dies Auswirkungen auf den öffentlichen Raum. Dies bezieht sich insbesondere auf die Zuschauer und deren An- und Abreise – unabhängig davon, ob diese zu Fuß, mit dem Fahrrad, mit öffentlichen Verkehrsmitteln oder mit dem Auto anreisen.

2) Begrenztheit staatlicher Kapazitäten

Die Verwaltung wird durch die Größe der Veranstaltungen zwangsläufig involviert. Ihre Kapazitäten sind allerdings in der Regel nicht auf diese Menschenmengen ausgerichtet. Das staatliche Leistungsvermögen reicht daher oftmals nicht aus, um den Umfang derartiger Veranstaltungen als normales Alltagsgeschäft zu behandeln. Die vorhandenen Kapazitäten werden durch Sportgroßveranstaltungen nicht nur vollständig ausgeschöpft, vielmehr ist die Schaffung zusätzlicher Kapazitäten vonnöten. Am deutlichsten wird dies im Bereich der Gewährleistung der Sicherheit von Sportgroßveranstaltungen, für die teilweise Tausende zusätzliche Polizeikräfte eingesetzt werden. Aber auch Baubehörden können Großprojekte wie einen Stadionbau in der Regel nicht im Rahmen des Alltagsgeschäfts erledigen.

3) Abgrenzung zwischen staatlicher und privater Verantwortung

Darüber hinaus stellt sich bei allen in diesem Kontext auftretenden Problemen die Frage, wie die Verantwortungsbereiche zwischen privaten Ausrichtern und Staat abzugrenzen sind. Gerade weil Sportgroßveranstaltungen Auswirkungen auf den öffentlichen Raum haben, ist es notwendig, eine Abgrenzung zwischen staatlicher und privater Verantwortung zu finden.

Alle aufgeführten Punkte haben zur Folge, dass Staat und Veranstalter in einem Dependenzverhältnis stehen. Wie im weiteren Verlauf der Arbeit aufgezeigt wird, kann und will der Staat trotz eines großen Interesses an Sportgroßveranstaltungen diese nicht selbst ausrichten. Die Veranstalter wiederum sind oftmals aus tatsächlichen oder rechtlichen Gründen nicht in der Lage, die auftretenden Probleme von sich aus zu bewältigen, und bedürfen der Bereitstellung staatlicher Kapazitäten.

8 Vgl. hierzu D. Herberg, IRONMAN® - nicht nur eine sportliche Höchstleistung, DPolBl. 2007, 25 (26ff.).

4) Notwendigkeit der gemeinsamen Behandlung

Die rechtliche Analyse von Sportgroßveranstaltungen wurde bisher in der Literatur entweder auf der Makroebene des Sports als Gesamtkomplex[9] mit seinen verschiedensten Erscheinungsformen[10] wissenschaftlich angegangen oder aus einer spezifischen Fachmaterie heraus wie beispielsweise dem Polizei- oder Kostenrecht behandelt.[11]

Die charakteristischen Probleme bei Sportgroßveranstaltungen lassen es nicht als vorzugswürdig erscheinen, Lösungen ausschließlich aus der jeweiligen verwaltungsrechtlichen Fachmaterie heraus zu entwickeln. Vielmehr gebieten sie, Sportgroßveranstaltungen und die mit ihnen verbundenen rechtlichen Herausforderungen als Gesamtkomplex zu behandeln, um so bereichsspezifische juristische Lösungen zu entwickeln. Was darunter im Einzelnen zu verstehen ist, wird im weiteren Verlauf der Arbeit verdeutlicht.

III. Gang der Untersuchung

Methodisch wird in dieser Arbeit folgendermaßen vorgegangen: Nachdem bereits typische rechtliche Probleme im Zusammenhang mit Sportgroßveranstaltungen aufgezeigt wurden, folgt eine kurze Darstellung des Untersuchungsgegenstandes (§ 2). Anschließend werden die unterschiedlichen Interessenlagen der Beteiligten analysiert (§ 3). Das Ergebnis dieser Analyse soll als Grundlage der weiteren Diskussion dienen. Darauf aufbauend werden die rechtlichen Determinanten für den Komplex Sportgroßveranstaltung ausgelotet (2. Teil). Der Schwerpunkt liegt dabei auf dem rechtlichen Rahmen, den das Grundgesetz (§ 4), die Landesverfassungen (§ 5) und das Unionsrecht (§ 6) dem staatlichen Handeln in diesem Bereich geben. Im Rahmen eines Realbereichbefundes (§ 7) wird anschließend analysiert, wie von staatlicher Seite mit diesen verfassungsrechtlichen Determinanten umgegangen wird.

Auf Grundlage dieser Ergebnisse werden dogmatische Grundbausteine entwickelt, die es erleichtern sollen, rechtliche Probleme im Kontext von Sportgroßveranstaltungen interessengerecht zu lösen (3. Teil). Im 4. Teil der Arbeit werden diese Bausteine dann auf ausgewählte Probleme angewendet und darauf basierende Lösungswege erarbeitet. Der Fokus wird dabei auf sicherheitsrechtliche Probleme

---

9 Vgl. insbesondere M. Nolte, Staatliche Verantwortung im Bereich Sport, 2004.

10 Diese reichen vom Dienst-, Freizeit- und Breitensport sowie dem Gesundheits-, Resozialisierungs-, Behinderten- und Schulsport über den Hochschul- und Militärsport bis zum Hochleistungssport, U. Steiner, § 87 Sport und Freizeit, in: HStR IV, 2006, Rn. 1; T. Hebeler, Das Staatsziel Sport – verfehlte Verfassungsgebung?, SpuRt 2003, 221 (222), unterscheidet zwischen Wettkampfsport, bei dem es darum geht, Leistungen zu erreichen, die außerhalb des Wettkampfs keinen Nutzen haben, sowie Körpersport, bei dem es um menschliche Betätigung geht, die die körperliche Kondition verbessern soll.

11 Vgl. hierzu FN 7.

(§ 10), Fragen der Kostentragung für Polizeieinsätze (§ 11) und die Behördenorganisation (§ 12) gelegt.

Soweit es in dieser Arbeit um Fragen geht, die einfaches Landesrecht oder Landesverfassungsrecht betreffen, wird dieses exemplarisch anhand baden-württembergischen Landesrechts dargestellt. Falls es notwendig und möglich ist, wird jedoch auch auf die Regelungen anderer Länder eingegangen.

§ 2 Abgrenzung des Untersuchungsgegenstands

Bei der Festlegung des Untersuchungsgegenstands zeigt sich, dass eine Klassifizierung von Großveranstaltungen nach unterschiedlichen Kriterien vorgenommen werden kann. Diese soll im Rahmen der Arbeit in gebotener Kürze als Grundlage der weiteren Diskussion erfolgen und der Abgrenzung von Sportgroßveranstaltungen zu anderen Typen von Großveranstaltungen dienen.

I. Inhalt der Veranstaltung als Klassifizierungs- und Abgrenzungsmerkmal

Die inhaltliche Klassifizierung ist die naheliegendste Einteilungsmöglichkeit von Großveranstaltungen.

Als wichtigste Gruppen sind wissenschaftliche, religiöse, kulturelle und unterhaltende Veranstaltungen zu nennen. Zu beachten ist, dass eine derartige Differenzierung nur anhand von Idealtypen vorgenommen werden kann, wobei es zwischen den einzelnen Veranstaltungstypen Überschneidungen gibt. Methodisch erscheint es bei der Einteilung zielführend, bei jedem Veranstaltungstyp ein prägendes Element herauszuarbeiten, anhand dessen sich die Einordnung bestimmt und das gleichzeitig als Abgrenzungsmerkmal zu Sportgroßveranstaltungen dient.

1) Wissenschaftliche und religiöse Großveranstaltungen

Bei wissenschaftlichen und religiösen Veranstaltungen kann davon ausgegangen werden, dass es diesbezüglich keine Überschneidungen mit Sportgroßveranstaltungen gibt. Diese Veranstaltungen zeichnen sich dadurch aus, dass sie in den Schutzbereich von Art. 5 Abs. 3 Satz 1 GG und Art. 4 Abs. 2 GG[12] fallen. Welche Konsequenzen dies im Hinblick auf die aus Art. 3 Abs. 1 GG erwachsenden Gleichheitsrechte hat, wird an späterer Stelle im Rahmen der grundrechtlichen Determinanten untersucht.[13]

12 BVerfGE 24, 236 (246), Beschluss vom 16.10.1968.

13 Dazu in § 4 der Untersuchung.

2) Unterhaltungsgroßveranstaltungen

Der Begriff Unterhaltungsgroßveranstaltung ist vielschichtig. Es fallen darunter beispielsweise Volksfeste und Weihnachtsmärkte. Daneben haben sich seit einigen Jahren Massenveranstaltungen etabliert, die ähnlich wie die traditionellen Faschingsumzüge auf der Straße und zumeist in Form von Umzügen oder Paraden stattfinden. Exemplarisch kann hierfür die „Love-Parade"[14] aufgeführt werden, die durch ihr Selbstverständnis als Versammlung im Sinne des Art. 8 Abs. 1 GG auch in die juristische Fachliteratur „Einzug" gefunden hat.[15]

a) Negative Abgrenzung zu Sportgroßveranstaltungen

Diese Veranstaltungen sind dadurch geprägt, dass sie primär der Unterhaltung dienen und weitere Zwecke in den Hintergrund treten.[16] Die Abgrenzung zu anderen Veranstaltungstypen ist also negativ vorzunehmen.

Bei der Abgrenzung zu Sportgroßveranstaltungen entstehen insoweit Probleme, als auch diese Zuschauern und aktiven Teilnehmern zur Unterhaltung dienen können. Charakteristisch ist aber die im Vordergrund stehende sportliche Betätigung. Sportgroßveranstaltungen können daher auch als qualifizierte Unterhaltungsveranstaltungen bezeichnet werden.

b) Grenzfälle

In diesem Zusammenhang sind Motorrad- oder Automobiltreffen wie beispielsweise Oldtimerrallyes zu nennen. Diese Veranstaltungen fallen nicht unter die Kategorie Sportveranstaltung, auch wenn hier Grenzfälle denkbar sind. Sie sind auch keine Motorsportveranstaltungen, da sie sich unter keinen gängigen Sportbegriff subsumieren lassen.[17] Insbesondere sind hier weder die Merkmale des Körpersports noch des Wettkampfes erfüllt.[18] Abgrenzungsschwierigkeiten entstehen auch bei Umzügen und Paraden. Diese haben zwar oftmals auch tänzerische und damit sportliche Elemente, sie werden aber weder als Wettkampfsport noch in Anlehnung an einen

---

14 Früher in Berlin, bis 2010 in wechselnden Ausrichterstädten im Ruhrgebiet durchgeführt.

15 Ausführlich und kritisch hierzu, insbesondere unter Berücksichtigung von BVerfG, Beschluss vom 12.7.2001, NJW 2001, 2459, das dieser Art von Veranstaltungen den Schutz des Art. 8 Abs. 1 GG abgesprochen hat: A. Tschentscher, Versammlungsfreiheit und Eventkultur - Unterhaltungsveranstaltungen im Schutzbereich des Art. 8 I GG, NVwZ 2001, 1243 (1243).

16 D. Wiefelspütz, Ist die Love-Parade eine Versammlung?, NJW 2002, 274 (274), stellt ebenfalls auf den Schwerpunkt beziehungsweise den „wahren Charakter" ab.

17 Vgl. hierzu ausführlich F. Holzke, Der Begriff Sport im deutschen und europäischen Recht, 2001, S. 81ff und 132ff.

18 Vgl. hierzu ebd., S. 132: „Überblickt man die bisher unternommenen Versuche, den Begriff Sport angemessen zu erfassen, so ergibt sich, daß die beiden Merkmale körperliche Betätigung und Wettkampf die Hauptrolle spielen. Beide kehren beständig wieder; sie treffen auch offenbar auf zahlreiche Betätigungen zu, die allgemein als Sport verstanden werden [...]."

solchen betrieben. Auch wenn das Element der Verbesserung der Leistungsfähigkeit eine Rolle spielen mag, so ist dieses sekundär und vermag der Veranstaltung nicht den Charakter einer Sportveranstaltung zu verleihen.

3) Kulturgroßveranstaltungen

Kulturgroßveranstaltungen bilden eine weitere Kategorie. Als Beispiele hierfür sind regelmäßig stattfindende Ereignisse, wie die alle fünf Jahre in Kassel stattfindende Documenta, die in vielen Städten durchgeführten „Museumsnächte“, aber auch einmalige Ereignisse wie die 1995 erfolgte Verhüllung des Reichstagsgebäudes in Berlin durch das Künstlerpaar Christo und Jeanne-Claude, zu nennen. Da auch deutsche Museen den Trend zu Events erkannt haben, nehmen auch viele Kunstausstellungen mittlerweile den Charakter von Großveranstaltungen an.[19]

a) Notwendigkeit der Abgrenzung zu Unterhaltungsveranstaltungen

Es ist zwar auch bei Kulturgroßveranstaltungen ein Unterhaltungscharakter zu erkennen, doch ist hier, insbesondere vor dem Hintergrund der Diskussion, die Kultur als Staatszielbestimmung in das Grundgesetz aufzunehmen[20], eine eigene Kategorie notwendig. Sie können ebenfalls als qualifizierte Unterhaltungsveranstaltung bezeichnet werden. Zudem erfahren diese Veranstaltungen eine privilegierte Behandlung, wenn sie in den Schutzbereich des Art. 5 Abs. 3 Satz 1 GG fallen.[21]

b) Das Aliudverhältnis von Sport und Kultur

Umstritten ist die Frage, inwieweit auch der Sport der Kultur zugeordnet werden kann. Die Beantwortung hängt davon ab, welchen Kulturbegriff man zugrunde legt.[22] Ausgehend von einem universalen offenen Begriff von Kultur wird der Sport teilweise der Kultur zugerechnet.[23] Dieser weite Begriff versteht unter Kultur eine

19 Das bekannteste Beispiel ist die Ausstellung „Das MoMA in Berlin“ aus dem Jahre 2004, zu der 1,2 Mio. Besucher kamen.

20 Vgl. hierzu exemplarisch G. Beaucamp, Sollten Kultur- und Sportförderung als Staatsziele in das Grundgesetz aufgenommen werden?, NordÖR 2009, 492, der den Sinn eines derartigen Staatsziels vor dem Hintergrund fehlender Kompetenzen des primär angesprochenen Bundesgesetzgebers in Frage stellt, und BT-Drs. 16/12843.

21 Ausführlich zu diesem Thema M. Bauer, Kultur und Sport im Bundesverfassungsrecht, 1999, S. 206.

22 Beziehungsweise welchen Sportbegriff man zugrunde legt, wie J. Stender-Vorwachs, Sport und Kultur, SpuRt 2004, 201 (202), zutreffend feststellt.

23 So zum Beispiel ohne weitere Erläuterung: W. Maihofer in: Benda/ders./Vogel (Hrsg.), Handbuch des Verfassungsrechts der Bundesrepublik Deutschland, 1994, § 25, Rn. 50. Zurückhaltender dagegen: K.-P. Sommermann, Staatsziele und Staatszielbestimmungen, 1997, S. 228: „Die Sportförderung kann zudem eine kulturstaatliche Komponente aufweisen.“. Nicht eindeutig beantwortet wird die Frage in einem europarechtlichen Kontext in Bezug auf Art. 87 Abs. 3d EG (heute Art. 107 Abs. 3 lit. d AEUV) bei: T. Summerer in: Fritzwei-

die Gesellschaft prägende Wahrnehmung, Deutung und Gestaltung der Lebenswirklichkeit und umfasst das Denken und Fühlen, Sitten und Gebräuche sowie Glauben und Moral.[24] Dies ist ein sehr weit verstandener Kulturbegriff, der fast die ganze Gesellschaft umfasst und vielfältige Ausdrucksformen beinhaltet.[25] Das Argument, der Sport falle generell unter den Begriff Kultur, wird den vielfältigen Erscheinungsformen des Sports allerdings nicht gerecht.[26] Die Frage, inwiefern der Jogger im Walde ein Repräsentant des Kulturstaates sein soll, wird dadurch jedenfalls nicht beantwortet. Hinsichtlich Sportgroßveranstaltungen ist ebenfalls von einem Aliudverhältnis zu kulturellen Veranstaltungen auszugehen. Einen systematischen Widerspruch würden dann auch die Formulierungen der Sportförderungsklauseln der meisten Landesverfassungen darstellen, die richtigerweise von dem Verständnis ausgehen, dass Sport kein Teil der Kultur ist, sondern dass beide unterschiedliche – wenn auch ähnliche – gesellschaftliche Bereiche betreffen.[27] Auch die Enquete-Kommission „Kultur in Deutschland“ geht in ihrem Schlussbericht davon aus, dass der Sport nicht unter den Begriff „Kultur“ subsumierbar ist.[28] Legte man einen weiten Kulturbegriff zugrunde, der auch soziologische Aspekte wie den Sport einbezöge[29], ließe dies den Kulturbegriff zu einem weiten, unkonturierten Begriff werden, der einen Großteil der gesellschaftlichen Betätigung umfasste.[30]

---

ler/Pfister/ders. (Hrsg.), Praxishandbuch Sport, 2007, 7/215. Auch U. Steiner, § 87 Sport und Freizeit, in: HStR IV, 2006, Rn. 4, differenziert zwischen Sport und Kultur.

24 Allgemein zur Stellung der Kultur im Verfassungsstaat: K.-P. Sommermann, Kultur im Verfassungsstaat, VVDStRL 65 (2006), 7 (8).

25 Eine Aufzählung findet sich bei ebd., (9).

26 J. Stender-Vorwachs, SpuRt 2004, 201 (204): „Sport gehört dort zur Kultur, wo er der konsensbildenden Funktion der klassischen Kulturwerte bedarf. Darüber hinaus kann dem Sport der juristische Kulturbegriff keine Heimstatt bieten.“ P. Häberle, "Sport" als Thema neuerer verfassungsstaatlicher Verfassungen, in: ders. (Hrsg.), Das Grundgesetz zwischen Verfassungsrecht und Verfassungspolitik, 1996, S. 733, betont dagegen, Sport sei eine „Ausformung von Kultur“ und Sportverfassungsrecht sei ein Teil des Kulturverfassungsrechts. Gleichzeitig bezeichnet er diese Einordnung jedoch als „Wagnis“.

27 Anders dagegen Art. 9 Abs. 3 SchHolLV: „Die Förderung der Kultur einschließlich des Sports [...]“. J. Segerer, Wirkung der Grundrechte zwischen Sportlern, Sportvereinigungen und Staat, 1999, S. 103, subsumiert den Sport unter den engen Kulturbegriff und stellt insbesondere darauf ab, dass dieser oftmals zweckfrei betrieben werde. Das Bundessozialgericht entschied, dass selbst wenn Sportler in Werbespots schauspielerisch tätig werden, diese nicht Beiträge zur Künstlersozialkasse abführen müssen, vgl. BSG, Urteil vom 24.1.2008, B 3 KS 1/07 R. Hier liegt also auch ein Verständnis zugrunde, das zwischen Sport und Kunst beziehungsweise Kultur trennt.

28 Vgl. BT-Drs. 16/7000, S. 7.

29 So J. Fritzweiler/C. von Coelln in: Fritzweiler/Pfister/Summerer (Hrsg.), Praxishandbuch Sport, 2007, 1/36, unter Hinweis auf U. Steiner, § 86 Kulturpflege, in: HStR III, 1996, Rn. 26.

30 Ablehnend auch M. Bauer, Kultur und Sport im Bundesverfassungsrecht, 1999, S. 245.

II. Veranstaltertypen als Klassifizierungsmerkmal von Sportgroßveranstaltungen

Eine Kategorisierung von Sportgroßveranstaltungen lässt sich auch anhand der Veranstalter[31] vornehmen. Sie ist für diese Arbeit relevant, da sich – wie später dargelegt wird – unterschiedliche Maßstäbe bei der Behandlung von Sportgroßveranstaltungen ergeben können, abhängig davon, welcher Akteur als Veranstalter auftritt. Die unterschiedlichen Veranstalter können im hier diskutierten Zusammenhang nach ihrer Rechtsnatur oder nach ihrer Intention eingeordnet werden.

1) Rechtsnatur des Veranstalters

Stellt man auf die Rechtsnatur des Veranstalters ab, ist eine erste grobe Einteilung die Unterscheidung zwischen Personen des Privatrechts und Personen des öffentlichen Rechts.

a) Juristische Personen des Privatrechts als Veranstalter

Ein Großteil der Sportgroßveranstaltungen wird von juristischen Personen des Privatrechts ausgerichtet. Dies gilt insbesondere für den organisierten Ligasport und die meisten anderen Profisportveranstaltungen in Deutschland. Veranstalter sind in der Regel große Sportverbände, was beispielsweise für den Bereich des Fußballs gilt, in dem die Fédération Internationale de Football Association (FIFA), die Union Européenne de Football Association (UEFA) und der Deutsche Fußball-Bund (DFB) als Veranstalter auftreten.

---

31 Ausführlich zum Veranstalterbegriff: I. Strauß, Hörfunkrechte des Sportveranstalters, 2006, S. 29ff. Dieser Begriff wird nicht immer einheitlich verwendet, vielmehr ist er abhängig davon, in welchem Zusammenhang er erwähnt wird. Es gibt hierzu grundsätzlich zwei Ansatzpunkte. Gemeinsam ist beiden, dass dem Veranstalter bei der Beschlussfassung oder bei der Organisation eine gewisse Eigenständigkeit zukommen muss (vgl. W. Wiegand, Die Verantwortlichkeit des Veranstalters gegenüber den Teilnehmern, in: ASDS (Hrsg.), Die Verantwortlichkeit des Sportveranstalters, 1998, S. 17). Der erste Ansatz sieht vor, dass als Veranstalter derjenige zu bezeichnen ist, der die Veranstaltung beschließt und initiiert, unabhängig davon, wer die Veranstaltung tatsächlich vorbereitet und durchführt. Derjenige, der mit der konkreten Vorbereitung und Durchführung beauftragt wird, soll nach dieser Terminologie Ausrichter sein (vgl. P. Caninenberg, Die Sportveranstaltungsausfallversicherung, 1987, S. 26ff.; S. Richtsfeld, Das Rechtsverhältnis zwischen Sportveranstalter und Zuschauer, 1991, S. 23ff.). Ein zweiter Ansatz sieht es für den Veranstalterbegriff als relevant an, wer Leiter der Veranstaltung ist. Als Leiter der Veranstaltung wird verstanden, wer konkret mit der Planung und Durchführung der Veranstaltung befasst ist und damit zumeist auch das finanzielle Risiko übernimmt (vgl. M. Siegfried, Die Fernsehberichterstattung von Sportveranstaltungen, 1990, S. 30; F.-P. Stümper, Die Gewährleistung der öffentlichen Sicherheit und Ordnung bei Großsportveranstaltungen, 2001, S. 22).

b) Personen des öffentlichen Rechts als Veranstalter

Veranstaltungen, die ausschließlich von Personen des öffentlichen Rechts organisiert werden, sind dagegen selten. Häufiger gibt es jedoch Veranstaltungen, die zwar von juristischen Personen des Privatrechts initiiert und durchgeführt werden, hinter denen aber – zumindest als Mitinitiator oder Mitfinanzierer – der Staat steht.[32] Dies können auch sogenannte gemischtwirtschaftliche Unternehmen sein, bei denen Anteile zum Teil in der Hand des Staates und zum Teil in der Hand von Privaten liegen. Insgesamt spielen derartige Veranstaltungen aber im Vergleich zu den rein privat und von Sportverbänden organisierten Veranstaltungen eine untergeordnete Rolle. Es handelt sich dabei fast ausschließlich um Breitensportveranstaltungen.

2) Intention des Veranstalters als Klassifizierungsmerkmal

Bei dem Kriterium der Intention des Veranstalters geht es um die Unterscheidung, ob eine Veranstaltung kommerziell, also mit Gewinnerzielungsabsicht, oder nicht kommerziell, also aus ideellen Motiven, durchgeführt wird.

Es sei aber darauf hingewiesen, dass das Vorliegen ausschließlich kommerzieller oder ideeller Motive eher eine Ausnahme darstellt. Vielmehr ist meist von einem Motivbündel auszugehen.[33]

III. Adressaten der Veranstaltung als Klassifizierungsmerkmal von Sportgroßveranstaltungen

Zuletzt können Sportgroßveranstaltungen auch nach den Adressaten der Veranstaltung differenziert werden.

Zum einen ist hier an Breitensportveranstaltungen zu denken, die sich an eine möglichst große Teilnehmerzahl richten, die aufgefordert ist, sich aktiv an der Veranstaltung zu beteiligen, was selbstverständlich auch Zuschauer anziehen kann. Zum anderen sind Spitzensportveranstaltungen[34] zu nennen, die sich an Spitzensportler richten, aber gleichermaßen auf eine möglichst hohe Zuschauerzahl abzielen. Man unterscheidet auch zwischen reinem Körpersport und Körpersport als

---

32 Als Beispiel kann hier der Freiburg Marathon dienen, der unter anderem von der „FWTM - Freiburg Wirtschaft Touristik und Messe“ unterstützt wird, die ein Unternehmen der Stadt Freiburg ist.

33 S. Leutert, Polizeikostentragung bei Grossveranstaltungen, 2005, S. 31, bezeichnet dies als eine „postulierte Dichotomie“ in ideelle und kommerzielle Veranstaltungen, die nur idealtypisch gelte.

34 Der Begriff „Spitzensport“ darf dabei nicht zu eng verstanden werden. Gemeint ist damit, dass für die Berechtigung zur Teilnahme gewisse leistungsbezogene Aufnahmekriterien herangezogen werden.

Wettkampfsport.[35] Grundsätzlich ist die Anwesenheit von Zuschauern dabei kein entscheidendes Merkmal für eine Sportveranstaltung, stellt jedoch ein Indiz für eine solche dar.[36] Zu einer Großveranstaltungen wird eine Sportveranstaltung durch eine entsprechende Anzahl an Teilnehmern und/oder eine entsprechende Anzahl an Zuschauern.

Relevanz gewinnt diese Unterscheidung insbesondere bei der Frage des grundrechtlichen Schutzes von Sportgroßveranstaltungen, da die ausgeübten sportlichen Aktivitäten aus unterschiedlichen Motiven betrieben werden. Die Aktivitäten bei Spitzensportveranstaltungen erfolgen oftmals im Rahmen der Berufsausübung, während Breitensportveranstaltungen meist als Beitrag zur Gesundheitsvorsorge durchgeführt werden.

IV. Konsequenzen für die weitere Untersuchung

Es ist festzustellen, dass es verschiedene Typen von Sportgroßveranstaltungen gibt. Deren rechtliche Betrachtung erfordert eine Kategorisierung, die sich an folgenden Fragestellungen orientieren muss:

- Rechtsnatur von Veranstalter und Ausrichter: öffentlich- oder privatrechtlich?
- Intention der Veranstaltung: kommerziell oder nicht gewinnorientiert?
- Sportlicher Charakter der Veranstaltung: reiner Körpersport oder Körpersport als Wettkampfsport?
- Zielsetzung der Veranstaltung bezogen auf Teilnehmer: aktive oder passive Teilnahme?

Die relevanteste Gruppe ist dabei die der von Privaten ausgerichteten gewinnorientierten Veranstaltungen, die Körpersport als Wettkampfsport zum Inhalt haben und sich an nach Leistungskriterien ausgewählte Sportler einerseits und eine möglichst große Zahl von Zuschauern andererseits richten. Unter die genannte Gruppe fallen beispielsweise international beachtete Großereignisse, wie internationale Fußball-, Handball- oder Eishockeymeisterschaften, Olympische Spiele, Radsportveranstaltungen, Skisprungwettbewerbe oder Boxkämpfe. Diese Veranstaltungen zeichnen sich in tatsächlicher Hinsicht dadurch aus, dass dahinter meist hochprofessionelle Organisationsstrukturen großer Sportverbände stehen, die sich durch Sponsoren beziehungsweise durch Eintrittsgelder und die Vermarktung der Übertragungsrechte finanzieren. Die Sportler sind vorwiegend Profisportler, die zumindest teilweise ihren Lebensunterhalt durch die Ausübung des Sportes bestreiten. Dies gilt auch für

35 F. Holzke, Der Begriff Sport im deutschen und europäischen Recht, 2001, S. 132 und 157, der zudem zwischen einem weiten und einem engen Sportbegriff unterscheidet, der für diese Arbeit aber nicht weiterführend ist.

36 Vgl. auch J. Börner, Sportstätten-Haftungsrecht, 1985, S. 23.

nationale Sportereignisse, wie professionellen Ligasport im Fußball, Handball, Eishockey und Basketball.

Diese Veranstaltungen werden im Fokus der weiteren Betrachtungen stehen, da hier ein Schwerpunkt der rechtlichen Herausforderungen liegt. Grund dafür ist, dass in diesem Bereich erfahrungsgemäß der größte Regelungsbedarf entsteht und hier das Verhältnis zwischen Veranstalter und Staat besonders intensiver Analyse erfordert.

Die anderen Bereiche werden dabei nicht vollkommen außer Acht gelassen, vielmehr wird an geeigneter Stelle im Verlauf der Arbeit auch auf diese Bezug genommen. Dies gilt insbesondere für Sportgroßveranstaltungen, die sich an den Breitensport sowohl in der Form des reinen Körpersports als auch in der Form des Körpersports als Wettkampfsport richten.[37] Diese werden oftmals von Städten und Gemeinden initiiert, um die Bevölkerung zum Sport anzuregen. Sie werden zwar auch durch Sponsoren unterstützt, dienen aber meist nicht primär der Gewinnerzielung.[38]

§ 3 Die Interessen der beteiligten Akteure

Bevor auf die rechtlichen Determinanten eingegangen werden kann, ist es notwendig, sich zur Interessenlage der Beteiligten eine Übersicht zu verschaffen, da Strukturen rechtlicher Steuerung maßgeblich durch die Interessen geprägt werden, die einem Rechtsgebiet zugrunde liegen.[39]

Erste Marksteine hinsichtlich der unterschiedlichen Interessenlage sind bereits im kurzen historischen Abriss zu Beginn dieser Arbeit genannt worden. Schon dabei zeigte sich, dass es sich bei Sportgroßveranstaltungen um ein mehrdimensionales gesellschaftliches Phänomen handelt. Erst wenn man sich die verschiedenen Dimensionen vor Augen führt, wird das Spannungsverhältnis evident, in dem sich Sportgroßveranstaltungen zwischen Staat und Markt bewegen. Darüber hinaus wird vor diesem Hintergrund auch deutlich, nach welchen Argumentationsmustern die rechtspolitische Debatte um Sportgroßveranstaltungen in der Öffentlichkeit geführt wird.

37 Hierzu gehören beispielsweise sogenannte „Laufnächte" oder „Inline-Skating-Tage".

38 Diese Aussage bezieht sich auf die Veranstalter, die Sponsoren dürften in der Regel eine Gewinnverbesserung durch das Sponsoring erwarten.

39 E. Schmidt-Aßmann, Zur Reform des Allgemeinen Verwaltungsrechts, in: Hoffmann-Riem/ders./Schuppert (Hrsg.), Reform des Allgemeinen Verwaltungsrechts, 1993, S. 11 (37).

I. Ökonomische Interessen

Kritiker der staatlichen Unterstützung von Sportgroßveranstaltungen stellen oftmals die kommerzielle Dimension von Sportgroßveranstaltungen in den Vordergrund. Tatsächlich sprechen sie damit einen relevanten Punkt an. Bei allen Bekenntnissen der ausrichtenden Verbände zu altruistischem Handeln darf nicht übersehen werden, dass es sich auch bei Olympischen Spielen oder Fußballweltmeisterschaften um kommerzielle Veranstaltungen[40] handelt, mit denen erhebliche wirtschaftliche Gewinne erzielt werden können.[41] Diese beruhen unter anderem darauf, dass Großveranstaltungen jeglicher Art auf ein hohes Interesse der Bevölkerung stoßen und damit die ideale Bühne zur Vermarktung von Produkten bilden.[42]

1) Marktgeleitet agierende Akteure

Die Akteure im Kontext der ökonomischen Dimension sind zunächst die Veranstalter, die sich Gewinne erhoffen.[43] Diese können aus Eintrittsgeldern, Gebühren für Fernsehrechte[44], Lizenzen, Merchandising und Ähnlichem resultieren.[45] Hinzu

40 Vgl. hierzu pointiert U. Steiner, Bemerkungen zum Verhältnis von Staat und Sport in Deutschland, in: FS: Röhricht, 2005, S. 1236: „Freilich wirken alle [..] Garantien, die Sportförderungsklauseln in den Verfassungen und Gesetzen der Länder eingeschlossen, verhältnismäßig treuherzig und naiv, seit der Sport zum Wirtschaftsgut, Sportler zu Kleinunternehmern und Sportvereine zu börsennotierten Unternehmen oder Börsenaspiranten geworden sind."

41 Dies zeigte sich während der Fußballweltmeisterschaft 2006 in Deutschland insbesondere in den Bemühungen der FIFA, einen umfassenden Markenschutz zu ihren Gunsten durchzusetzen, um zu verhindern, dass Dritte ebenfalls von dem Ereignis wirtschaftlich profitieren. Bei veranschlagten Kosten für die Weltmeisterschaft in einer Größenordnung von 400 bis 450 Mio. Euro (vgl. K. Hamacher, Exklusive Marketingrechte für Sportgroßveranstaltungen und ihre Grenzen am Beispiel von Kennzeichenschutz, SpuRt 2005, 55 (56)) ist dies verständlich, um die Exklusivrechte für Sponsoren zu sichern, zumal die Kosten weitgehend über Einnahmen aus dem Lizenzgeschäft und Sponsoren gedeckt werden sollten. Der Antrag, Begriffe wie „Germany 2006" oder „WM 2006" zu schützen, wurde jedoch in BGHZ 167, 278, Urteil vom 27.4.2006, zurückgewiesen. Eine Zusammenfassung der Wortmarken und Wort-/Bildmarken mit weiteren Referenzen findet sich bei: K. Hamacher, SpuRt 2005, 55 (56). Vgl. auch N. Melwitz, Der Schutz von Sportgroßveranstaltungen gegen Ambush Marketing, 2008, S. 24ff.

42 Zur Frage, ob der Sport selbst ein wirtschaftliches Gut ist, vgl. M. Langer, Öffentliche Förderung des Sports, 2006, S. 40ff., der diese Frage ausdrücklich bejaht, aber gleichzeitig klarstellt, dass damit noch nichts über die Förderungswürdigkeit des Sports gesagt sei.

43 Allgemein zur Rolle des Sports als Wirtschaftsfaktor M. Nolte, Staatliche Verantwortung im Bereich Sport, 2004, S. 17ff.

44 Vgl. hierzu auch die Schlussanträge der Generalanwältin am Europäischen Gerichtshof J. Kokott vom 3.2.2011 in den Rechtssachen C-403/08 und C-429/08, Rn. 191f..

45 So erwirtschaftete das WM-Organisationskomitee (WM-OK), das die Fußballweltmeisterschaft 2006 organisierte, nach Steuern einen Reingewinn von 56,5 Mio. Euro (Pressekonferenz des WM-OK vom 28.2.2007).

kommen ferner die Einnahmen durch Sponsoring.[46] Die Veranstalter tragen allerdings auch das wirtschaftliche Risiko und müssen zum Teil vorab erhebliche Investitionen tätigen. Dies gilt insbesondere bei Sportgroßveranstaltungen, bei denen neue Sportanlagen errichtet werden müssen.[47]

Weitere Akteure sind die Sponsoren, die sich von derartigen Veranstaltungen einen Imagegewinn erhoffen, der sich insbesondere in höheren Umsatzzahlen niederschlagen soll.[48] Bei Wettbewerben mit Fernsehübertragung geht die Einflussnahme auf potenzielle Kunden und deren Kaufverhalten zudem weit über den Kreis der Besucher der Großveranstaltung hinaus. So hatte beispielsweise der Sportartikelhersteller „adidas" in den ersten sechs Monaten des Jahres 2006 eine Umsatzsteigerung von 19 % zu verbuchen, beim Gewinn sogar eine Steigerung von 32 %. Grund dafür, darin waren sich Konzern und Analysten einig, war die Fußballweltmeisterschaft 2006.[49] Der deutsche Einzelhandel erzielte während dieses Großereignisses Mehreinnahmen von 2 Mrd. Euro.[50]

2) Synergieeffekte für die regionale Wirtschaft

Positive Synergieeffekte entstehen zudem für die regionale Wirtschaft.[51] Die Kommunen erhoffen sich verstärkte Steuereinnahmen durch die Besucher und natürlich auch durch die Veranstaltung selbst.[52] Hiervon profitiert beispielsweise das Hotel- und Gaststättengewerbe. Zudem versprechen sich die Kommunen durch die

---

46 Eine ausführliche Analyse der wirtschaftlichen Bedeutung und Möglichkeiten des Sports am Beispiel der Fußball-Bundesliga findet sich bei D. Swieter, Eine ökonomische Analyse der Fußball-Bundesliga, 2002.

47 Ausführlich hierzu H. Dietl/M. Pauli, Strategien erfolgreicher Stadionfinanzierung: Gesamt- und einzelwirtschaftliche Überlegungen am Beispiel des deutschen Profifußballs, in: Büch/Maennig/Schulke (Hrsg.), Regional- und sportökonomische Aspekte von Sportgroßveranstaltungen, 2002, S. 33ff.

48 Allgemein zur ökonomischen Analyse von Sportsponsoring: T. Dudzik, Die Werbewirkung von Sportsponsoring, 2006, insbesondere zur Wirkung von Sportereignissen auf das Sponsoring, S. 186ff.

49 dpa Meldung vom 9.8.2006.

50 BMI (Hrsg.), 11. Sportbericht der Bundesregierung (BT-Drs. 16/3750), 2006, S. 72.

51 Vgl. hierzu auch Europäische Kommission (Hrsg.), Weißbuch Sport, 2007, S. 20: „Sport ist ein dynamischer und schnell wachsender Sektor, dessen makroökonomische Auswirkungen unterschätzt werden. Er kann einen Beitrag zur Erreichung der Lissabon-Ziele Wachstum und Beschäftigung leisten und als Instrument der lokalen und regionalen Entwicklung, der Stadterneuerung oder der ländlichen Entwicklung dienen. Sport weist Synergieeffekte mit dem Tourismus auf und kann die Modernisierung der Infrastruktur und die Entstehung neuer Partnerschaften zur Finanzierung von Sport- und Freizeitanlagen fördern.".

52 Als Beispiel kann hier das WM-OK dienen, das insgesamt 90 Mio. Euro an Steuern zahlte, davon allein 43,7 Mio. Euro Körperschafts- und Gewerbesteuer. Die ausrichtenden Städte erhielten zudem jeweils 300 000 Euro des Gewinns des WM-OK (Pressekonferenz des WM-OK vom 28.2.2007).

erhöhte Medienpräsenz eine positive Berichterstattung, die beispielsweise für eine Belebung des Tourismus über das Ereignis hinaus sorgen soll.[53]

Andererseits können derartige Veranstaltungen auch ein finanzielles Risiko für die Kommunen bergen, die für die Ausrichter prestigeträchtiger Veranstaltungen oftmals Ausfallbürgschaften übernehmen oder günstige Kredite anbieten, in der Erwartung, dadurch als Gastgeber attraktiver zu werden.

3) Kritik an der ökonomischen Dimension

Diese ökonomische Dimension des Sports und von Sportgroßveranstaltungen war auch ein Gegenstand der Sport-Kritik der sogenannten „Neuen Linken".[54] Sie sehen insbesondere den Spitzensport als Opfer von Zwängen wirtschaftlicher Verwertungszusammenhänge, der ein *„mehr oder weniger korruptes Unternehmen zur Befriedigung konsumorientierter Massen"* darstelle.[55] Diese Kritik ist sicherlich zu eindimensional und vermag der Vielschichtigkeit des Themas nicht gerecht zu werden. Sie enthält aber auch einen wichtigen Ansatz, indem sie die Bedeutung ökonomischer Interessen betont und klar macht, dass diese bei der Diskussion um die Rolle des Sports als solchen und um Sportgroßveranstaltungen im Besonderen nicht vernachlässigt werden darf.

II. Nicht-ökonomische Interessen

Neben der ökonomischen Dimension darf aber nicht übersehen werden, dass Sportgroßveranstaltungen eine wichtige gesellschaftliche Funktion[56] erfüllen und insofern auch einen gemeinwohlfördernden[57] Charakter haben.

1) Unterhaltende Dimension

Wenn hier als erstes die unterhaltende Dimension aufgeführt wird, entspricht dies dem Grad der Bedeutung und Verbreitung von Veranstaltungen diesen Charakters.

---

53 Ausführlich hierzu mit einer Kosten-Nutzen-Analyse P. Gans/M. Horn/C. Zemann, Alternative Konzepte zur Erfassung regionalwirtschaftlicher Wirkungen von Sportgroßveranstaltungen, in: Büch/Maennig/Schulke (Hrsg.), Regional- und sportökonomische Aspekte von Sportgroßveranstaltungen, 2002, S. 123ff.

54 Vgl. hierzu mit weiteren Nachweisen H. Bernett, Die Sport-Kritik der Neuen Linken, in: ebd. (Hrsg.), Der Sport im Kreuzfeuer der Kritik, 1982 S. 231ff.

55 Zitiert nach ebd., S. 234.

56 Vgl. hierzu auch Europäische Kommission (Hrsg.), Weißbuch Sport, 2007, S. 8ff. M. Nolte, Staatliche Verantwortung im Bereich Sport, 2004, S. 34ff., unterscheidet insofern zwischen sozio-emotionaler Funktion, Sozialisationsfunktion, sozial-integrativer Funktion, Sport als Instrument sozialer Mobilität und einer biologischen und politischen Funktion.

57 Vgl. zum Begriff des Gemeinwohls M. Anderheiden, Gemeinwohl in Republik und Union, 2006, S. 5ff.

Sie befriedigen das Interesse der Zuschauer, sich Kurzweil zu verschaffen und darüber hinaus soziale Kontakte zu knüpfen oder zu vertiefen.[58]

Die unterhaltende Dimension betrifft auch eine Vielzahl von Sportgroßveranstaltungen, so dass in diesem Zusammenhang oben[59] bereits von qualifizierten Unterhaltungsveranstaltungen gesprochen wurde.[60]

a) „Eventisierung" von Sportgroßveranstaltungen

Jegliche Arten von Großveranstaltungen sind in den letzten Jahren zu einem wesentlichen Bestandteil der sogenannten „Eventkultur" geworden. Es wird von „Eventisierung" von Ereignissen gesprochen, wobei Event als ein aus dem Alltag herausgehobenes raum-zeitliches und körperlich erfahrbares Ereignis verstanden wird, das eine große Anziehungskraft für viele Menschen besitzt.[61]

Bei den oben beschriebenen Veranstaltungen im Wettkampf-, aber auch im Breitensport steht stets auch ein sogenanntes „Happening" im Vordergrund, das darauf ausgerichtet ist, möglichst viele Besucher oder Teilnehmer anzulocken. Dies belegen auch die Zuschauerzahlen der ersten Fußballbundesliga. So kamen in deren Premierensaison 1963/64 durchschnittlich 24 624 Zuschauer zu den Spielen, in der Saison 1972/73 lediglich 16 387.[62] In der Rekordsaison 2010/11 hatte sich diese Marke dann mit durchschnittlich 42 101 gegenüber dem Wert aus der Saison 1972/73 mehr als verdoppelt.[63]

b) Erklärungen für die Attraktivität von Sportgroßveranstaltungen

Als Erklärung für die Attraktivität dieser Events, trotz der viel zitierten Individualisierung der Gesellschaft, wird der unverbindliche Rahmen derartiger Veranstaltungen ohne jegliche Verpflichtungen genannt. Durch die freiwillige Teilnahme bestehe jederzeit die Möglichkeit des folgelosen Ausstiegs (sogenannte „Exit-Option"), was diese Veranstaltungen, im Gegensatz etwa zu Verpflichtungen in einem Sport-

58 Zur sozialen Bedeutung des Sports vgl. F.-P. Stümper, Die Gewährleistung der öffentlichen Sicherheit und Ordnung bei Großsportveranstaltungen, 2001, S. 10.

59 Vgl. § 2 dieser Untersuchung.

60 Vgl. auch die Einschätzung bei D. Swieter, Eine ökonomische Analyse der Fußball-Bundesliga, 2002, S. 172, der den professionellen Fußball als einen „wirtschaftlich bedeutsamen Sektor der Unterhaltungsindustrie" bezeichnet. Ergänzend hierzu W. Woyke, Mega-Events und ihre Bedeutung für die Politik, in: ders. (Hrsg.), Sport und Politik, 2006, S. 12, der bemerkt, dass die Unterhaltungsfunktion des Sports vor allem durch die direkte Berichterstattung in Radio und Fernsehen zum Ausdruck komme.

61 Mit weiteren Nachweisen C. Wopp, Die Zukunft des Sports und Fragen an die Volkswirtschaft, in: Büch/Maennig/Schulke (Hrsg.), Regional- und sportökonomische Aspekte von Sportgroßveranstaltungen, 2002, S. 24.

62 Grund für diese niedrige Zahl war auch der sogenannte Bundesligaskandal, bei dem in der Saison 1970/71 mehrere Spiele manipuliert wurden.

63 Vgl. hierzu die offiziellen Zahlen der Deutschen Fußball Liga GmbH (DFL) unter http://www.bundesliga.de/de/liga/news/2010/index.php?f=0000184901.php (Stand 1.2.2012).

verein, attraktiver mache.[64] Es soll hier jedoch bei der Feststellung bleiben, dass eine Entwicklung hin zu mehr und zu größeren Massenveranstaltungen zu beobachten ist.[65]

Auch wenn die Spiele nicht wie in der Antike als staatliche Aufgabe wahrgenommen werden, so ist doch ein Grund, der den damaligen Erfolg ausmachte, auch heute aktuell: die Zufriedenstellung des dem Menschen immanenten Bedürfnisses nach Unterhaltung.

2) Sozial-integrative Dimension

Auch ein weiterer gemeinwohlorientierter Aspekt, der hier als sozial-integrative Dimension bezeichnet werden soll, lässt sich bereits bei den Spielen der Antike beobachten. Sozial-integrative Dimension beinhaltet die nicht zu unterschätzende Funktion der Sportgroßveranstaltung, einen positiven Effekt auf das Gemeinwesen auszuüben und eine integrative Kraft zu entfalten.[66]

a) Identifikationsstiftende Aspekte von Sportgroßveranstaltungen

Gemeint ist damit die Identifikation mit der Kommune[67] oder mit dem Staat, wobei Identifikation mit dem Staat nicht Nationalismus bedeuten soll, sondern vielmehr Identifikation mit den Werten des Staates.[68]

Waren es in der Antike die Olympischen Spiele, die nach dem Ende der Perserkriege als Symbol innerstaatlicher Eintracht galten, so sind aus unserer Zeit insbesondere die Erfolge Deutschlands bei den Fußballweltmeisterschaften von 1954 und 1990 hervorzuheben, die jeweils kurz nach einschneidenden historischen Umbrüchen erfolgten. Auch wenn die Wirkkraft des Titels von 1954 teilweise hochsti-

---

64 C. Wopp, Die Zukunft des Sports und Fragen an die Volkswirtschaft, in: Büch/Maennig/Schulke (Hrsg.), Regional- und sportökonomische Aspekte von Sportgroßveranstaltungen, 2002, S. 25.

65 So auch mit weiteren Nachweisen P. Gans/M. Horn/C. Zemann, Alternative Konzepte zur Erfassung regionalwirtschaftlicher Wirkungen von Sportgroßveranstaltungen, in: Büch/Maennig/Schulke (Hrsg.), Regional- und sportökonomische Aspekte von Sportgroßveranstaltungen, 2002, S. 123.

66 Zu diesem Ergebnis kommt auch die Europäische Kommission (Hrsg.), Weißbuch Sport, 2007, S. 8. Allgemein zu der Integrationskraft des Sports am Beispiel des Fußballs: W. Pyta, Der Beitrag des Fußballsports zur kulturellen Identitätsstiftung in Deutschland, in: ders. (Hrsg.), Der lange Weg zur Bundesliga, 2004, S. 16ff.

67 W. Pyta, Der Beitrag des Fußballsports zur kulturellen Identitätsstiftung in Deutschland, in: ders. (Hrsg.), Der lange Weg zur Bundesliga, 2004, S. 26, bezeichnet beispielsweise das Verhältnis des 1. FC Kaiserslautern zu der Pfalz als eine „Schicksalsgemeinschaft zwischen Verein und Region".

68 Vgl. hierzu auch BVerfGE 97, 228 (257), Urteil vom 17.2.1998: „Der Sport bietet Identifikationsmöglichkeiten im lokalen und nationalen Rahmen". BMI (Hrsg.), 11. Sportbericht der Bundesregierung (BT-Drs. 16/3750), 2006, S. 11, bezeichnet dies als „ein ‚Wir-Gefühl' aus der Gemeinschaft und nicht aus falsch verstandenem Nationalismus heraus".

lisiert wurde – bis hin zur Aussage, dass er die *„wahre Geburtsstunde der Bundesrepublik Deutschland"*[69] gewesen sei – so ist er doch in einer Zeit, als sich ein neues Selbstbild der deutschen Bevölkerung und die Identifikation mit der Bundesrepublik noch nicht herausgebildet hatten, von nicht zu unterschätzender integrativer Kraft gewesen. Ähnliches gilt für den Weltmeistertitel von 1990, der ein erstes kollektives Erfolgserlebnis für das kurz vor der Wiedervereinigung stehende Deutschland bedeutete.[70]

Neben diesen herausragenden Ereignissen sind es – insbesondere in strukturschwachen Gegenden – die Erfolge lokaler Sportvereine oder auch die erfolgreiche Ausrichtung von Großveranstaltungen, die eine Identifikation mit der Region erzeugen können.

b) Das Selbstverständnis großer Sportverbände

Auch die Olympischen Spiele der Moderne fundieren nicht auf dem Selbstverständnis, reine Sportveranstaltungen zu sein, die nur dazu dienen, den besten Läufer, Werfer oder Springer zu finden. So lautet vielmehr das sechste der „Grundlegenden Prinzipien der Olympischen Charta":

> „Die olympische Bewegung setzt sich zum Ziel, einen Beitrag zum Aufbau einer friedlichen und besseren Welt zu leisten, indem sie die Jugend mit Hilfe des Sports erzieht, eines Sports, der, auf jede Form von Diskriminierung verzichtend und in olympischem Geiste ausgeübt, gegenseitiges Verstehen, den Geist der Freundschaft, Solidarität und Fairplay erfordert."

Die Veranstalter sehen den Sinn der Spiele also – ähnlich wie schon in der Antike – darin, ein gemeinschaftsstiftendes Ereignis auszurichten, das dem Wohle der Gemeinschaft dienen soll.[71] Neben dem sportlichen Wettkampf stehen daher Werte wie Frieden, Freundschaft, Solidarität und Fairness.

Die FIFA sieht in Artikel 2 ihrer Statuten ihren Zweck darin:

> „den Fussball fortlaufend zu verbessern und weltweit zu verbreiten, wobei der völkerverbindende, erzieherische, kulturelle und humanitäre Stellenwert des Fussballs berücksichtigt werden soll, und zwar im Einzelnen durch die Förderung des Fussballs durch Jugend- und Entwicklungsprogramme."

---

69 Vgl. Seitz, APuZ 26/2004, S. 3-6. Vgl. auch P. Kasza, 1954 – Fußball spielt Geschichte, 2004.

70 M. Nolte, Sport in guter Verfassung - auch ein Verfassungsgut?, in: GS für Jörn Eckert, 2008, S. 612, führt zudem die Fußball-Weltmeisterschaft 2006 an und stellt fest: „Kein anderes Ereignis entfaltete mehr Integrations- und Identifikationskraft als die Fußball-Weltmeisterschaft im Jahre 2006 – abgesehen von den Siegen der Fußball-Nationalmannschaft bei den Weltmeisterschaften 1990, 1974 und 1954."

71 In diesem Zusammenhang wird auch vertreten, dass der Sport dazu beitragen kann, Spannungen, Aggressionen und Konflikte im Alltag abzubauen. Mit weiteren Nachweisen: M. Nolte, Staatliche Verantwortung im Bereich Sport, 2004, S. 34ff., der in einem ähnlichen Zusammenhang von „sozio-emotionaler Funktion" spricht.

c) Das Urteil des Bundesverfassungsgerichts zur Kurzberichterstattung und der Rundfunkstaatsvertrag[72]

Die Bedeutung von Sportgroßveranstaltungen hebt auch das Bundesverfassungsgericht im Rahmen seines Urteils zur Kurzberichterstattung[73] hervor. Dieses Urteil befasst sich zwar schwerpunktmäßig mit der Informationsfreiheit im Rahmen des Art. 5 Abs. 1 Satz 1 GG, enthält aber auch grundsätzliche Aussagen über die Bedeutung von Sportgroßveranstaltungen.

Das Bundesverwaltungsgericht hatte in einem ähnlichen Zusammenhang zunächst entschieden, dass *„die Übertragung von Sportveranstaltungen nicht zu den Informationen von überragender Bedeutung"* gehöre.[74] Dieser Ansicht folgte das Bundesverfassungsgericht nicht und hat in seinem Urteil zur Kurzberichterstattung zu der Funktion von Sportgroßveranstaltungen in der Gesellschaft gegenteilig Stellung bezogen. Ausgehend von der Frage der Verfassungsmäßigkeit des § 3a LRG NRW[75], hat es hervorgehoben, dass sich die Bedeutung herausragender Sportveranstaltungen nicht in ihrem Unterhaltungswert erschöpfe, sondern diese vielmehr eine *„wichtige gesellschaftliche Funktion"* erfüllen.[76] Der Sport biete Identifikationsmöglichkeiten im lokalen und nationalen Rahmen und sei Anknüpfungspunkt für eine breite Kommunikation in der Bevölkerung.[77] Damit wurde vom Bundesverfassungsgericht festgestellt, dass Sportgroßveranstaltungen eine über rein wirtschaftliche Interessen hinausgehende Funktion erfüllen.[78]

§ 4 Abs. 1 Satz 1 RStV gewährleistet, dass bestimmte Sportgroßveranstaltungen (sogenannte Großereignisse[79]) wegen ihrer *„erhebliche[n] gesellschaftliche[n]*

---

72 Staatsvertrag für Rundfunk und Telemedien (RStV) vom 31.8.1991, zuletzt geändert durch Art. 3 Fünfzehnter Staatsvertrag zur Änderung rundfunkrechtlicher Staatsverträge vom 15.12.2010.

73 BVerfGE 97, 228, Urteil vom 17.2.1998.

74 BVerwG, Beschluss vom 26.4.1978, DVBl. 1978, 640 (640).

75 Rundfunkgesetz für das Land Nordrhein-Westfalen in der Fassung der Bekanntmachung der Neufassung vom 24.8.1995 (GV. NW. 1995 S. 994), zuletzt geändert durch Gesetz vom 10.2.1998 (GV. NW. 1998 S. 148).
§ 3a LRG NRW lautete: „Das Recht auf unentgeltliche Kurzberichterstattung über Veranstaltungen und Ereignisse, die öffentlich zugänglich und von allgemeinem Informationsinteresse sind, steht jedem in Europa zugelassenen Fernsehveranstalter zu eigenen Sendezwecken zu."

76 BVerfGE 97, 228 (257), Urteil vom 17.2.1998.

77 BVerfGE 97, 228 (257), Urteil vom 17.2.1998. Weiterhin im Bezug auf das Recht zur Kurzberichterstattung: „Eine umfassende Berichterstattung, wie sie von Art. 5 Abs. 1 Satz 2 GG gefordert wird, lässt sich daher unter Verzicht auf Sportereignisse nicht verwirklichen."

78 Es kommt im konkreten Fall zu dem Ergebnis, dass die Regelung des § 3a des LRG NRW mit Ausnahme der Unentgeltlichkeit mit dem Grundgesetz vereinbar ist, vgl. BVerfGE 97, 228 (Leitsatz), Urteil vom 17.2.1998.

79 Als solche gelten nach § 4 Abs. 2 Satz 1 RStV Olympische Sommer- und Winterspiele, bei Fußball-Europa- und -Weltmeisterschaften alle Spiele mit deutscher Beteiligung sowie, unabhängig von einer deutschen Beteiligung, das Eröffnungsspiel, die Halbfinalspiele und das

Bedeutung" einem breiten Teil der Bevölkerung im frei empfangbaren Fernsehen zugänglich gemacht werden.

3) Politische Dimension

Des Weiteren stellen Sportgroßveranstaltungen für die gastgebenden Nationen[80] oder Kommunen eine Möglichkeit dar, sich positiv zu präsentieren.[81] Wie die Olympischen Spiele 2008 in Peking zeigten, können solche Spiele auch eine politische Dimension erhalten, die im besten Fall mit der Hoffnung verbunden wird, dass Werte wie Demokratie und Meinungsfreiheit eine breitere Basis finden. So wird dem Sport auch vielfach eine völkerverbindende Wirkung zugesprochen, die zum Abbau von Vorurteilen beitragen könne.[82]

Es gibt zwei Komponenten, die bei der politischen Dimension eine Rolle spielen: Zum einen die Teilnehmerkomponente, die die Darstellung der teilnehmenden Sportler als Repräsentanten ihres Staates betrifft, zum anderen die Ausrichterkomponente, die die Selbstdarstellung des Staates oder der Kommune betrifft, in der eine Sportgroßveranstaltung stattfindet.[83] Beide Komponenten wurden und werden auch zu politischen Zwecken genutzt.

Ein weiterer Aspekt der politischen Dimension ist die personelle Verflechtung zwischen Sport und Politik, die sich auch in den Aktivitäten verschiedener (ehemaliger) politischer Amtsträger in professionellen Sportvereinen und -verbänden zeigt.[84]

Endspiel, die Halbfinalspiele und das Endspiel um den Vereinspokal des Deutschen Fußball-Bundes, Heim- und Auswärtsspiele der deutschen Fußballnationalmannschaft, Endspiele der europäischen Vereinsmeisterschaften im Fußball (Champions League, UEFA-Cup) bei deutscher Beteiligung.

80 R. Streinz, Deutschland als "Sportstaat" - Gegenseitige Erwartungen von Sport und Verfassung, in: FS für Rupert Scholz, 2007, S. 367: „Nach übereinstimmender Auffassung – auch derjenigen, die dies eher kritisch sehen oder sogar bedauern – erwartet nicht nur der totalitäre Staat, sondern auch der Verfassungsstaat seine Repräsentation nach außen durch ‚seine' Sportler bei sportlichen Großereignissen und verspricht sich dadurch zugleich eine nachhaltige Förderung der staatlichen Integration im Inneren."

81 Vgl. hierzu auch M. Langer, Öffentliche Förderung des Sports, 2006, S. 155f., der diesen Bereich als „Prestigewert" bezeichnet und ebenfalls zwischen zwei Dimensionen unterscheidet, die er als „Identitätsstiftung" und „Repräsentationswirkung" bezeichnet.

82 W. Woyke, Mega-Events und ihre Bedeutung für die Politik, in: ders. (Hrsg.), Sport und Politik, 2006, S. 12.

83 Vgl. dazu auch: M. Nolte, Staatliche Verantwortung im Bereich Sport, 2004, S. 41.

84 Vgl. hierzu mit zahlreichen Beispielen: P. Heermann, Professionelle Sportligen auf der Flucht vor dem Kartellrecht, RabelsZ 67 (2003), 106 (126f.).

a) Verschiedene Aspekte der politischen Dimension: Selbstdarstellung, Boykott, Doping

Es ist ein bekanntes Phänomen, dass Sportgroßveranstaltungen oftmals auch als Bühne der Selbstdarstellung für politische Systeme, Staaten oder Diktatoren dienen.[85] Ein klassisches Beispiel ist die Selbstdarstellung des NS-Regimes während der Olympischen Spiele 1936 in Berlin.

Auch die Boykottierung von Olympischen Spielen aus politischen Gründen zeigt, welche politische Rolle Sportgroßveranstaltungen spielen und welchen Einfluss die Politik auf diese hat. Verwiesen sei hier nur auf die Olympiaboykotte zu Zeiten des Kalten Krieges 1980 und 1984[86] oder die Suspendierung Jugoslawiens von der Fußballeuropameisterschaft 1992 wegen des Jugoslawienkrieges.

Weiterhin kann man aus der früheren systematischen Förderung des Dopings[87] insbesondere in Staaten des ehemaligen Ostblocks, in China und in den USA – sei es durch staatliche Dopingprogramme oder durch „Beihilfe durch Unterlassen" in Form fehlender Kontrollen – erkennen, dass von politischer Seite Sportgroßveranstaltungen als Bühne zum Beweis für die Überlegenheit des eigenen Systems oder Staates genutzt werden. *W. Woyke* spricht sogar davon, dass sich der Sport zu einer Großmacht entwickelt habe, die *„die wichtigste gesellschaftliche Realität"* darstelle und der Sport ein unverzichtbares Alltagselement unserer Gesellschaft geworden sei, das sich dem Politischen nicht entziehen könne.[88]

b) Sportgroßveranstaltungen als Mittel der Kommunalpolitik

Die verschiedenen Aspekte der politischen Dimension mögen in der Vergangenheit vielfach missbraucht worden sein[89], anderseits stellen Sportgroßveranstaltungen immer mehr einen Standortfaktor und damit einen wichtigen Aspekt insbesondere

---

85 Ausführlich hierzu W. Woyke, Mega-Events und ihre Bedeutung für die Politik, in: ders. (Hrsg.), Sport und Politik, 2006, S. 13ff., der generell einen „untrennbaren Zusammenhang" zwischen Sport und Politik beschreibt.

86 Insgesamt 64 Staaten boykottierten die Olympischen Spiele 1980 in Moskau wegen des sowjetischen Einmarsches in Afghanistan. 1984 boykottierten 19 Staaten die Spiele in Los Angeles wegen angeblicher Sicherheitsbedenken.

87 Instruktiv hierzu: F. Reissinger, Staatliche Verantwortung zur Bekämpfung des Dopings, 2010; vgl. auch zur strafrechtlichen Problematik: J. Michel, Doping, 2010, S. 33ff.

88 W. Woyke, Mega-Events und ihre Bedeutung für die Politik, in: ders. (Hrsg.), Sport und Politik, 2006, S. 12.

89 U. Benstz/D. Franke in: Simon/Franke/Sachs (Hrsg.), Handbuch der Verfassung des Landes Brandenburg, 1994, § 6 Rn. 36, heben in Bezug auf die Sportförderungsklausel in der Verfassung des Landes Brandenburg hervor, „daß der Sport sein Gesicht gewandelt hat. Im Gegensatz zu der in der DDR üblichen Praxis ist der Schulsport nicht mehr ein Mittel zur Auslese nach Leistungskriterien, sondern vielmehr wesentlicher Bestandteil einer auf die Ganzheit junger Menschen ausgerichteten Bildung und Erziehung." Kritisch auch K. Heinemann, Einführung in die Soziologie des Sports, 2007, S. 252.

in der Kommunalpolitik[90] dar. Großereignisse sorgen für Bekanntheit, was Folgen für die Attraktivität des Standorts und für die Lebens- und Aufenthaltsqualität einer Stadt hat.[91]

Anderseits kann schlechte Organisation auch zu einer negativen Berichterstattung und daraus folgend zu einem Imageschaden der Kommunen führen.[92] Schließlich können derartige Veranstaltungen insbesondere bei Großbauprojekten teilweise erhebliche Nachteile für die Umwelt mit sich bringen.

Hinzu können kostenträchtige Investitionen in die Verkehrsinfrastruktur kommen, da mit den Veranstaltungen zumeist eine intensive Inanspruchnahme der Infrastruktur der Kommunen verbunden ist.[93] Diese Inanspruchnahme ist wiederum mit hohen Kosten und organisatorischem Aufwand seitens der Verwaltung verbunden. Die Investitionen in die Infrastruktur können Städte und Regionen aber auch dazu nutzen, ihre geplante Stadtentwicklung zu beschleunigen[94], wie dies in München anlässlich der Olympischen Spiele 1972 und der Fußballweltmeisterschaft 1974 geschehen und im Hinblick auf die Olympischen Spiele 2018 geplant ist.

---

90 Ausführlich zur Förderung des Berufssports durch die Kommunen mit zahlreichen Beispielen F. Brych, Möglichkeiten und Grenzen der gemeindlichen Förderung des Berufssports aus rechtlicher Sicht, 2004, S. 1f.

91 So auch U. Steiner, § 87 Sport und Freizeit, in: HStR IV, 2006, Rn. 20.

92 Genannt sei hier nur die negative Presse wegen der Zahlung von Bestechungsgeldern im Rahmen der Olympischen Winterspiele 2002 in Salt Lake City. M. Langer, Öffentliche Förderung des Sports, 2006, S. 157, weist zudem darauf hin, dass auch innerhalb der Kommune beispielsweise durch eine erhöhte Lärmbelästigung eine negative Wirkung eintreten kann.

93 Vgl. hierzu F. Brych, Möglichkeiten und Grenzen der gemeindlichen Förderung des Berufssports aus rechtlicher Sicht, 2004, S. 74.

94 M.-P. Büch/W. Maennig/H.-J. Schulke, Sportgroßveranstaltungen – vom Erlebnis zum Standortfaktor, in: dies. (Hrsg.), Regional- und sportökonomische Aspekte von Sportgroßveranstaltungen, 2002, S. 6.

Zweiter Teil: Die Determinanten staatlichen Handelns im Kontext von Sportgroßveranstaltungen

§ 4 Rahmenvorgaben des Grundgesetzes

Zur Auslotung des Verhältnisses von Staat und Veranstalter ist es notwendig, den verfassungsrechtlichen Rahmen staatlichen Handelns bei Sportgroßveranstaltungen herauszuarbeiten. Einleitend soll zuvor die Kompetenzverteilung im Bereich Sport dargestellt werden, um die Grundlage für die Ausführungen in diesem und den folgenden Paragraphen zu schaffen.

I. Kompetenzverteilung

Sportspezifische Kompetenzen finden sich von der Bundes- bis zur Kommunalebene. Darüber hinaus gilt dies mittlerweile auch für die Europäische Union. Mit dieser Kompetenzverteilung ist selbstverständlich nichts über eine Pflicht zur Förderung von Sportgroßveranstaltungen oder gar über die genauen Modalitäten einer solchen gesagt.

1) Kompetenzen der Europäischen Union

Auf europäischer Ebene hat mit Inkrafttreten des Lissaboner Vertrages die Europäische Union gemäß Art. 165 AEUV[95] eigene Zuständigkeiten im Bereich des Sports erhalten.[96] Die Europäische Union erhielt dadurch Kompetenzen für eine europäische Sportpolitik und eine europäische Sportförderung.

Darüber hinaus kommt der Europäischen Union eine Schlüsselstellung im Hinblick auf internationale Sportgroßveranstaltungen zu, da sie insbesondere auf dem

95 Instruktiv hierzu Persch, Sven, Sportförderung in Europa: Der neue Art. 165 AEUV, NJW 2010, 1917.

96 Vgl. insofern den im Vergleich zu der Vorgängerregelung ex-Art. 149 Abs. 1 EGV ergänzten Art. 165 Abs. 1 Satz 2 AEUV:
„Die Union trägt zur Förderung der europäischen Dimension des Sports bei und berücksichtigt dabei dessen besondere Merkmale, dessen auf freiwilligem Engagement basierende Strukturen sowie dessen soziale und pädagogische Funktion."
Art. 165 Abs. 2 AEUV lautet:
„Die Tätigkeit der Union hat folgende Ziele:
[...]
- Entwicklung der europäischen Dimension des Sports durch Förderung der Fairness und der Offenheit von Sportwettkämpfen und der Zusammenarbeit zwischen den für den Sport verantwortlichen Organisationen sowie durch den Schutz der körperlichen und seelischen Unversehrtheit der Sportler, insbesondere der jüngeren Sportler."

Gebiet der Sicherheit von Sportgroßveranstaltungen im Rahmen der polizeilichen Zusammenarbeit (Art. 87 AEUV) eigene Kompetenzen besitzt.

2) Fehlende Kompetenzzuweisung im Grundgesetz und ungeschriebene Kompetenzen

Ein erster verfassungsrechtlicher Befund ergibt, dass der Sport als solcher im Grundgesetz keine Erwähnung findet. Ausdrücklich genannt wird der Sport dagegen in Art. 39 des Einigungsvertrages[97]. Darin heißt es:

> „Die in dem in Artikel 3 genannten Gebiet in Umwandlung befindlichen Strukturen des Sports werden auf Selbstverwaltung umgestellt. Die öffentlichen Hände fördern den Sport ideell und materiell nach der Zuständigkeitsverteilung des Grundgesetzes."

Gerade diese Zuständigkeitsverteilung ist aber immer wieder Gegenstand von Diskussionen gewesen.[98]

Zunächst ist festzustellen, dass mangels eindeutiger Kompetenzzuweisung im Grundgesetz gemäß Art. 30 GG die Sportförderung grundsätzlich Ländersache ist. Ausnahmen sollen nur in Bereichen gelten, in denen es um die gesamtstaatliche Repräsentation geht[99] oder die von einem einzelnen Land nicht wahrgenommen werden können[100]. Dabei handele es sich um eine ungeschriebene Bundeszuständigkeit *„kraft Natur der Sache, Annexkompetenz oder kraft Sachzusammenhanges mit einer ausdrücklich ausgewiesenen Kompetenzmaterie".*[101] Eine derartige Kompetenzverteilung ist durchaus kritisch zu beurteilen, da sie das Regelungssystem des Grundgesetzes, welches grundsätzlich eine ausdrückliche Zuständigkeitssystematik vorsieht, durchbricht.[102] Die weitreichende Wahrnehmung von Kompetenzen in diesem Bereich durch den Bund ist daher auch immer wieder Grundlage für Kritik, da sich diese Wahrnehmung nicht mit seiner verfassungsrechtlichen Zuständigkeit decke und er damit zum Teil originäre Aufgabenfelder der Länder okkupiere.[103]

---

97 Gesetz zu dem Vertrag vom 31. August 1990 zwischen der Bundesrepublik Deutschland und der Deutschen Demokratischen Republik über die Herstellung der Einheit Deutschlands – Einigungsvertragsgesetz – und der Vereinbarung vom 18.9.1990 vom 23.9.1990 (BGBl. 1990 II S. 885).

98 Ausführlich zur Kompetenzverteilung im Sport: M. Nolte, Staatliche Verantwortung im Bereich Sport, 2004, S. 279ff.

99 Wie zum Beispiel Olympische Spiele, Welt- und Europameisterschaften etc.

100 Beispielhaft führt BMI (Hrsg.), 12. Sportbericht der Bundesregierung (BT-Drs. 17/2880), 2010, S. 15, „[die] Förderung von Maßnahmen nichtstaatlicher zentraler Organisationen, die für das Bundesgebiet als Ganzes von Bedeutung sind und durch ein Land allein nicht wirksam unterstützt werden können", auf.

101 Ebd., S. 15.

102 Vgl. hierzu die Kritik bei J. Fritzweiler/C. von Coelln in: Fritzweiler/Pfister/Summerer(Hrsg.), Praxishandbuch Sport, 2007, S. 53.

103 Präsident des Bundesrechnungshofes, Gutachten - Modernisierung der Verwaltungsbeziehungen von Bund und Ländern, 2007, S. 146.

Eine nationale Repräsentation und damit eine ungeschriebene Kompetenz gebe es nur für den Spitzensport, der Leistungssport sei dagegen als qualifizierter Breitensport zu verstehen und falle nicht in die Kompetenz des Bundes.[104] Es ist bei staatlichem Handeln im Zusammenhang mit Sportgroßveranstaltungen somit stets zu klären, ob diese die gesamtstaatliche Repräsentation betreffen. Bei Ereignissen wie den Olympischen Spielen oder Welt- und Europameisterschaften ist dies mit Sicherheit der Fall, so dass die Förderung dieser Veranstaltungen in die Kompetenz des Bundes fällt. Anders sieht es jedoch bei Veranstaltungen aus, die lediglich nationale oder gar regionale Bedeutung haben. Hier ist eine Aufgaben- und damit auch Finanzierungskompetenz des Bundes zu verneinen. Staatliches Handeln in diesem Bereich liegt allein in der Zuständigkeit der Länder.

3) Kompetenzen der Kommunen

Die Förderung von Sportgroßveranstaltungen durch Kommunen findet ihre verfassungsrechtliche Rechtfertigung in der durch Art. 28 Abs. 2 Satz 1 GG und Art. 71 Abs. 1 BaWüLV garantierten kommunalen Selbstverwaltung.[105] Diese stellt es Gemeinden frei, Sportgroßveranstaltungen als Bestandteil ihrer Sportpolitik zu fördern.[106]

Erwähnt sei an dieser Stelle bereits die Rechtsprechung des Bundesverwaltungsgerichts zum Verbot der vollständigen Entledigung von kommunalen Aufgaben.[107] Das Gericht hat diesbezüglich festgestellt, dass sich eine Gemeinde im Interesse einer wirksamen Wahrnehmung der Angelegenheiten der örtlichen Gemeinschaft nicht ihrer gemeinwohlorientierten Handlungsspielräume begeben dürfe.[108] Dies gelte, soweit es sich um kulturell, sozial und traditionsmäßig bedeutsame Veranstaltungen handele. Übertragbar ist dies insbesondere auf von Kommunen ausgerichtete Breitensportveranstaltungen. Der strukturelle Unterschied zu von Verbänden ausgerichtete Veranstaltungen könnte zwar dazu verleiten, diese Rechtsprechung nicht auf derartige Veranstaltungen zu übertragen. Doch haben auch Kommunen Einfluss in diesem Bereich, so dass der Grundgedanke des Erhaltens gemeinwohlorientierter Handlungsspielräume auch für diese Veranstaltungen fruchtbar gemacht werden kann.

104 Ebd., S. 151, mahnt daher zu Recht eine kompetenzrechtliche Klarstellung an.

105 Grundlegend hierzu: F. Brych, Möglichkeiten und Grenzen der gemeindlichen Förderung des Berufssports aus rechtlicher Sicht, 2004, S. 39ff.

106 U. Steiner, § 87 Sport und Freizeit, in: HStR IV, 2006, Rn. 20.

107 BVerwG, Urteil vom 27.5.2009, NVwZ 2009, 1305.

108 Ebd., (1305). Kritisch: C. Donhauser, Neue Akzentuierungen bei der Vergabe von Standplätzen auf gemeindlichen Volksfesten und Märkten, NVwZ 2010, 931 (937).

II. Grundrechtliche Determinanten

Es ist in einem nächsten Schritt zu untersuchen, welchen grundrechtlichen Bindungen die Staatsgewalt in diesem Bereich unterworfen ist und ob Sportgroßveranstaltungen hierdurch einen besonderen Schutz erfahren.

1) Recht auf Gesundheitsschutz

Eine privilegierte Stellung des Sports wird teilweise mit einem Auftrag zum Gesundheitsschutz aus Art. 2 Abs. 2 Satz 1 Alt. 2 GG begründet.[109] Der Sport sei über den Gesundheitsschutz *„bereits im Grundgesetz klar verortet"*.[110] Umstritten ist dabei schon, welchen Schutz Art. 2 Abs. 2 Satz 1 Alt. 2 GG bezüglich des Rechtsguts der Gesundheit überhaupt vermittelt.[111]

a) Keine Gewährleistung eines umfassenden Rechts auf Gesundheit

Nach herrschender Meinung wird ein umfassendes Recht auf Gesundheit dadurch prinzipiell nicht gewährleistet, Art. 2 Abs. 2 GG enthalte jedoch Elemente eines Rechts auf Gesundheit.[112] Das bedeutet, dass seiner objektiv-rechtlichen Dimension[113] auch ein Staatsziel des Gesundheitsschutzes zu entnehmen ist.[114] Diese objektiv-rechtliche Dimension soll dem Sport in der Art zugutekommen, dass für den Staat Schutzaufträge entstehen, aus denen sich *„Staatsaufgaben in Sachen Sport, etwa Sportförderung"* ergeben.[115] *K.-P. Sommermann* führt dazu aus, dass die Garantie eines effektiven Systems der staatlichen Gesundheitsvorsorge und -fürsorge ein wesentlicher Teil der sozialstaatlichen Fürsorge sei, wozu auch die Förderung der Bedingungen des Sports zähle.[116]

---

109 Vgl. zum Beispiel P. Häberle, "Sport" als Thema neuerer verfassungsstaatlicher Verfassungen, in: ders. (Hrsg.), Das Grundgesetz zwischen Verfassungsrecht und Verfassungspolitik, 1996, S. 735, der feststellt, dass Sport „Ausdruck des Rechts auf Leben und individueller Gesundheitsschutz" sei.

110 P. Tettinger in: Löwer/ders. (Hrsg.), Kommentar zur Verfassung des Landes Nordrhein-Westfalen, 2002, Art. 18, Rn. 26.

111 Allgemein zu dieser Frage: D. Murswiek in: Sachs (Hrsg.), Grundgesetz, 2009, Art. 2, Rn. 150.

112 Ebd., Rn. 15.

113 Instruktiv zu der objektiv-rechtlichen Dimension der Grundrechte: J. Isensee, § 73 Staatsaufgaben, in: HStR IV, 2006, Rn. 43.

114 So auch OLG Stuttgart, Urteil vom 12.12.2000, SpuRt 2002, 27 (29).

115 P. Häberle, "Sport" als Thema neuerer verfassungsstaatlicher Verfassungen, in: ders. (Hrsg.), Das Grundgesetz zwischen Verfassungsrecht und Verfassungspolitik, 1996, S. 736, fügt hinzu, dass sich der Staat „längst vielgestaltig und nachhaltig [der Staatsaufgabe] annimmt, wie die Sportberichte [der Bundesregierung] zeigen".

116 K.-P. Sommermann, Staatsziele und Staatszielbestimmungen, 1997, S. 228.

b) Vorbildwirkung von Sportgroßveranstaltungen

Sportgroßveranstaltungen wird in diesem Zusammenhang nicht nur auf der Ebene des Breitensports gesundheitsfördernde Wirkung zuerkannt, sondern – wegen seiner Vorbild- beziehungsweise Transferwirkung[117] – auch auf der Ebene des Spitzensports, was auch professionelle Wettkampfsportveranstaltungen umfasse.[118]

Die Gesetzesbegründungen zur Aufnahme der Sportförderung als Staatsziel in verschiedene Landesverfassungen[119] heben auch zumeist auf die gesundheitsfördernde Bedeutung des Sports ab. Die Landesverfassung des Saarlandes stellt sogar explizit fest, dass der Sport *„wegen seiner gesundheitlichen und sozialen Bedeutung"* besonderen Schutz erfährt.[120] Die erwähnten landesverfassungsrechtlichen Bestimmungen haben jedoch keine direkten Auswirkungen auf die Auslegung des Art. 2 Abs. 2 GG.[121]

c) Gesundheitsförderung und Gemeinwohlcharakter

Mit der Thematik hat sich das OLG Stuttgart[122] eingehend befasst und entschieden, dass die Förderung des Breiten- und Hochleistungssports auf kommunaler Ebene die Schaffung eines attraktiven Angebotes in räumlicher und zeitlicher Hinsicht erfordere, damit das Interesse der Bevölkerung geweckt werde und erhalten bleibe. Dies rechtfertige sogar eine Enteignung zu Gunsten eines öffentlichen Sportplatzes. Das Bundesverfassungsgericht hatte im konkreten Verfahren bemängelt, dass das für die Enteignung erforderliche Wohl der Allgemeinheit nicht im hinreichenden Maße gewürdigt worden sei.[123]

Den Gemeinwohlcharakter[124] sah das OLG Stuttgart sowohl im Breiten- als auch im Spitzensport als gegeben an.[125] Es verwies darauf, dass Art. 2 Abs. 2 GG

---

117 U. Steiner, § 87 Sport und Freizeit, in: HStR IV, 2006, Rn. 8, der insbesondere auf den Tennissport und dessen Auf und Ab in der Breitenaktivität parallel zu den Erfolgen deutscher Spitzensportler verweist.

118 Sowohl das OLG Stuttgart, Urteil vom 12.12.2000, SpuRt 2002, 27 (29), als auch P. Häberle, "Sport" als Thema neuerer verfassungsstaatlicher Verfassungen, in: ders. (Hrsg.), Das Grundgesetz zwischen Verfassungsrecht und Verfassungspolitik, 1996, S. 740 und R. Streinz, Deutschland als "Sportstaat" - Gegenseitige Erwartungen von Sport und Verfassung, in: FS für Rupert Scholz, 2007, S. 371, verweisen zu Recht auf die Vorbildwirkung des Spitzensports.

119 Hierzu § 5 dieser Untersuchung.

120 Art. 34a SaarlLV.

121 Auswirkungen hat jedoch das Prinzip der Bundestreue, das auch den Bund zur Rücksichtnahme verpflichtet. Allgemein hierzu: C. Pestalozza, Die Bedeutung gliedstaatlichen Verfassungsrechts in der Gegenwart, NVwZ 1987, 744 (750f.).

122 OLG Stuttgart, Urteil vom 12.12.2000, SpuRt 2002, 27.

123 Vgl. BVerfG, Beschluss vom 18.11.1998, NVwZ 1999, 522 und NJW 1999, 1176.

124 Vgl. auch P. Tettinger in: Löwer/ders. (Hrsg.), Kommentar zur Verfassung des Landes Nordrhein-Westfalen, 2002, Art. 18, Rn. 26: „Wenn sportliche Betätigung Gesundheit und Leistungsfähigkeit fördern und erhalten, soziale Grunderfahrungen vermitteln, die Freizeit aktiv gestalten helfen, zur Erziehung und Bildung beitragen sowie soziale Integration unter-

eine Schutzpflicht des Staates für die Gesundheit seiner Bürger festschreibe und auch das Recht auf freie Entfaltung der Persönlichkeit in Art. 2 Abs. 1 GG gewährleistet sei. Diese Gewährleistung gelte sowohl für den Breiten- als auch für den Leistungssport, da der eine die Gesundheit der Bürger fördere und der andere einen Vorbild- und Werbungscharakter für den Breitensport habe.[126] Das Gericht stellte also zunächst auf den Sport als Teil des Aufgabenkreises der Gesundheitsvorsorge ab.[127] Anschließend zog es auch das Staatsziel Sport in Art. 3c BaWüLV als Argument für eine Enteignung zum Wohl der Allgemeinheit heran, das unten noch ausführlich dargestellt wird.[128]

---

schiedlicher Bevölkerungsgruppen ermöglichen kann, so sind damit hierfür hinreichende Gemeinwohlaspekte aufgezeigt."

125 Ergänzend sei zum Breitensport ein Urteil des OVG Koblenz erwähnt, in dem dieses auf die Sportförderungsklausel in Art. 40 Abs. 4 RhPfLV eingeht (OVG Koblenz, Urteil vom 26.4.2001, NVwZ-RR 2002, 183 und DVBl. 2001, 1468). Der Kläger ging dabei im Wege der Normenkontrolle gegen eine Rechtsverordnung vor, mit der der wasserrechtliche Gemeingebrauch an einem Gewässer dritter Ordnung dahingehend eingeschränkt wurde, dass das Befahren des Flusses mit Booten jeglicher Art auf einer Teilstrecke von ca. 26 km Länge teils ganzjährig und teils für die Zeit von Mitte Oktober bis Ende August untersagt wurde. Das Gericht wog die Belange des Gewässer-, Arten-, Natur- und Landschaftsschutzes gegen den Sport ab. Es stellte dazu fest, dass es sich beim Sport wegen des in der Landesverfassung normierten Staatsziels um einen Belang von Gewicht handele und dass eine pauschale Regelung zugunsten des Gewässer-, Arten-, Natur- und Landschaftsschutzes nicht mit dem Staatsziel Sportförderung vereinbar sei. Ergänzend wies das Gericht darauf hin: „Indessen waren Selbstverwaltungskörperschaften und Behörden auch schon vor dieser Verfassungsänderung dazu aufgerufen, die Belange des Sports, und zwar des Leistungs- wie des Breitensports bei ihren Entscheidungen zu beachten. § 2 I 2 RhPfWassG legt fest, dass beim Vollzug des Landeswassergesetzes neben anderen öffentlichen Belangen insbesondere auch die des Sports, der Erholung und der Freizeitgestaltung angemessen zu wahren sind." (NVwZ-RR 2002, 183 (185)). Allgemein zum Verhältnis des Sports zum Umwelt- und Naturschutz: J. Segerer, Wirkung der Grundrechte zwischen Sportlern, Sportvereinigungen und Staat, 1999, S. 114, sowie U. Steiner, Verfassungsfragen des Sports, NJW 1991, 2729 (2730), der die Einführung eines Staatsziels Sportförderung in das Grundgesetz im Hinblick auf den Umweltschutz als „verfassungsrechtliche[n] ‚Rebreak'" bezeichnet.

126 In diese Richtung wohl auch: P. Häberle, "Sport" als Thema neuerer verfassungsstaatlicher Verfassungen, in: ders. (Hrsg.), Das Grundgesetz zwischen Verfassungsrecht und Verfassungspolitik, 1996, S. 740.

127 OLG Stuttgart, Urteil vom 12.12.2000, SpuRt 2002, 27 (29).

128 P. Tettinger, 10 Jahre Sport in der Verfassung des Landes NRW, SpuRt 2003, 45 (46), merkt an, dass durch dieses Urteil erstmals die Effektivität einer Sportförderklausel belegt worden sei. Allerdings ging das Gericht hauptsächlich auf die Beratung des Landtags ein, in der auf die Beiträge des Sports zur Gesundheitsförderung verwiesen wird.

d) Gesundheitsschädigende Wirkung des Sports?

Umstritten ist in diesem Zusammenhang, inwiefern der Sport selbst überhaupt gesundheitsfördernd ist.[129] In der Rechtsprechung wird der Sport als gesundheitsfördernd anerkannt.[130] Medizinische Untersuchungen zu diesem Thema kommen zu unterschiedlichen Ergebnissen.[131] Richtigerweise ist wegen der großen Bandbreite sportlicher Aktivitäten wohl eine differenzierende Betrachtung vorzunehmen, wobei dem intensiv betriebenen Wettkampfsport teilweise sogar eine gesundheitsschädigende Wirkung zugesprochen wird.[132] Zu erwähnen ist hier auch das Problem des Dopings, das insbesondere bei Wettkampfsportveranstaltungen zur Leistungssteigerung eingesetzt wird. Durch die Einnahme derartiger Mittel können schwere gesundheitliche Langzeitschäden verursacht werden. Demgegenüber stehen beispielsweise die anerkannten positiven Effekte auf das Herz-Kreislauf-System durch vernünftig betriebenen Sport.

Derartige Ergebnisse könnten zunächst dazu verleiten, eine Förderung von Sportgroßveranstaltungen – zumindest von Wettkampfveranstaltungen – unter dem Gesichtspunkt der Gesundheitsförderung als mit dem staatlichen Auftrag nicht vereinbar zu erachten. Dies widerspräche jedoch dem weiten gesetzgeberischen Einschätzungsspielraum wie auch dem Ermessensspielraum der Verwaltung. Derartige volkswirtschaftliche und medizinische Ergebnisse sind zwar von der Legislative wie auch von der Exekutive zu beachten, sie führen aber selbstverständlich nicht dazu, dass sich daraus Automatismen für das Handeln des Staates ergeben. Teil des Einschätzungsspielraums ist auch, dass der Gesetzgeber nach eigenem Ermessen über die rechtlichen Konsequenzen derartiger Forschungsergebnisse entscheidet.

Umgekehrt kann allerdings aus den dargestellten Ausführungen zum Gesundheitsschutz nicht gefolgert werden, dass eine Sportförderungspflicht besteht. Die Aufgabe des Gesetzgebers, die Gesundheit seiner Bürger zu schützen, die Art. 2 Abs. 2 GG entnommen werden kann, betrifft lediglich den Gesundheitsschutz, nicht jedoch den Sport. Diverse sportliche Aktivitäten mögen ein Mittel darstellen, die Gesundheit der Bürger zu schützen[133], daraus lässt sich aber nicht entnehmen, dass die Aufgabe, die Gesundheit der Bürger zu schützen, mit der Aufgabe, sportliche Aktivitäten zu schützen oder gar zu fördern, gleichbedeutend ist.

---

129 Vgl. hierzu die volkswirtschaftliche Analyse bei M. Langer, Öffentliche Förderung des Sports, 2006, S. 131ff.

130 OLG Stuttgart, Urteil vom 12.12.2000, SpuRt 2002, 27 (29).

131 Bemerkenswert in Bezug auf Sportgroßveranstaltungen ist in diesem Zusammenhang auch eine Studie, die besagt, dass an den Tagen der Spiele der deutschen Nationalmannschaft während der Fußballweltmeisterschaft 2006 das Herzinfarktrisiko insbesondere bei Männern um ein mehrfaches stieg, vgl. U. Wilbert-Lampen/D. Leistner/S. Greven/T. Pohl, Cardiovascular Events during World Cup Soccer, The New England Journal of Medicine Bd. 358 (2008), 475 (475ff.).

132 Vgl. die Darstellung bei M. Langer, Öffentliche Förderung des Sports, 2006, S. 131ff.

133 Differenzierend auch R. Streinz, Deutschland als "Sportstaat" - Gegenseitige Erwartungen von Sport und Verfassung, in: FS für Rupert Scholz, 2007, S. 372.

Im Ergebnis bedeutet dies, dass es in der Einschätzung des Staates liegt, ob er im Hinblick auf den Gesundheitsschutz Sportveranstaltungen fördert, da dies Teil seiner Beurteilungs- und Entscheidungsbefugnis ist. Insbesondere lassen sich aus Art. 2 Abs. 2 Satz 1 Alt. 2 GG weder eine Staatsaufgabe zur Förderung des Sports noch konkrete Leistungs- oder Abwehrrechte im Hinblick auf den Sport herleiten.[134]

2) Versammlungsfreiheit

Eine Abgrenzung der Sportgroßveranstaltungen zu Versammlungen im Sinne der Versammlungsgesetze[135] muss besonders trennscharf erfolgen, da diese auf Grund des Art. 8 Abs. 1 GG rechtlich eine spezielle Form von Veranstaltungen darstellen.

a) Mögliche Konsequenzen der Einordnung von Sportgroßveranstaltungen als Versammlungen

Wollte man Sportgroßveranstaltungen den Schutz des Art. 8 Abs. 1 GG zubilligen, führte dies insbesondere im Hinblick auf die später diskutierten Sicherheitsprobleme bei Sportgroßveranstaltungen zu weitreichenden Konsequenzen, da wegen der Polizeifestigkeit der Versammlungsgesetze diese Vorrang vor den Polizeigesetzen genießen. Außerdem erfahren Versammlungen im Sinne des Art. 8 Abs. 1 GG generell eine privilegierte Behandlung. Diese begründet sich zum einen daraus, dass diese Art von Veranstaltungen explizit im Grundrechtskatalog des Grundgesetzes aufgeführt ist. Die Privilegierung sei zudem dadurch gerechtfertigt, dass die gemeinschaftliche kommunikative Entfaltung erhebliche Bedeutung für die öffentliche Meinungsbildung als Grundelement einer freiheitlichen Demokratie habe.[136] In den Grundrechten zeige sich zudem auch immer eine objektive Wertordnung, die als verfassungsrechtliche Grundentscheidung für alle Bereiche des Rechts gelte.[137]

---

134 Auch U. Steiner, § 87 Sport und Freizeit, in: HStR IV, 2006, Rn. 4, stellt fest, dass das Ermessen des Staates bei der Erfüllung der staatlichen Schutzpflicht für die Gesundheit seiner Bürger sehr weit ginge.

135 Seit der Föderalismusreform fällt auch das Versammlungsrecht in die Kompetenz der Länder. In Baden-Württemberg gilt wegen des Art. 125a Abs. 1 Satz 1 GG weiterhin das Versammlungsgesetz des Bundes.

136 W. Hoffmann-Riem, Neuere Rechtsprechung des BVerfG zur Versammlungsfreiheit, NVwZ 2002, 257 (259): „Das Grundrecht gewährleistet die aktive Teilhabe an dem Prozess der öffentlichen Meinungsbildung durch kollektive Meinungskundgabe. Es schützt Mehrheiten wie Minderheiten. Die Veranstalter beziehungsweise Versammlungsteilnehmer entscheiden selbst darüber, was sie zum Gegenstand öffentlicher Meinungsbildung machen wollen. Art. 8 GG verschafft auch denen Möglichkeiten zur Äußerung in einer größeren Öffentlichkeit, denen der direkte Zugang zu den Medien versperrt ist. Wegen des Bezugs auf die Funktionsfähigkeit einer Demokratie werden Versammlungen in der Rechtsordnung gegenüber sonstigen, über Art. 2 I GG geschützten Zusammenkünften bevorzugt."

137 So die ständige Rechtsprechung des Bundesverfassungsgerichts seit dem sogenannten „Lüth-Urteil" BVerfGE 7, 198 (205), Urteil vom 15.1.1958.

Diese Entscheidung des Verfassungsgesetzgebers für die Versammlungsfreiheit als objektives Prinzip der Rechtsordnung habe eine Ausstrahlungswirkung sowohl auf das öffentliche Recht[138] als auch auf Normen des Zivilrechts[139] in Form einer mittelbaren Drittwirkung.[140] Der Grundrechtsschutz der Versammlungsfreiheit beinhaltet also mehr als nur den Schutz der Anmeldung und Teilnahme an einer Versammlung. Vielmehr vermittelt er ein Abwehrrecht[141] gegenüber einem wie auch immer gearteten Handeln des Staates, das eine abschreckende Wirkung auf den Bürger haben und damit de facto das Versammlungsrecht aushöhlen könnte.[142]

Dieser Exkurs verdeutlicht, mit welch weitreichenden Folgen eine Einordnung von Sportgroßveranstaltungen als Versammlungen verbunden wäre. Die Tatsache, dass Sportgroßveranstaltungen ebenso wie Versammlungen in der Regel große Menschenmengen anziehen und im öffentlichen Raum stattfinden, könnte zu der

---

138 Auf der öffentlich-rechtlichen Ebene gewinnt dies zum Beispiel Bedeutung bei der Frage, ob Reinigungskosten gegen Veranstalter einer Demonstration geltend gemacht werden können. Abweichend vom Bundesverwaltungsgericht, vgl. BVerwGE 80, 158 (160f.), Urteil vom 6.9.1988, ist dies grundsätzlich abzulehnen, da Art. 8 Abs. 1 GG der Heranziehung zu solchen Kosten Grenzen setzt. Veranstalter könnten hierdurch möglicherweise davon abgehalten werden, Versammlungen durchzuführen. Exemplarisch sei das Verteilen von Flugblättern erwähnt, das als wichtiges Element zu Versammlungen gehört, um die entsprechende Meinung zu transportieren, vgl. zu diesem Bespiel M. Kniesel/R. Poscher in: Lisken/Denninger (Hrsg.), Handbuch des Polizeirechts, 2007, J 86. Der Schutz endet erst dann, wenn das Handeln in Missbrauch umschlägt oder wenn das Handeln nicht mehr primär dem Zweck der Versammlungsfreiheit, sondern wirtschaftlichen Zwecken wie zum Beispiel dem Verkauf von Speisen und Getränken dient. In diese Richtung auch W. Brohm, Demonstrationsmüll und Straßenreinigung, JZ 1989, 324 (326).

139 Vgl. hierzu die Beispiele bei M. Kniesel/R. Poscher in: Lisken/Denninger (Hrsg.), Handbuch des Polizeirechts, 2007, J 84. So gehen Zweifel hinsichtlich der Beteiligung an einer unerlaubten Handlung (§ 830 Abs. 1 Satz 2 BGB), die im Rahmen einer Versammlung begangen worden sein soll, zu Lasten der Anspruch stellenden Behörde, um zu verhindern, dass potenzielle Demonstrationsteilnehmer wegen eventueller Haftungsrisiken von der Teilnahme an einer Demonstration abgehalten werden. Vgl. auch W. Hoffmann-Riem in: AK-GG, 2001, Art. 8, Rn. 41.

140 W. Hoffmann-Riem in: AK-GG, 2001, Art. 8, Rn. 37ff. Vgl. dazu grundlegend BVerfGE 7, 198 (205), Urteil vom 15.1.1958.

141 Vgl. statt aller: BVerwGE 72, 113 (118), Urteil vom 13.9.1985.

142 Hierzu hat das Bundesverfassungsgericht zuletzt festgestellt, dass bereits ein Kostenbescheid von 40 DM für versammlungsrechtliche Auflagen eine abschreckende Wirkung habe („Der gegenüber dem Beschwerdeführer erlassene Kostenbescheid für den Erlass versammlungsrechtlicher Auflagen greift in die Versammlungsfreiheit des Beschwerdeführers ein, denn Gebühren aus Anlass einer Versammlung können deren Durchführung erschweren und gegebenenfalls Grundrechtsberechtigte von der Ausübung ihres Grundrechts abhalten."), BVerfG, Beschluss vom 25.10.2007, 1 BvR 943/02, Abs. 35. Diese abschreckende Wirkung wird unter dem Stichwort „chilling effect" auch vom U.S. Supreme Court beschrieben, vgl. „Lamont v. Postmaster General", 381 U.S. 301, 85 S.Ct. 1493 (1965). Dieser arbeitete eine solche abschreckende Wirkung bezüglich bestimmter Gesetze im Bereich der Meinungsfreiheit heraus.

Annahme führen, auch Sportgroßveranstaltungen als Versammlungen im Sinne des Art. 8 Abs. 1 GG anzusehen.

b) Versammlungsbegriff als maßgebliches Abgrenzungskriterium

Im Ergebnis ist jedoch festzustellen, dass Sportgroßveranstaltungen nicht in den Schutzbereich des Art. 8 Abs. 1 GG fallen. Diese Auffassung leitet sich aus dem richtigerweise zugrundezulegenden Versammlungszweck beziehungsweise Versammlungsbegriff ab.[143]

aa) Weiter Versammlungsbegriff

Bei einem weiten Versammlungsbegriff, der die Versammlungsfreiheit mit dem Schutz der Menschenwürde (Art. 1 Abs. 1 GG) sowie der freien Entfaltung der Persönlichkeit (Art. 2 Abs. 1 GG) verbindet[144], würden auch Sportveranstaltungen unter den Versammlungsbegriff fallen.[145] Ein solcher weiter Begriff geht von einem Verständnis aus, das den Versammlungszweck als irrelevant ansieht, da eine Entscheidung zugunsten politischer Betätigung dem Grundgesetz nicht zu entnehmen und die politische Betätigung nur ein *„Unterfall"* sei.[146] Auf einen bestimmten Inhalt des Versammlungszweckes könne verzichtet werden, da der Schutz speziell der meinungsbildenden und –äußernden Versammlung durch Art. 8 iVm Art. 5 GG gewährleistet sei.[147]

bb) Innere Verbindung als Abgrenzungsmerkmal?

Differenziert wird teilweise dahingehend, dass es bei einer Sportveranstaltung darauf ankomme, ob eine innere Verbindung der Teilnehmer untereinander vorliege. Dies sei nicht der Fall, wenn die Teilnehmer als bloße Konsumenten und nicht als Akteure in Erscheinung treten.[148] Diese Argumentation trägt nicht, da sich bei den meisten Sportveranstaltungen sehr wohl eine Verbundenheit der Teilnehmer belegen lässt, beispielsweise durch die Unterstützung einer Mannschaft oder einzelner Sportler, beziehungsweise bei Breitensportveranstaltungen durch die gemeinsame Aktivität. Dies allein kann nicht ausreichen, um den weitreichenden Schutz des Art. 8 Abs. 1 GG zuzubilligen.

143 Ein guter Überblick findet sich bei A. Dietel/K. Gintzel/M. Kniesel, Versammlungsgesetz, 2011, § 1, Rn. 5ff.

144 Als „Betonung des liberal-individuellen Aspekts" bezeichnen dies: M. Kniesel/R. Poscher in: Lisken/Denninger (Hrsg.), Handbuch des Polizeirechts, 2007, J 48.

145 Kritisch zur Rechtsprechung des Bundesverfassungsgerichts O. Depenheuer in: Maunz/Dürig (Hrsg.), Kommentar zum GG, 2010 (Lfg. 60), Art. 8, Rn. 48ff: „Die inhaltliche Ausfüllung des gemeinsamen Versammlungszwecks ist für den grundrechtlichen Schutz irrelevant [...]." (Rn. 48).

146 Ebd., Rn. 48: „Versammlungen, die auf die Beteiligung an der öffentlichen Meinungsbildung zielen, sind daher nur ein, wenn auch praktisch bedeutsamer und demokratisch relevanter Unterfall der durch Art. 8 GG geschützten Versammlungen."

147 B. Pieroth/B. Schlink, Staatsrecht II Grundrechte, 2010, Rn. 753.

148 Ebd., Rn. 754.

cc) Der enge Versammlungsbegriff des Bundesverfassungsgerichts

Die Begründung für einen Ausschluss der Sportgroßveranstaltungen aus dem Anwendungsbereich der Versammlungsfreiheit ist vielmehr eine andere und ergibt sich aus der Rechtsprechung des Bundesverfassungsgerichts, das die Versammlungsfreiheit als ein *„wesentliches Element demokratischer Offenheit"* versteht, welches es gestatte, *„Unmut und Kritik öffentlich vorzubringen".*[149] Dementsprechend seien *„Versammlungen im Sinne des Art. 8 GG örtliche Zusammenkünfte mehrerer Personen zwecks gemeinschaftlicher Erörterung und Kundgebung mit dem Ziel der Teilhabe an der öffentlichen Meinungsbildung."*[150] Damit vertritt das Bundesverfassungsgericht einen engen Versammlungsbegriff.[151] Die Versammlungsfreiheit wird also als eine Grundlage der Demokratie begriffen und als Versammlungszweck wird eine öffentliche Meinungsbildung verlangt. Genau dieses Element fehlt bei Sportgroßveranstaltungen.[152] Sportgroßveranstaltungen fallen wegen des fehlenden Ziels der Teilhabe an der öffentlichen Meinungsbildung nicht in den Schutzbereich des Art. 8 Abs. 1 GG, da der Sport und die Unterhaltung im Vordergrund stehen und eine öffentliche Meinungsbildung, so sie denn überhaupt vorliegt, in den Hintergrund tritt.[153]

Für die Auffassung des Bundesverfassungsgerichts, spricht, dass eine Erweiterung des Schutzbereichs des Art. 8 Abs. 1 GG eine Nivellierung der unterschiedlichen Veranstaltungstypen darstellen würde. Eine solche Nivellierung birgt die Gefahr, dass der hohe Rang der Versammlungsfreiheit mit ihrer Bedeutung für Demokratie, Meinungsfreiheit und Willensbildung relativiert wird. Die Erweiterung des

---

149 BVerfGE 69, 312 (346f.), Beschluss vom 14.5.1985. Vgl. auch BVerfG, Beschluss vom 12.7.2001 – 1 BvQ 28/01, Abs. 16.

150 BVerfG, Beschluss vom 12.7.2001 - 1 BvQ 28/01, Abs. 16. Kritisch hierzu A. Tschentscher, Versammlungsfreiheit und Eventkultur - Unterhaltungsveranstaltungen im Schutzbereich des Art. 8 I GG, NVwZ 2001, 1243 (1243ff.), sowie M. Kniesel/R. Poscher in: Lisken/Denninger (Hrsg.), Handbuch des Polizeirechts, 2007, F 48.

151 Die aktuelle Diskussion ist zusammengefasst bei S. Bredt, „Gemietete" Demonstranten und „Fuckparade" - Der Versammlungsbegriff bleibt in Bewegung, NVwZ 2007, 1358.

152 So auch W. Hoffmann-Riem in: AK-GG, 2001, Art. 8, Rn. 17, der anmerkt, man könne im Hinblick auf Fußballspiele nicht mit der herrschenden Meinung auf die fehlende gemeinschaftliche Verbundenheit, da diese in der Realität durchaus gegeben sei, sondern auf den fehlenden Bezug zur öffentlichen Willensbildung abstellen.

153 Vgl. hierzu auch OVG Münster, Beschluss vom 26.7.2001, NVwZ 2001, 1316, das zu einem Stadtlauf von Inline-Skatern – also einer Sportveranstaltung – explizit feststellt: „Auch wenn die Initiative, der der Ast. angehört, das Ziel verfolgt, sich für die Anerkennung von Inline-Skates als Fahrzeuge im Sinne der StVO einzusetzen, wird das Gesamtgepräge der angemeldeten Veranstaltung von der sportlichen Betätigung der Inline-Skater im Rahmen des geplanten Stadtlaufs und des in aller erster Linie auf Spaß und Unterhaltung ausgerichteten Charakters dieses Massenspektakels bestimmt, so dass der Aspekt der Meinungskundgabe vollkommen in den Hintergrund tritt." W. Geck, Zum Versammlungsbegriff des Art. 8 GG, DVBl. 1980, 797 (800), will dieses Problem dagegen auf der Schrankenebene lösen.

Schutzbereiches würde also zu einer nicht vertretbaren Schwächung der Funktion des Art. 8 Abs. 1 GG zum Schutz von Demokratie und Meinungsfreiheit führen.

Auch der Bundesgesetzgeber geht von einem Aliudverhältnis aus. So nennt § 17a Abs. 1 VersG[154] öffentliche Versammlungen unter freiem Himmel, Aufzüge oder sonstige öffentliche Veranstaltungen unter freiem Himmel. Unter sonstigen öffentlichen Veranstaltungen versteht der Gesetzgeber Sport- und Unterhaltungsveranstaltungen.[155] Ginge der Gesetzgeber von einem weiten Versammlungsbegriff aus, wäre eine derartige Formulierung überflüssig.

3) Vereinigungsfreiheit

Art. 9 Abs. 1 GG kommt im Kontext der Thematik dieser Untersuchung besondere Bedeutung zu. Können sich doch Sportverbände, die Sportgroßveranstaltungen durchführen, auf die in Art. 9 Abs. 1 GG normierte Vereinigungsfreiheit berufen.

a) Schutzbereich

Das Grundrecht des Art. 9 Abs. 1 GG schützt sowohl die einzelnen Sportler, die sich zu Vereinen zusammenschließen können, als auch die Sportvereine und –verbände.[156] Zu beachten ist hier die Funktion als Doppelgrundrecht. Dies beinhaltet das Recht des einzelnen Bürgers zum Zusammenschluss einerseits und *„das Recht auf Entstehen und Bestehen"* der Vereinung andererseits.[157] *M. Nolte* weist diesbezüglich darauf hin, dass die staatliche Sportförderung als Ausdruck und Anerkennung grundrechtlicher Verschaffungspflichten aus Art. 9 Abs. 1 GG gedeutet werden könne, da vereinsmäßige Sportausübung zum großen Teil erst durch öffentliche Sportförderung ermöglicht werde.[158] Dagegen spreche jedoch das politische Selbstverständnis der Sportförderer, die Förderung nur als Hilfe zur Selbsthilfe und das Subsidiaritätsprinzip als Grundlage der Sportförderung verstehen.[159]

---

154 Gesetz über Versammlungen und Aufzüge in der Fassung der Bekanntmachung vom 15.11.1978 (BGBl. I S. 1789), zuletzt geändert durch Art. 2 G zur Zusammenführung der Regelungen über befriedete Bezirke für Verfassungsorgane des Bundes vom 8.12.2008 (BGBl. I S. 2366).

155 BT-Drs.11/2834, S. 11: „Damit soll den Gefahren entgegengetreten werden, die auch bei nicht als Versammlungen oder Aufzüge zu qualifizierenden Veranstaltungen aus dem Tragen von Schutzbewaffnung oder gleichgestellten Gegenständen entstehen. Die Notwendigkeit für diese Erstreckung hat sich insbesondere aus den Erfahrungen bei großen Sport- und Unterhaltungsveranstaltungen ergeben."

156 BMI (Hrsg.), 12. Sportbericht der Bundesregierung (BT-Drs. 17/2880), 2010, S. 15.

157 BVerfGE 13, 174 (175) Beschluss vom 18.10.1961. Kritisch hierzu unter anderem W. Höfling in: Sachs (Hrsg.), Grundgesetz, 2009, Art. 9, Rn. 26, der einen Schutz zu Gunsten des Kollektivs nur über Art. 19 Abs. 3 GG gegeben sieht. Dieser Streit hat für die vorliegende Untersuchung jedoch keine Relevanz.

158 M. Nolte, Staatliche Verantwortung im Bereich Sport, 2004, S. 243.

159 Ebd., S. 243. Vgl. hierzu auch BMI (Hrsg.), 12. Sportbericht der Bundesregierung (BT-Drs. 17/2880), 2010, S. 17.

Art. 9 Abs. 1 GG sichere zwar reale Ausübungschancen, diese gingen aber nicht soweit, dass sich daraus staatliche Förderpflichten herleiten ließen.[160]

b) Die Autonomie des Sports

Art. 9 Abs. 1 GG gewährleistet den Sportverbänden und –vereinen weitgehende Gestaltungsfreiheit in ihrem Aufgaben- und Betätigungsbereich. Diese Autonomie des Sports beinhaltet, dass der Sport sich selbst organisiert und seine Angelegenheiten in eigener Verantwortung regelt[161], ein Aspekt, dem bei Betrachtung des Verhältnisses von Staat und Veranstalter ein besonderes Augenmerk gewidmet werden muss. Die weitgehenden Autonomierechte für Sportverbände[162] führen dazu, dass die Verbände eigene Regelwerke aufstellen[163], die für die Mitglieder verbindlich sind, und auch eine eigene Verbandsgerichtsbarkeit[164] vorsehen.[165] Aufgabe der Sportverbände ist unter anderem die einheitliche Festlegung von Regeln, damit weltweit vergleichbare Wettkämpfe möglich sind und der Sport nicht seinen typischen Charakter verliert.[166]

c) „Ein-Platz-Prinzip" und „Ein-Verbands-Prinzip"

Zur Durchsetzung dieser Ziele sind in diesem Zusammenhang insbesondere das sogenannte „Ein-Platz-Prinzip"[167] beziehungsweise „Ein-Verbands-Prinzip" und der streng hierarchische Aufbau der Sportorganisationen zu nennen.[168]

---

160 M. Nolte, Staatliche Verantwortung im Bereich Sport, 2004, S. 243.

161 Vgl. U. Steiner, Bemerkungen zum Verhältnis von Staat und Sport in Deutschland, in: FS: Röhricht, 2005, S. 1236.

162 Vgl. hierzu auch BMI (Hrsg.), 12. Sportbericht der Bundesregierung (BT-Drs. 17/2880), 2010, S. 17: „Maßgeblicher Grundsatz der vom BMI koordinierten Sportförderung des Bundes sind die Beachtung und Wahrung der Autonomie des Sports. Jede sportpolitische Maßnahme muss in Anerkennung der Unabhängigkeit und des Selbstverwaltungsrechts des Sports erfolgen, der sich selbst organisiert und seine Angelegenheiten in eigener Verantwortung regelt. Dies erfordert einen weiten, grundrechtlich abgesicherten Freiraum für die Verbände und Vereine und die in ihnen organisierten Mitglieder."

163 Allgemein zu der Frage der lex sportiva: A. Röthel, Lex mercatoria, lex sportiva, lex technica - Private Rechtssetzung jenseits des Nationalstaates?, JZ 2007, 755 (757).

164 Vgl. J. Segerer, Wirkung der Grundrechte zwischen Sportlern, Sportvereinigungen und Staat, 1999, S. 156ff.

165 Allgemein zu den Grundlagen der Autonomie des Sports: M. Krogmann, Grundrechte im Sport, 1998, S. 53ff., sowie K. Vieweg/A. Röthel, Verbandsautonomie und Grundfreiheiten, ZHR 166 (2002), 6 (11ff.) und M. Buchberger, Die Überprüfbarkeit sportverbandsrechtlicher Entscheidungen durch die ordentliche Gerichtsbarkeit, 1999, S. 33ff.

166 B. Pfister in: Fritzweiler/ders./Summerer (Hrsg.), Praxishandbuch Sport, 2007, Einf./14.

167 Vgl. hierzu auch BGHZ 63, 282 (286ff.), Urteil vom 2.12.1974, der das „Ein-Platz-Prinzip" für grundsätzlich sachlich gerechtfertigt ansieht, allerdings fordert, unbillige Härten für andere Bewerber in der Satzungsgestaltung zu berücksichtigen.

168 Vgl. hierzu auch die Darstellung bei J. Segerer, Wirkung der Grundrechte zwischen Sportlern, Sportvereinigungen und Staat, 1999, S. 72ff.

Das „Ein-Platz-Prinzip“ bedeutet, dass beispielsweise für jedes Bundesland nur ein Landessportbund und für jede Sportart nur ein Spitzenverband in den Deutschen Olympischen Sportbund (DOSB) aufgenommen werden. Gleichzeitig erkennen internationale Organisationen wie das Internationale Olympische Komitee (IOK) oder die FIFA nur einen Verband pro Staat beziehungsweise pro Erdteil an.[169] Der streng hierarchische Aufbau[170] beinhaltet, dass Regeln durch die Weltfachverbände im Wege des top-down verbindlich festgelegt werden. Er wird gestützt durch das „Prinzip der Einzelmitgliedschaft“, nach dem der einzelne Sportler nur Mitglied in einem Verein werden kann, der fragliche Verein Mitglied nur in einem übergeordneten Verband usw.[171] Kritisiert wird an diesem System insbesondere, dass es Demokratiedefizite habe und es dem einzelnen Aktiven praktisch keine Möglichkeit gebe, auf die höheren Hierarchiestufen Einfluss zu nehmen.[172]

Dieser Überblick über die Autonomie des Sports zeigt, dass die Sportverbände eine besondere Stellung inne haben, die quasi einer Monopolstellung[173] in dem jeweiligen Bereich gleichkommt.[174] Die Europäische Kommission bezeichnet dies unter Hinweis auf die Rechtsprechung des Europäischen Gerichtshofs als *„Sonderstellung des Sports“*.[175]

4) Berufsfreiheit

Soweit es sich bei der Durchführung von Sportgroßveranstaltungen um eine berufsmäßige Tätigkeit handelt, fällt diese darüber hinaus in den Schutzbereich des

169 Vgl. zum „Ein-Platz-Prinzip“ mit weiteren Nachweisen T. Summerer in: Fritzweiler/Pfister/ders. (Hrsg.), Praxishandbuch Sport, 2007, 2/108ff.

170 B. Pfister in: ebd., Einf./15: „Den heute weitgehend straff organisierten Weltsport kennzeichnet also ein monopolistisch-hierarchischer Aufbau mit kartellähnlichen Vereinbarungen – von der Kreismeisterschaft bis zur Weltmeisterschaft und zu Olympischen Spielen –, beides aus sport-typischen Gründen zu rechtfertigen.“

171 Vgl. hierzu J. Segerer, Wirkung der Grundrechte zwischen Sportlern, Sportvereinigungen und Staat, 1999, S. 73f.

172 Allgemein zu dieser Frage und mit zahlreichen weiteren Nachweisen B. Pfister in: Fritzweiler/ders./Summerer (Hrsg.), Praxishandbuch Sport, 2007, Einf./16.

173 Vgl. BGHZ 63, 282 (284), Urteil vom 2.12.1974 und BGHZ 165, 62 (68f.), Urteil vom 8.11.2005.

174 Vgl. hierzu: J. Fritzweiler/C. von Coelln in: Fritzweiler/Pfister/Summerer (Hrsg.), Praxishandbuch Sport, 2007, 1/22: „Aufgrund des Ein-Platz-Prinzips ist das Sportverbandswesen jedoch durch eine lückenlose räumlich-fachliche Monopolisierung geprägt [...].“ Vgl. auch M. Nolte, Staatliche Verantwortung im Bereich Sport, 2004, S. 434: „[...] aufgrund des satzungsmäßig festgelegten Ein-Platz-Prinzips und der damit verbundenen monopolartigen Strukturen des Sportverbandswesens in vergleichbarer Weise gefährdet sind, als stünden die privaten Personen staatlichen Institutionen gegenüber.“

175 Vgl. KOM(2011) 12 endg. vom 18.1.2011, S. 12.

Art. 12 Abs. 1 GG.[176] Der Übergang zwischen Berufs- und Amateursport ist dabei fließend.[177]

5) Allgemeine Handlungsfreiheit

Die Ausrichtung von Sportgroßveranstaltungen und die Teilnahme daran fallen als Teil der allgemeinen Handlungsfreiheit auch in den Schutzbereich des Art. 2 Abs. 1 GG.[178] Das Schutzbereichsverständnis dieser Norm ist im Einzelnen umstritten.[179] Das Bundesverfassungsgericht hat jedoch in ständiger Rechtsprechung entschieden, Art. 2 Abs. 1 GG gewährleiste die allgemeine Handlungsfreiheit *„im umfassenden Sinne"* [180] und schütze jede Form menschlichen Handelns, unabhängig davon, welches Gewicht der Betätigung für die Persönlichkeitsentfaltung zukomme.[181] Seine Grenzen findet Art. 2 Abs. 1 GG im Vorbehalt der sogenannten „Schrankentrias" des Art. 2 Abs. 1 HS 2 GG.

6) Allgemeiner Gleichheitssatz (Art. 3 Abs. 1 GG)

Bei den Erörterungen zu Art. 8 Abs. 1 GG wurde auf den Aspekt eingegangen, dass Veranstaltungen, die der politischen Willensbildung dienen, durch das Grundgesetz eine besondere Privilegierung erfahren. Aber auch andere Veranstaltungen fallen unter den besonderen Schutz des Staates. So besteht in Literatur und Rechtsprechung weitgehend Einigkeit darüber, dass religiöse, wissenschaftliche und soziale Veranstaltungen ebenfalls eine Privilegierung genießen, indem sie beispielsweise

---

176 Hierzu ausführlich F. Deusch, Polizeiliche Gefahrenabwehr bei Sportgroßveranstaltungen, 2005, S. 69ff.

177 Vgl. hierzu auch K. Vieweg/A. Müller, Gleichbehandlung im Sport – Grundlagen und Grenzen, in: FS Steiner, 2009, S. 892f.

178 Vgl. auch P. Häberle, "Sport" als Thema neuerer verfassungsstaatlicher Verfassungen, in: ders. (Hrsg.), Das Grundgesetz zwischen Verfassungsrecht und Verfassungspolitik, 1996, S. 737, der richtigerweise den Sport insgesamt Art. 2 Abs. 1 GG zuordnet. Allgemein zum Verhältnis des Sports zur allgemeinen Handlungsfreiheit: U. Steiner, § 87 Sport und Freizeit, in: HStR IV, 2006, Rn. 2.

179 Vgl. zum Streitstand: D. Murswiek in: Sachs (Hrsg.), Grundgesetz, 2009, Art. 2, Rn. 42ff. Weiterführend insbesondere K. Hesse, Grundzüge des Verfassungsrechts der Bundesrepublik Deutschland, 1995, Rn. 425ff.

180 Die allgemeine Handlungsfreiheit wurde vom Bundesverfassungsgericht im Verfahren „Elfes" im Hinblick auf die Ausreisefreiheit entwickelt und beinhaltet, „daß das Grundgesetz in Art. 2 Abs. 1 GG die Handlungsfreiheit im umfassenden Sinne meint", BVerfGE 6, 32 (36ff.), Urteil vom 16.1.1957.

181 Grundlegend hierzu am Beispiel des „Reitens im Walde" BVerfGE 80, 137 (152), Urteil vom 6.6.1989: „Geschützt ist damit nicht nur ein begrenzter Bereich der Persönlichkeitsentfaltung, sondern jede Form menschlichen Handelns ohne Rücksicht darauf, welches Gewicht der Betätigung für die Persönlichkeitsentfaltung zukommt." Vgl. bereits zum Taubenfüttern: BVerfGE 54, 143 (143), Beschluss vom 23.5.1980.

von Kostentragungspflichten ausgenommen bleiben müssen.[182] Bei diesen Veranstaltungen findet die Polizeikostenersatzpflicht ihre verfassungsrechtlichen Grenzen in den Grundrechten gemäß Art. 4 Abs. 1 GG und Art. 5 Abs. 3 Satz 1 GG. Deren Ausübung darf nicht durch eine zusätzliche finanzielle Belastung erschwert oder unmöglich gemacht werden. Auch bei gewissen Kulturveranstaltungen erkennt die Rechtsprechung[183] unter Hinweis auf Art. 5 Abs. 3 GG eine Ermessensreduzierung im Hinblick auf die Überlassung von Veranstaltungsräumen an.

Wie aufgezeigt erfahren Sportgroßveranstaltungen gerade keinen derartigen expliziten Schutz durch das Grundgesetz, vielmehr haben die Hoheitsträger einen weiten Ermessensspielraum bei der Förderung. Es handelt sich somit nicht um vergleichbare Veranstaltungen und die Ausrichter von Sportgroßveranstaltungen können nicht unter Hinweis auf Art. 3 Abs. 1 GG eine Gleichbehandlung einfordern.[184] Der Staat ist somit nicht verpflichtet, Privilegien für Veranstaltungen der genannten Art auch Sportgroßveranstaltungen zukommen zu lassen.

III. Staatsaufgabe oder Staatsziel zur Sportförderung

Es ist schließlich zu untersuchen, ob die Sportförderung bereits heute zu den Staatsaufgaben oder –zielen gehört

1) Sportförderung als Teil des Sozialstaatsprinzips

Teilweise wird ein grundgesetzliches Staatsziel zur Sportförderung in einem Kulturstaatsprinzip beziehungsweise im Sozialstaatsprinzip[185] verortet.[186]

---

182 Vgl. statt aller: T. Würtenberger, Erstattung von Polizeikosten, NVwZ 1983, 192 (197); ders., Risiken des Sports – polizei- und ordnungsrechtliche Fragen, in: ders. (Hrsg.), Risikosportarten, 1991, S. 40.

183 Vgl. zuletzt VGH München, Urteil vom 22.11.2006, NVwZ-RR 2007, 465 (467).

184 Anderer Ansicht U. Steiner, Bemerkungen zum Verhältnis von Staat und Sport in Deutschland, in: FS: Röhricht, 2005, S. 1235: „Ein Ranking sieht hier auch das Grundgesetz nicht vor, obgleich es die Freiheit der Kunst schützt und den Sport als Gegenstand öffentlicher Zuwendung nicht kennt. Spätestens die Sportförderklauseln der Landesverfassungen haben für den Verfassungsraum der Länder ein konstitutionelles Gleichgewicht des kulturellen und des sportlichen Aufgabenfeldes hergestellt.“ Diese Einschätzung verkennt aber die unterschiedliche Rechtsnatur von Grundrechten und Staatszielen. Staatsziele vermögen gerade keine den Grundrechten vergleichbaren Rechte zu vermitteln.

185 Vgl. allgemein zur Entwicklung des Sozialstaatsprinzips T. Kingreen, Das Sozialstaatsprinzip im europäischen Verfassungsverbund, 2003, S. 13ff.

186 So beispielsweise mit generellem Bezug auf den Sport J. Segerer, Wirkung der Grundrechte zwischen Sportlern, Sportvereinigungen und Staat, 1999, S. 95f. Vgl. auch BMI (Hrsg.), 11. Sportbericht der Bundesregierung (BT-Drs. 16/3750), 2006, S. 13: „Der Gestaltungsauftrag, den das Sozialstaatsprinzip an den Gesetzgeber stellt, umfasst auch den Bereich des

a) Mögliche Verortung im „Kulturstaatsprinzip“

Es sei irrelevant, ob der Staat explizit von der Verfassung zur Wahrnehmung einer Aufgabe ermächtigt werde oder nicht. Daher genüge als verfassungsrechtliche Grundlage für die Sportförderung eine pauschale Staatszielbestimmung, die sich im durch das Bundesverfassungsgericht[187] anerkannten Prinzip des Kulturstaats finde, welches wiederum Bestandteil des Sozialstaatsprinzips[188] sei.[189] Als Ansatzpunkt für einen Auftrag zur Sportförderung wird damit das in Art. 20 Abs. 1 GG enthaltene Sozialstaatsprinzip angeführt. Es wird – mit Rekurs auf den oben[190] bereits abgelehnten universalen offenen Begriff von Kultur – der Sport dem Kulturstaat[191] und dieser wiederum dem Sozialstaatsprinzip zugerechnet.[192]

b) Mögliche direkte Verortung im Sozialstaatsprinzip

Andere Ansätze leiten eine privilegierte Stellung von Sportgroßveranstaltungen direkt aus dem Sozialstaatsprinzip ab und begründen damit eine Staatsaufgabe zur Sportförderung.[193] Es wird argumentiert, der Sport ließe sich in einem weiteren Sinne sozialen Zielsetzungen zuordnen. Eine derartige Grundrechtsausübung diene der Integration des Gemeinwesens und sei daher zu fördern. In der modernen Freizeitgesellschaft gehöre es nicht nur zu den staatlichen Aufgaben, für die Ausübung

---

Sports.“ Im aktuellen Sportbericht, BMI (Hrsg.), 12. Sportbericht der Bundesregierung (BT-Drs. 17/2880), 2010, findet das Sozialstaatsprinzip dagegen keine Erwähnung mehr.

187 Unter Hinweis auf BVerfGE 35, 79 (114), Urteil vom 29.5.1973, in dem die Bundesrepublik Deutschland als „Staat[..], der sich als Kulturstaat versteht“ bezeichnet wird, beziehungsweise auf BVerfGE 36, 321 (331), Urteil vom 5.3.1974: „Staat, der sich im Sinne einer Staatszielbestimmung auch als Kulturstaat versteht [...]“.

188 Vgl. hierzu G. Brandl, Das Sozialstaatsprinzip als subsidiäre Anspruchsgrundlage für nicht ausdrücklich normierte soziale Grundrechte, 1989, S. 15, der neben einer wirtschaftlichen auch eine kulturelle Lebensfähigkeit als Element der Sozialstaatlichkeit fordert.

189 J. Fritzweiler/C. von Coelln in: Fritzweiler/Pfister/Summerer (Hrsg.), Praxishandbuch Sport, 2007, 1/36.

190 § 2 der Untersuchung.

191 Vgl. zu diesem Begriff zuletzt J. Kühling, Kulturstaat und Verfassungsrecht, in: FS Steiner, 2009, S. 458ff.

192 T. Kania, Betriebsräte in Lizenzfußballvereinen, SpuRt 1994, 121 (126), bejaht dies zumindest in Hinblick auf den Fußballsport: „Auch das Fußballspiel ist eine Form der schöpferischen Gestaltung, in die der Fußballer seine individuelle Persönlichkeit einbringt.“ Ohne weitere Erläuterung bejahend: W. Maihofer in: Benda/ders./Vogel (Hrsg.), Handbuch des Verfassungsrechts der Bundesrepublik Deutschland, 1994, § 25, Rn. 50. Eine Begründung schuldig bleibt auch: K.-P. Sommermann, Staatsziele und Staatszielbestimmungen, 1997, S. 228, der auch darauf hinweist, dass die Sportförderung eine „kulturstaatliche Komponente“ aufweisen könne. Gegen die Annahme der Sport falle in den Bereich der Kultur: T. Summerer in: Fritzweiler/Pfister/ders. (Hrsg.), Praxishandbuch Sport, 2007, S. 638. Auch U. Steiner, § 87 Sport und Freizeit, in: HStR IV, 2006, Rn. 4, differenziert zwischen Sport und Kultur.

193 T. Würtenberger, Risiken des Sports – polizei- und ordnungsrechtliche Fragen, in: ders. (Hrsg.), Risikosportarten, 1991, S. 40.

des Sports eine hinreichende Infrastruktur zu schaffen, sondern nach dem alten *„panem et circenses"* beinhalteten diese Aufgaben auch eine Förderung des Sports.[194] Wegen des hohen Integrationswertes gelte dies ebenfalls für Profisportveranstaltungen.[195] In der Literatur[196] wird ferner ausgeführt, der Sport habe den Bereich ausschließlich privater Freizeitbeschäftigung weit hinter sich gelassen und sowohl Freizeit- als auch Profisport stünden *„regelmäßig im Mittelpunkt öffentlichen Interesses"* und würden daher *„allgemein als öffentliche Aufgabe angesehen"*. Sportpflege und Sportförderung seien daher als *„Staatsaufgaben allgemein akzeptiert"* und dürften nicht vollständig privater Regelung überlassen werden.[197]

c) Keine konkreten Folgen einer Verortung im Sozialstaatsprinzip

Ein Hinweis auf die allgemeine Ansicht und Akzeptanz sowie das Argument, der Sport stünde regelmäßig im Mittelpunkt des öffentlichen Interesses, sind nicht weiterführend, da eine solche Feststellung auch für andere Lebensbereiche angeführt werden kann und dies auch keinen Status als öffentliche Aufgabe generiert.[198]

Auch einer historischen Auslegung des Sozialstaatsprinzips des Art. 20 Abs. 1 GG lässt sich mangels Materialien kein derartiges Ergebnis entnehmen.[199] Das Bundesverfassungsgericht sieht im Sozialstaatsprinzip einen insbesondere an den Gesetzgeber gerichteten verbindlichen verfassungsrechtlichen Auftrag formuliert, doch stellt es gleichzeitig fest, dass die Wahl des einzusetzenden Mittels ihm überlassen sei.[200] Aus der oben aufgezeigten sozial-integrativen Dimension und dem gemeinwohlfördernden Charakter von Sportgroßveranstaltungen lässt sich deren Verortung im Sozialstaatsprinzip ohne weiteres begründen. Dies gilt umso mehr, als sich dem Grundgesetz aus dem Zusammenspiel mehrerer Grundrechte – wie dargelegt – eine gewisse Sportfreundlichkeit entnehmen lässt. Das Grundgesetz schützt Bereiche, denen auch Sportgroßveranstaltungen zugeordnet werden können. Konkrete Ergebnisse, insbesondere eine staatliche Verpflichtung zur Förderung, lassen sich aus einer solchen Feststellung jedoch nicht herleiten. Hinsichtlich des verfassungsrechtlichen Befundes ist es auch nicht zielführend, wenn vertreten wird, die Bundesrepublik Deutschland sei ein *„Sportstaat"* und die öffentliche Förderung

---

194 Ebd., S. 40.

195 Ebd., S. 40.

196 J. Fritzweiler/C. von Coelln in: Fritzweiler/Pfister/Summerer (Hrsg.), Praxishandbuch Sport, 2007, 1/36f.

197 Ebd., 1/36.

198 Kritisch wohl auch: J. Stender-Vorwachs, Sport und Kultur, SpuRt 2004, 201 (202).

199 Vgl. zu der Entstehungsgeschichte des Sozialstaatsprinzips: D. Schiek in: AK-GG, 2001, Art. 20 Abs. 1-3 V, Rn. 15ff.

200 St. Rspr. seit BVerfGE 1, 97 (105), Beschluss vom 19.12.1951.

des Sports *„politisch unbestrittene Staatsaufgabe"*.[201] Die Debatte um derartige Begriffe ist letztlich nicht ertragreich, da zudem unklar ist, welche rechtlichen Konsequenzen daraus gezogen werden können. Insgesamt erweisen sich diese Begriffe weitgehend als konturlos. Es bleibt vor allem dem Gesetzgeber vorbehalten, das Sozialstaatsprinzip mit Leben zu füllen, und es liegt in seinem Ermessensspielraum, auf welche Art und in welchem Umfang er dies im Hinblick auf den Sport tut.

2) Mögliche Einführung eines Staatsziels Sportförderung

Besondere politische Beachtung hat in den letzten Jahren die Frage erfahren, ob die „Sportförderung" als Staatszielbestimmung in das Grundgesetz aufgenommen werden soll.[202] Trotz diverser parlamentarischer Initiativen ist dies bisher nicht geschehen.[203] Mit der grundgesetzlichen Verankerung soll eine Entwicklung fortgeführt werden, die seit den 1990er Jahren auf landesverfassungsrechtlicher Ebene stattgefunden hat.[204] Die Bundesregierung hat in ihrem jüngsten Sportbericht den Willen geäußert, falls es zu einer Ergänzung der Staatszielbestimmungen im Grundgesetz kommen sollte, auch den Sport als Staatsziel mit aufzunehmen.[205] Konkrete Pläne für eine Einführung liegen bisher – soweit ersichtlich – nicht vor.

§ 5 Rahmenvorgaben der Landesverfassungen

Einen ertragreicheren Befund ergibt ein Blick auf die meisten Landesverfassungen. Hier hat die verfassungsrechtliche Position des Sports in den letzten Jahren eine neue Dynamik durch die Aufnahme der Sportförderung als Staatsziel erfahren.

I. Die Entwicklung des landesverfassungsrechtlichen Staatsziels Sportförderung

Die Staatszielbestimmung Sportförderung ist mittlerweile mit unterschiedlichem Wortlaut in alle Landesverfassungen der Bundesrepublik Deutschland – mit Aus-

---

201 J. Fritzweiler in: ders./Pfister/Summerer (Hrsg.), Praxishandbuch Sport, 2007, 1/36; P. Tettinger, Rechtsprobleme der Subventionierung des Sports, in: ders. (Hrsg.), Subventionierung des Sports, 1987, S. 37; U. Steiner, § 87 Sport und Freizeit, in: HStR IV, 2006, Rn. 1. Zuletzt M. Nolte, Sport in guter Verfassung - auch ein Verfassungsgut?, in: GS für Jörn Eckert, 2008, S. 607.

202 Zuletzt mit einem konkreten Ausgestaltungsvorschlag: M. Nolte, Staats- und Europarecht, in: ders./Horst (Hrsg.), Handbuch Sportrecht, 2009, S. 31ff.

203 Vgl. zuletzt BT-Drs. 16/11217, S. 4.

204 Hierzu § 5 der Untersuchung.

205 BMI (Hrsg.), 12. Sportbericht der Bundesregierung (BT-Drs. 17/2880), 2010, S. 4.

nahme der Verfassung der Freien und Hansestadt Hamburg[206] – aufgenommen worden.[207]

Die Entwicklung zur Aufnahme dieses Staatsziels setzte Anfang der neunziger Jahre ein, als die Landesverfassungen in den neuen Bundesländern – die sogenannten Landesverfassungen der dritten Generation[208] – verabschiedet wurden.[209] In diesen wurde – beginnend mit der Landesverfassung des Landes Brandenburg – erstmals in der Bundesrepublik Deutschland das Staatsziel Sportförderung festgelegt.[210] Vorbild hierfür war die Verfassung der Deutschen Demokratischen Republik, die in Art. 25 Abs. 3 Satz 3 den ausdrücklichen Auftrag zur Sportförderung enthielt.[211] Die Forderung nach einer Aufnahme des Staatsziels Sportförderung in die Landesverfassungen und in das Grundgesetz gab es jedoch bereits vor der Wiedervereinigung.[212] Trotzdem kann die darauffolgende Aufnahme des Staatsziels Sportförderung in die meisten Landesverfassungen der alten Bundesländer als eines der wenigen Beispiele betrachtet werden, bei dem eine Übernahme des Rechts von

---

206 Hintergrund ist, dass die Verfassung der Freien und Hansestadt Hamburg hauptsächlich Regelungen zur Staatsorganisation trifft und grundsätzlich keine Grundrechte oder Staatszielbestimmungen enthält.

207 Zuletzt 2002 in Hessen durch Aufnahme des Art. 62a HessLV. Da Art. 123 Abs. 2 HessLV für Verfassungsänderungen ein Plebiszit vorsieht, geschah dies durch eine Volksabstimmung. Bei dieser stimmten am 22.9.2002 73,8% der Wähler mit „ja". Kritisch hierzu T. Hebeler, Das Staatsziel Sport – verfehlte Verfassungsgebung?, SpuRt 2003, 221 (223). Zu kritisieren ist insbesondere die amtliche Begründung, in der ausgeführt wird, dass mit der Aufnahme die Bedeutung des Sports für das Gemeinwohl, die flächendeckende und vielseitige Arbeit der Sportvereine und die Leistungen des Ehrenamtes im Sport „gewürdigt" werden sollen (HessLT-Dr. 15/3553, S. 4). Diese Begründung lässt die Frage aufkommen, ob eine Landesverfassung für eine derartige Würdigung das richtige Instrument ist. Man könnte diesen Vorgang auch in dem Lichte sehen, dass die große Popularität des Sports sowie die Mitgliederstärke der entsprechenden Verbände dazu geführt haben, dass über die „Hintertür" der Landesverfassung Rechte erwachsen. Die Feststellung, dass die Beliebtheit von Sportgroßveranstaltungen keine rechtlichen Folgen nach sich zieht, ist entsprechend zu relativieren.

208 In Abgrenzung zu den Landesverfassungen der ersten Generation, die vor Verabschiedung des GG am 23.5.1949 und den Landesverfassungen der zweiten Generation, die nach Verabschiedung des GG in Kraft getreten sind.

209 Vgl. hierzu P. Fischer, Staatszielbestimmungen in den Verfassungen und Verfassungsentwürfen der neuen Bundesländer, 1993, S. 29ff.

210 Vgl. hierzu den Überblick bei A. Hölzl, Sport in der Verfassung und in der Verfassungswirklichkeit unter Berücksichtigung des Gemeinschaftsrechts, 2002, S. 42ff., oder bei P. Tettinger, 10 Jahre Sport in der Verfassung des Landes NRW, SpuRt 2003, 45 (45f.).

211 Art. 25 Abs. 3 S. 3 DDR-Verfassung lautete: „Zur vollständigen Ausprägung der sozialistischen Persönlichkeit und zur wachsenden Befriedigung der kulturellen Interessen und Bedürfnisse wird die Teilnahme der Bürger am kulturellen Leben, an der Körperkultur und am Sport durch den Staat und die Gesellschaft gefördert."

212 In diese Richtung bereits frühzeitig U. Steiner, Staat, Sport und Verfassung, DÖV 1983, 173.

Ost nach West erfolgte. Im Übrigen erwies sich das westdeutsche Recht weitgehend immun gegen derartige Einflüsse.

1) Definition des Begriffs Staatsziel und dessen Rechtsnatur

Der Begriff *„Staatszweck"* und der Begriff *„Staatszielbestimmung"* werden in der Literatur fälschlicherweise vielfach synonym verwendet.[213] In Abgrenzung zum Staatszweck setzen Staatsziele[214] nämlich bereits einen Staat beziehungsweise eine Verfassung voraus. Die Lehre vom Staatszweck soll dagegen die Rechtfertigung des Staates als solchem erklären.[215] Staatsziele füllen die Verfassung gewissermaßen mit Leben und geben dem staatlichen Handeln die Richtung vor.

a) Definition der Sachverständigenkommission Staatszielbestimmungen/Gesetzgebungsaufträge

Die vom Bundesminister der Justiz und dem Bundesminister des Inneren 1981 eingesetzte Sachverständigenkommission „Staatszielbestimmungen/Gesetzgebungsaufträge"[216] definiert Staatszielbestimmungen als:

> „Verfassungsnormen mit rechtlich bindender Wirkung, die der Staatstätigkeit die fortdauernde Beachtung oder Erfüllung bestimmter Aufgaben – sachlich umschriebener Ziele – vorschreiben. Sie umreißen ein bestimmtes Programm der Staatstätigkeit und sind dadurch eine Richtlinie oder Direktive für das staatliche Handeln, auch für die Auslegung von Gesetzen und sonstigen Rechtsvorschriften."[217]

J. Isensee drückt dies prägnant folgendermaßen aus: *„Seinen Zwecken wird der Staat gewidmet, seinen Zielen widmet er sich"*[218]. Festzuhalten bleibt folglich, dass es sich ausschließlich um Verfassungsnormen handelt, die wegen des Prinzips des Vorranges der Verfassung über dem einfachen Recht stehen. Sie strahlen also auf die gesamte Rechtsordnung aus und sind insbesondere bei wertausfüllungsbedürftigen Begriffen sowie im Bereich des Ermessens zu berücksichtigen.[219]

---

213 Mit weiteren Nachweisen J. Isensee, § 73 Staatsaufgaben, in: HStR IV, 2006, Rn. 6, sowie D. Murswiek, Umweltschutz als Staatszweck, 1995, S. 10ff.

214 Der Begriff „Staatszielbestimmung" geht zurück auf H. P. Ipsen, Über das Grundgesetz, Rede gehalten anlässlich des Beginns des neuen Amtsjahres des Rektors der Universität Hamburg am 17. Nov. 1949, 1950.

215 So wie hier J. Isensee, § 73 Staatsaufgaben, in: HStR IV, 2006, Rn. 6. G. Jellinek, Allgemeine Staatslehre, 1914, S. 230, unterscheidet zwischen Staatszweck und Rechtfertigung des Staates, spricht aber von einer „innigen Verknüpfung".

216 Der damalige Bundeskanzler H. Schmidt hatte am 24.11.1980 in einer Regierungserklärung angekündigt, dass überprüft werde, ob detaillierte Staatszielbestimmungen in das Grundgesetz aufgenommen werden sollen.

217 BMI/BMJ (Hrsg.), Staatszielbestimmungen/Gesetzgebungsaufträge. Bericht der Sachverständigenkommission, 1983, Rn. 7, 130ff.

218 J. Isensee, § 73 Staatsaufgaben, in: HStR IV, 2006, Rn. 7.

219 K.-P. Sommermann, Staatsziele und Staatszielbestimmungen, 1997, S. 396.

b) Keine Vermittlung subjektiver Rechte oder Pflichten

Staatszielbestimmungen geben dem Einzelnen jedoch keinen subjektiven Anspruch, sondern stellen eine objektive Verpflichtung des Staates dar.[220] Gleichzeitig schließt dies eine unmittelbare Verbindlichkeit für den einzelnen Bürger aus. Für diesen ergeben sich keinerlei unmittelbare Rechte und Pflichten.

c) Der Staat als Adressat von Staatszielen

Adressat von Staatszielbestimmungen ist der Staat als solcher[221], grundsätzlich also jede der drei Gewalten. Das Bundesverfassungsgericht stellte hierzu fest, dass das „Was" durch die Staatszielbestimmung vorgegeben sei. Für das „Wie", das heißt für die Erreichung des Ziels, seien dagegen alle Wege offen.[222] Daraus ergibt sich bereits, dass insbesondere der Gesetzgeber Adressat von Staatszielbestimmungen ist.[223] Zu unterscheiden sind dabei perfektible und permanente Staatsziele.[224] Perfektible Staatsziele sind solche, die darauf angelegt sind, zu einem bestimmten Zeitpunkt verwirklicht zu werden.[225] Permanente Staatsziele können dagegen nicht in diesem Sinne erreicht werden, ihrer Verwirklichung kann sich der Staat allenfalls nähern.[226] Das Staatsziel Sportförderung ist demnach als permanentes Staatsziel zu kategorisieren, da sich bei ihm die Zielverwirklichungsfrage immer wieder neu stellt. Die effektive Bindungswirkung für den Staat ist jedoch für jede einzelne Staatszielbestimmung gesondert zu bestimmen.[227]

2) Das Staatsziel Sport in den Landesverfassungen

Unterschiede in der effektiven Bindungswirkung können sich wie bei Grundrechten aus der Formulierung der Staatszielbestimmung ergeben. Bei der Analyse der ver-

---

220 D. Murswiek, Staatsziel Umweltschutz (Art. 20a GG), NVwZ 1996, 222 (223); W. Vitzthum, Auf der Suche nach einer sozio-ökonomischen Identität?, VBlBW 1991, 404 (405).

221 Zu der strukturellen Verwandtschaft mit Richtlinien im Unionsrecht vergleiche K.-P. Sommermann, Staatsziele und Staatszielbestimmungen, 1997, S. 378f.

222 BVerfGE 22, 180 (204), Urteil vom 18.7.1967; vgl. auch J. Isensee, § 73 Staatsaufgaben, in: HStR IV, 2006, Rn. 9.

223 So auch K.-P. Sommermann, Staatsziele und Staatszielbestimmungen, 1997, S. 377 und S. 427ff.

224 Weitere Kategorisierungen finden sich bei J. Isensee, § 73 Staatsaufgaben, in: HStR IV, 2006, Rn. 25.

225 Dies gilt beispielsweise für das frühere Staatsziel der Wiedervereinigung Deutschlands. Die Präambel zum GG aF lautete bis zur deutschen Einheit „Das gesamte Deutsche Volk bleibt aufgefordert, in freier Selbstbestimmung die Einheit und Freiheit Deutschlands zu vollenden." Die Präambel zum GG nF lautet dagegen: „Die Deutschen [...] haben in freier Selbstbestimmung die Einheit und Freiheit Deutschlands vollendet.".

226 Allgemein hierzu: K.-P. Sommermann, Staatsziele und Staatszielbestimmungen, 1997, S. 380f.

227 Ebd., S. 377.

schiedenen Sportförderungsklauseln sind Unterschiede in den Formulierungen zu erkennen und damit auch Unterschiede im Inhalt des Staatsziels Sport.[228]

Es können dabei drei Gruppen identifiziert werden, wobei sich auch innerhalb der Gruppen unterschiedliche Formulierungen finden.

a) Förderungswürdigkeit und Förderung nach finanziellen Möglichkeiten

Einige Verfassungen legen lediglich fest, dass der Sport förderungswürdig oder zu fördern ist.[229] Diese Formulierungen sind als zurückhaltend[230] und relativ schwach einzustufen. Sie legen lediglich fest, dass die Unterstützung des Sports erstrebenswert ist und eine Förderung im Regelfall erwartet werden, aber auch unterbleiben kann. Die bloße *„Diagnose"* von Förderungswürdigkeit[231] begründet aber keine Förderungsverpflichtung. Art. 36 Abs. 3 SaAnLV relativiert dies noch weiter, indem er eine Förderung nur innerhalb der finanziellen Möglichkeiten vorsieht, konkretisiert andererseits aber die Förderung dadurch, dass insbesondere Sportstätten unterhalten werden sollen.

Beim Vergleich mit anderen Staatszielen, die eindeutiger formuliert sind und damit auch einen klarer festgelegten Auftrag an den Gesetzgeber darstellen, ergibt sich aus diesen Landesverfassungen eine schwache Position des Sports. Trotzdem ist daraus eine Verpflichtung des Staates herzuleiten, den Sport bei seinen Entscheidungen zu berücksichtigen.

b) Förderungsklauseln ohne Einschränkungen

Andere Landesverfassungen legen fest, dass das Land beziehungsweise die Kommunen den Sport fördern.[232] Dies ist als weitergehender anzusehen, da sich daraus ein direkter Auftrag an den Staat entnehmen lässt. In der Landesverfassung des Saarlandes wird zudem der Grund für die Schutzwürdigkeit angegeben (*„Wegen seiner gesundheitlichen und sozialen Bedeutung [...]"*[233]).

---

228 Vgl. hierzu auch die Darstellung bei M. Nolte, Staatliche Verantwortung im Bereich Sport, 2004, S. 218ff.

229 So Art. 140 Abs. 3 BayLV, Art. 32 BeLV, Art. 35 BbgLV, Art. 18 Abs. 3 NRWLV, Art. 40 Abs. 4 RhPfLV und Art. 36 Abs. 1 SaAnLV.

230 So bezeichnet dies auch A. Hölzl, Sport in der Verfassung und in der Verfassungswirklichkeit unter Berücksichtigung des Gemeinschaftsrechts, 2002, S. 44. Vgl. auch U. Steiner, Von den Grundrechten im Sport zur Staatszielbestimmung "Sportförderung", in: FS Stern, 1997, S. 515, der die Formulierungen als „vorsichtig" bezeichnet.

231 So D. Merten, Über Staatsziele, DÖV 1993, 368 (370).

232 So Art. 36a BremLV, Art. 62a HessLV, Art. 16 Abs. 1 MeVoLV, Art. 6 NdsLV, Art. 34a SaarlLV, Art. 9 Abs. 3 SchHolLV und Art. 30 Abs. 3 ThLV.

233 Art. 34a SaarlLV.

c) Klauseln mit Gewährleistung der Verbandsautonomie und/oder Einrichtungsgarantien

Einige Landesverfassungen gehen über die Feststellung der Schutzwürdigkeit und die Festlegung der Förderung hinaus.[234] So findet sich in Art. 11 Abs. 2 Satz 1 SächsLV sogar ein konkreter Zulassungsanspruch („*Die Teilnahme [...] am Sport ist dem gesamten Volk zu ermöglichen*“) und eine Einrichtungsgarantie („*Zu diesem Zweck werden öffentlich zugängliche [...] Sportstätten [...] unterhalten.*“, Art. 11 Abs. 2 Satz 2 SächsLV). Der in dieser Untersuchung vorrangig relevante Art. 3c Abs. 1 BaWüLV garantiert ergänzend die Autonomie der Sportträger („*Der Staat und die Gemeinden fördern [...] den Sport unter der Wahrung der Autonomie der Träger*“).

Diese Formulierungen sind als am intensivsten einzustufen, da sie einen direkten Auftrag an den Gesetzgeber formulieren und eine Sportförderung nicht von anderen Faktoren abhängig machen. Zu beachten ist dabei aber auch, dass durch die spezifischen Punkte (staatliche Förderung und Autonomie der Träger), die in Art. 3c BaWüLV genannt werden, ein Spannungsverhältnis aufgezeigt wird, da eine Förderung indirekt einen Eingriff in die Autonomie darstellen kann.[235]

d) Schlussfolgerungen

Zusammenfassend lässt sich feststellen, dass sich trotz des unterschiedlichen Regelungsgehalts aus allen landesverfassungsrechtlichen Sportförderungsklauseln Verpflichtungen zur besonderen Beachtung des Sports ergeben. Der für den weiteren Verlauf der Arbeit vor allem relevante Art. 3c BaWüLV ist dabei der weitgehendste. Durch diese Bestimmung wird zudem ein wesentliches Prinzip der Sportförderung – nämlich die Autonomie der Träger – in der Landesverfassung normiert. Schutz erfahren die Verbände allerdings bereits, wie oben[236] ausgeführt, durch Art. 9 Abs. 1 GG.[237]

---

234 So Art. 3c Abs. 1 BaWüLV, Art. 11 Abs. 1 SächsLV.

235 U. Steiner, Von den Grundrechten im Sport zur Staatszielbestimmung "Sportförderung", in: FS Stern, 1997, S. 517, warnt davor, dass der Schutz des Sports sich nicht in eine „Schutzhaft“ verwandeln dürfe, die den Freiheitsstatus des Sports beeinträchtigt.

236 Vgl. § 4 der Untersuchung.

237 J. Fritzweiler/C. von Coelln in: Fritzweiler/Pfister/Summerer (Hrsg.), Praxishandbuch Sport, 2007, 1/23; U. Steiner, Von den Grundrechten im Sport zur Staatszielbestimmung "Sportförderung", in: FS Stern, 1997, S. 515.

II. Auswirkungen des landesverfassungsrechtlichen Staatsziels auf die Tätigkeit des Bundes

Es ist umstritten, welche Rolle landesverfassungsrechtliche Vorschriften bei der Auslegung einfachen Bundesrechts spielen.[238] Grundsätzlich gilt hier die Regelung des Art. 31 GG, die den Vorrang des Bundesrechts gegenüber dem Landesrecht – also auch dem Landesverfassungsrecht – festlegt. Für die Anwendung landesverfassungsrechtlicher Maßstäbe ist beim Vollzug von bundesrechtlichen Normen daher nur dann Platz, wenn das Bundesrecht keine abschließende Regelung getroffen hat.[239] Bei Sportförderungsklauseln ist dies mangels bundesrechtlicher Regelung der Fall, so dass diese auch bei der Anwendung von Bundesrecht Beachtung finden müssen. Es kann in einzelnen Ländern daher zu unterschiedlichen Auslegungen des Bundesrechts kommen.[240] Das bedeutet nicht, dass Bundesrecht stets am Maßstab der Landesverfassung zu messen wäre, sondern lediglich, dass dort, wo bei der Anwendung von Bundesrecht durch die Landesverwaltung ein Spielraum bleibt, die landesverfassungsrechtlichen Vorgaben mit einfließen. Gleichzeitig bedeutet dies aber auch, dass Vorgaben der Landesverfassung jederzeit relativiert werden können, indem anderen Prinzipien durch Bundesrecht Vorrang eingeräumt wird.[241] Der Bund muss aber grundsätzlich auch den Landesverfassungen Beachtung schenken, da das Prinzip der Bundestreue wechselseitig gilt.

Das Bundesrecht wird im Bereich des Sports somit durch die Landesverfassungen beeinflusst,[242] was aber nicht dazu führt, dass dem Sport auf Bundesebene der Status eines Staatsziels zukommt.

§ 6 Rahmenvorgaben des Unionsrechts

Vorgaben für die Tätigkeit des Staates ergeben sich auch aus dem Unionsrecht.

---

238 Allgemein zur bundesstaatlichen Kompetenzordnung: BVerfGE 36 342 (365f.), Beschluss vom 29.1.1974. R. Grawert, Die Bedeutung gliedstaatlichen Verfassungsrechts in der Gegenwart, NJW 1987, 2329 (2330ff.), sowie H. v. Olshausen, Landesverfassungsbeschwerde und Bundesrecht, 1980, S. 105ff. Speziell zu Sportförderungsklauseln: C. Dreher, Staatsziele im Bundesstaat am Beispiel des Sports, 2005, S. 178f.

239 Vgl. mit weiteren Nachweisen: P. Huber, in: Sachs (Hrsg.), Grundgesetz, 2009, Art. 31, Rn. 8.

240 H. v. Olshausen, Landesverfassungsbeschwerde und Bundesrecht, 1980, S. 145.

241 Vgl. hierzu am Beispiel des Naturschutzes H. Hofmann, Natur und Naturschutz im Spiegel des Verfassungsrechts, JZ 1988, 265 (276).

242 M. Nolte, Sport in guter Verfassung - auch ein Verfassungsgut?, in: GS für Jörn Eckert, 2008, S. 612f., bezeichnet dies als „verfassungsrechtliches Gegenstromprinzip", das „eine doppelte Bringschuld des Bundes im Bereich Sport" verursache.

I. Die Stellung des Sports und der Sportförderung im Unionsrecht

1) Die Stellung des Sports im AEUV

Mittlerweile genießt der Sport auch auf europäischer Ebene eine privilegierte Stellung.[243] Bereits vor der Einführung des Art. 165 AEUV fand der Sport auf europäischer Ebene durch die Erklärung Nr. 29 der Schlussakte der Amsterdamer Konferenz der Vertreter der Regierungen der Mitgliedstaaten vom 2.10.1997[244] besondere Erwähnung. Dort wurde festgestellt:

> „Die Konferenz unterstreicht die gesellschaftliche Bedeutung des Sports, insbesondere die Rolle, die dem Sport bei der Identitätsfindung und der Begegnung der Menschen zukommt. Die Konferenz appelliert daher an die Gremien der Europäischen Union, bei wichtigen, den Sport betreffenden Fragen die Sportverbände anzuhören. In diesem Zusammenhang sollten die Besonderheiten des Amateursports besonders berücksichtigt werden."[245]

Seit der Ratifizierung des Lissaboner Vertrages und des Art. 165 AEUV hat die Unterstützung des Sports durch die Europäische Union eine zusätzliche Qualität erhalten. Erklärtes Ziel der Tätigkeit der Union ist danach die Entwicklung der europäischen Dimension des Sports unter Berücksichtigung dessen besonderer Merkmale. Sportveranstaltungen sollen gemäß Art. 165 Abs. 2 Spiegelstrich 7 AEUV im Hinblick auf Fairness und Offenheit gefördert werden. Zudem sollen die für den Sport verantwortlichen Organisationen gefördert werden.

2) Die Autonomie des Sports in der Rechtsprechung des Europäischen Gerichtshofs

Darüber hinaus hat der Europäische Gerichtshof zur Stellung des Sports und insbesondere zu den Sportverbänden in den Verfahren *„Walrave und Koch"*[246], *„Donà/Mantero"*[247], *„Bosman"*[248] und *„Meca-Medina und Majcen"*[249] grundsätzlich[250]

---

243 Vgl. allgemein hierzu M. Nolte, Sport in guter Verfassung - auch ein Verfassungsgut?, in: GS für Jörn Eckert, 2008, S. 610f.

244 Erklärung (Nr. 29) zum Sport, ABl. 1997 Nr. C 340/136; BGBl. 1998 II S. 438/448.

245 Insbesondere die damaligen Bestrebungen in den einzelnen Bundesländern zur Einführung eines Staatsziels zur Sportförderung wurden dadurch forciert. Vgl. hierzu P. Tettinger, Sport als Verfassungsthema, JZ 2000, 1069 (1075f.).

246 EuGH, Urteil vom 12.12.1974, Walrave und Koch/Union Cycliste Internationale, Rs. 36/74, Slg. 1974, 1405 (auch EuGH, NJW 1975, 1093): Es ging dabei um die Frage, ob die Regelung, dass bei Radsportweltmeisterschaften die Mitglieder eines Teams dieselbe Staatsangehörigkeit haben müssen, mit dem Gemeinschaftsrecht vereinbar sei.

247 EuGH, Urteil vom 14.7.1976, Donà/Mantero, Rs. 13/76, Slg. 1976, 1333 (auch EuGH, NJW 1976, 2068): Bei dem Verfahren ging es um die Frage, ob das damalige vom italienischen Fußballverband erlassene Verbot, ausländische Fußballer in der 1. oder 2. Liga einzusetzen, mit dem Gemeinschaftsrecht vereinbar war.

Stellung genommen. Diese Rechtsprechung wurde in verschiedenen Verfahren bestätigt[251] und dient *„als Orientierungshilfe für die Anwendung des EU-Rechts im Sport“*[252].

Im Verfahren *„Walrave und Koch“* stellte der Europäische Gerichtshof fest, die Autonomie der Verbände dürfe nicht dazu führen, dass dadurch die Wirksamkeit des Unionsrechts (damals EWGV) gefährdet werde.[253] In der Konsequenz wurden die Regelungen des EWGV im Wege einer unmittelbaren Drittwirkung auch für die Überprüfung der Regelungen von Sportverbänden angewandt.[254] Diese Ansicht wurde im Verfahren *„Donà/Mantero“* bestätigt.[255] Im Verfahren *„Bosman“* stellte der Europäische Gerichtshof dann noch einmal eindeutig fest:

> „Schließlich darf das Subsidiaritätsprinzip in der ihm von der deutschen Regierung gegebenen Auslegung, nach der sich das Tätigwerden der Behörden und insbesondere auch der Gemeinschaftsbehörden in diesem Bereich auf das unbedingt erforderliche Maß beschränken muß, nicht dazu führen, daß die Autonomie, über die die privaten Verbände beim Erlaß von Sportregelungen verfügen, die Ausübung der dem einzelnen durch den Vertrag verliehenen Rechte einschränkt.“[256]

---

248 EuGH, Urteil vom 15.12.1995, Union Royale Belge des Sociétés de Football Association ASBL u.a./Bosman, Rs. C-415/93, Slg. 1995, I-4921: Es ging dabei um die Vereinbarkeit der von Fußballverbänden aufgestellten Transferregeln und Ausländerklauseln mit Art. 48 EG. Vgl. ausführlich dazu M. Hilf/E. Pache, Das Bosman-Urteil des EuGH, NJW 1996, 1169. Vgl. auch die betriebswirtschaftliche Analyse von J. L. Born, Die Folgen des Bosman-Urteils aus der Sicht der Vereine, ZEuP 2005, 378 (378ff.).

249 EuGH, Urteil vom 18.7.2006, Meca-Medina und Majcen/Kommission der Europäischen Gemeinschaften, Rs. C-519/04 P, Slg. 2006, I-6991: Es ging dabei um die Dopingsperre zweier Schwimmer durch den Internationalen Schwimmverband.

250 F. Butte, Das selbstgeschaffene Recht des Sports im Konflikt mit dem Geltungsanspruch des nationalen Rechts, 2010, S. 478, bezeichnet das Bosman-Urteil als „[b]ahnbrechend für die Entwicklung des Sportrechts“ und attestiert eine „epochale[..] Wirkung auf die hergebrachten Strukturen des Fußballs“.

251 Vgl. nur EuGH, Urteil vom 13.4.2000, Lehtonen/FRBSB, Rs. C-176/96, Slg. 2000, I-2681.

252 Europäische Kommission (Hrsg.), Weißbuch Sport, 2007, S. 25.

253 EuGH, „Walrave und Koch“, Rn. 16/19:„Denn die Beseitigung der Hindernisse für den freien Personen- und Dienstleistungsverkehr – eines der [...]wesentlichen Ziele der Gemeinschaft – wäre gefährdet, wenn die Beseitigung der staatlichen Schranken dadurch in ihren Wirkungen wieder aufgehoben würde, dass privatrechtliche Vereinigungen oder Einrichtungen kraft ihrer rechtlichen Autonomie derartige Hindernisse aufrichteten.“

254 K. Vieweg/A. Röthel, Verbandsautonomie und Grundfreiheiten, ZHR 166 (2002), 6 (18): „Dogmatische Grundlage der unmittelbaren Drittwirkung ist im wesentlichen der Gedanke des effet utile.“

255 Allerdings immer nur soweit, als die Ausübung von Sport zum Wirtschaftsleben im Sinne von Art. 2 EGV (jetzt Art. 3 AEUV) gehört.

256 EuGH, "Bosman“, Rn. 81. Weiter dazu in Rn. 83: „Der Gerichtshof hat nämlich ausgeführt, daß die Beseitigung der Hindernisse für die Freizügigkeit zwischen den Mitgliedstaaten gefährdet wäre, wenn die Abschaffung der Schranken staatlichen Ursprungs durch Hindernisse zunichte gemacht werden könnte, die sich daraus ergeben, daß nicht dem öffentlichen Recht unterliegende Vereinigungen und Einrichtungen von ihrer rechtlichen Autonomie

Im Verfahren „*Meca-Medina und Majcen*" nahm der EuGH zum Spannungsverhältnis von Verbandsautonomie und europäischem Kartellrecht Stellung. Die Regelungen des Kartellrechts finden danach auch auf Regelungen rein sportlichen Charakters Anwendung.[257] Es seien dabei im Einzelfall der Gesamtzusammenhang der Umstände der fraglichen Vereinbarung und vor allem deren Zielsetzung zu würdigen.[258] Darauf basierend müsse die wettbewerbsbeschränkende Wirkung einer Vereinbarung notwendig mit der Verfolgung des entsprechenden Ziels zusammenhängen.[259]

Die Urteile betreffen zunächst einmal nur die Durchsetzung gemeinschaftsrechtlicher Regelungen im Rahmen des effet utile. Wichtig ist dabei aber vor allem, dass die gemeinschaftsrechtlichen Regelungen nicht nur auf das staatliche Handeln Anwendung finden, sondern auch auf das Handeln großer Verbände, die im Rahmen ihrer Verbandsautonomie beziehungsweise im Rahmen der Tarifautonomie im Sinne des Art. 9 Abs. 3 Satz 1 GG tätig werden.[260] Damit widersprach der Europäische Gerichtshof insbesondere dem Selbstverständnis der Vereine und Verbände, die sich als ein eigenständiges gesellschaftliches Subsystem ansehen, das von der Geltung des Unionsrechts ausgenommen ist.[261] Dies nimmt der Europäische Gerichtshof aber nur für den Fall an, dass es sich um Maßnahmen handelt, die zwingende Folge der Vereinigungsfreiheit sind.

Große Verbände - und dazu gehören speziell Sportverbände – haben quasi eine Monopolstellung in ihrem jeweiligen Bereich inne, weshalb *W.-H. Roth* sie als *„intermediäre Gewalten"*[262] bezeichnet. Im Sinne des Unionsrechts diskriminierende Vorschriften würden dazu führen, dass die im AEUV normierten Freiheiten nicht zur Geltung kämen und der europäische Binnenmarkt dadurch behindert würde. Diese besondere Stellung der Sportverbände hat der Europäische Gerichtshof erkannt und konsequenterweise entschieden, dass verbandsinterne Vorschriften, die geeignet sind, die Verwirklichung der im damaligen EGV angelegten Ziele zu verhindern, auch gerichtlich überprüfbar sind und die Grundfreiheiten unmittelbar Anwendung finden.[263] In der Konsequenz werden also die Verbände wegen ihrer

---

Gebrauch machen (vgl. Urteil Walrave, a. a. O., Randnr. 18)." Diese Ansicht hat der EuGH seitdem mehrfach bestätigt, vgl. nur EuGH, „Lehtonen", Rn. 35.

257 EuGH, "Meca-Medina und Majcen", Rn. 27.

258 Ebd., Rn. 42.

259 Ebd., Rn. 42.

260 Kritisch dazu R. Streinz/S. Leible, Die unmittelbare Drittwirkung der Grundfreiheiten, EuZW 2000, 459 (464f.).

261 M. Hilf/E. Pache, Das Bosman-Urteil des EuGH, NJW 1996, 1169 (1171).

262 W.-H. Roth, Drittwirkung der Grundfreiheiten, in: FS Everling, 1995, S. 1246.

263 K. Vieweg/A. Röthel, Verbandsautonomie und Grundfreiheiten, ZHR 166 (2002), 6 (22), weisen in diesem Zusammenhang darauf hin, dass die Drittwirkung nicht ausdrücklich an die „soziale Mächtigkeit" der Verbände geknüpft werde, tatsächlich aber bisher nur Verbände mit realer sozialer Macht betroffen seien, was insbesondere für Sportverbände gelte, die eine zumindest faktische Monopolstellung inne haben.

faktischen Monopolstellung und wegen ihres Rechts, eigene verbindliche Regelungen für ihre Mitglieder zu beschließen, anders als sonstige Private behandelt.[264] Es wäre nicht legitim, eine solche Inanspruchnahme damit abzulehnen, dass so ein Nachteil aus dem Autonomiestatus erwachse, da es nur darum geht, Nachteile für Dritte auszugleichen, die durch die mit den Autonomierechten verbundenen Vorteile entstehen. Der Rechtsprechung des Europäischen Gerichtshofs liegt der Rechtsgedanke des effet-utile-Grundsatzes zugrunde, der dem Unionsrecht zur praktischen Wirksamkeit verhelfen soll, indem er unter anderem einen Anwendungsvorrang des Unionsrechts gegenüber dem nationalen Recht vorsieht. Bezweckt wird so, die aus den Autonomierechten erwachsenden Defizite bei der Verwirklichung der Grundfreiheiten zugunsten der Unionsbürger auszugleichen.

II. Auswirkungen des Unionsrechts auf die Tätigkeit des Bundes im Bereich Sport

Die Beachtung des Sports durch den Bund gilt umso mehr vor dem Hintergrund des Art. 165 Abs. 1 Satz 2 AEUV. Dieser richtet sich zwar an die Europäische Union und erfasst die europäische Dimension des Sports, für die Bundesrepublik Deutschland als Mitgliedstaat der Union ergibt sich dadurch aber aufgrund der unionsfreundlichen Ausgestaltung des Grundgesetzes und der Treuepflicht des Art. 4 Abs. 3 EUV ebenfalls die Verpflichtung, zumindest zur Förderung der europäischen Dimension des Sports beizutragen.

§ 7 Tatsächliche Sportförderung und einfachgesetzliche Umsetzung

Nachdem die verfassungs- und unionsrechtlichen Determinanten staatlichen Handelns in Bezug auf Sportgroßveranstaltungen ausgelotet wurden, soll im Folgenden aufgezeigt werden, welche Auswirkungen dieses Ergebnis auf das Handeln des Staates in der Praxis hat und wie Legislative und Exekutive im Rahmen ihres Ermessensspielraums damit umgehen.

Sportgroßveranstaltungen – wie auch der Sport insgesamt – werden in der Bundesrepublik Deutschland in einem großen Umfang finanziell gefördert.[265] Die Förderung des Sports einschließlich der Sportgroßveranstaltungen werden in der Praxis als öffentliche Aufgabe wahrgenommen. Für die weitere Untersuchung ist es

---

264 Später wurde die Rechtsprechung auch auf Individualvereinbarungen erweitert, vgl. EuGH, Urteil vom 6.6.2000, Roman Angonese/Cassa di Risparmio di Bolzano SpA, Rs. C-281/98, Slg. 2000, I-4139.

265 Ausführlich zu diesem Bereich die ordnungspolitische Analyse aus volkswirtschaftlicher Sicht von M. Langer, Öffentliche Förderung des Sports, 2006, insbesondere S. 43ff.

angebracht, die Motive und Prinzipien sowie das Ausmaß dieser Sportförderung darzustellen. Danach wird auf die einfachgesetzliche Umsetzung eingegangen.

I. Prinzipien und Motive der Sportförderung

Aus ökonomischer Sicht dient die Sportförderung der Erweiterung der Handlungsmöglichkeiten innerhalb des Sports.[266] Aufschluss über die Motive und Prinzipien der Sportförderung auf Bundes- und Landesebene geben der Sportbericht der Bundesregierung[267] sowie der Landessportplan Baden-Württemberg[268].

1) Prinzipien der Sportförderung

Die staatliche Sportförderung basiert hiernach auf drei Grundsätzen[269]:

- Autonomie des Sports
- Subsidiarität der öffentlichen Sportförderung
- Partnerschaftliche Zusammenarbeit von Sportträgern und Staat

Diesen Prinzipien kann zugestimmt werden. Auf Inhalt und Bedeutung der Autonomie des Sports wurde schon oben[270] im Rahmen des Art. 9 Abs. 1 GG eingegangen. Subsidiarität meint in diesem Zusammenhang, dass staatliche Förderung erst dann einsetzt, wenn entsprechende Maßnahmen nicht mehr durch die Sportträger selbst finanziert werden können. Der öffentlichen Hand kommt somit gewissermaßen eine Auffangfunktion zu.[271] Um eine staatliche Sportförderung effizient zu gestalten, ist angesichts der Komplexität der Aufgaben darüber hinaus eine partnerschaftliche Zusammenarbeit notwendig.[272]

---

266 G. Kirsch/H. Kempf, Staatliche Finanzierung des Sports - Ein Auslaufmodell?, in: Horch (Hrsg.), Finanzierung des Sports: Beiträge des 2. Kölner Sportökonomie-Kongresses, 2002, S. 255.

267 Die Sportberichte erscheinen alle vier Jahre (zuletzt BMI (Hrsg.), 12. Sportbericht der Bundesregierung (BT-Drs. 17/2880), 2010 vom 3.9.2010) und sollen „neben der Wiedergabe der für die Sportpolitik der Bundesregierung maßgeblichen Eckdaten, die Sportförderpolitik des Bundes [..] bilanzieren" (S. 12).

268 Ministerium für Kultus Jugend und Sport (Hrsg.), 21. Landessportplan (LT-Drs. 14/5610), 2010/2011vom 16.12.2009.

269 BMI (Hrsg.), 12. Sportbericht der Bundesregierung (BT-Drs. 17/2880), 2010, S. 17.

270 Vgl. § 4 der Untersuchung.

271 BMI (Hrsg.), 12. Sportbericht der Bundesregierung (BT-Drs. 17/2880), 2010, S. 17.

272 Ebd., S. 17: „Diese reicht von gemeinsamen Konzepten bis hin zu konkreten Maßnahmen der Förderung. Ausdruck der partnerschaftlichen Zusammenarbeit ist u. a. die zwischen BMI und DOSB geschlossene Zielvereinbarung zur Zusammenarbeit im Rahmen der Spitzensportförderung vom 8. November 2007."

2) Motive der Sportförderung

Die Sportberichte geben insbesondere die integrierende und gesundheitsfördernde Wirkung des Sports als Grund für die Förderung an. Der Sport vermittele zudem Werte, die auch außerhalb des Sports wichtig seien. Beispielhaft werden Leistungswille, Ausdauer, Teamgeist, Fairness und regelgerechtes Verhalten aufgeführt. Es wird aber auch hervorgehoben, dass Leistungen im Spitzensport zum Ansehen der Bundesrepublik Deutschland im Ausland beitragen und deshalb der Spitzensportförderung eine besondere Bedeutung zukomme.[273]

Die von der Bundesregierung angeführten Motive stellen am Maßstab der Verfassung betrachtet legitime Ziele dar, was insbesondere für die Gesundheit und die Förderung der Integration unterschiedlicher gesellschaftlicher Schichten gilt. Die Bundesregierung kommt damit den Aufträgen aus Art. 2 Abs. 2 GG und dem Sozialstaatsprinzip nach.

Auch das Argument, die Spitzensportförderung trage zur Erhöhung des Ansehens der Bundesrepublik Deutschland im Ausland bei, ist nicht per se von der Hand zu weisen. Hierbei handelt es sich um einen wichtigen Aspekt, der sich aus der bereits beschriebenen politischen Funktion von Sportgroßveranstaltungen ergibt. Eine Sportförderung aus Reputationsgründen wird allerdings teilweise kritisch gesehen. So wird aus ordnungspolitischer Sicht zu bedenken gegeben, dass aus dem Prestigewert kein staatlicher Handlungsbedarf[274] in Form einer öffentlichen Förderung abzuleiten sei und eine Sportförderung aus Reputationsgründen daher zweifelhaft bleibe.[275] Diese ordnungspolitische Argumentation kann aber nicht dazu führen, das rechtliche Dürfen einzuschränken, denn es obliegt der Bundesregierung zu entscheiden, welche Maßnahmen sie zur gesamtstaatlichen Repräsentation trifft. Die Förderung des Spitzensports ist dafür kein ungeeignetes Mittel.

Hinsichtlich der Förderung konkret von Sportgroßveranstaltungen vertritt die Bundesregierung folgenden Standpunkt:

> „Ebenso dient es nach Auffassung der Bundesregierung den Interessen des deutschen Sports und der gesamtstaatlichen Repräsentation, dass die Durchführung bedeutender nationaler und internationaler Sportgroßveranstaltungen im Inland, wie z. B. Welt- und Europameisterschaften, gefördert werden. Derartige Großveranstaltungen beeinflussen positiv die Entwicklung der jeweiligen Sportart und darüber hinaus des gesamten Sports in Leistung und Breite. Sie bieten zudem Gelegenheit, die Bundesrepublik Deutschland, die Länder und die gastgebenden Städte im internationalen Sport und darüber hinaus zu repräsentieren. Die Bundesregierung stellt daher für solche Veranstaltungen unter Be-

273 Ebd., S. 13 und 110.

274 M. Langer, Öffentliche Förderung des Sports, 2006, S. 110, merkt dazu an, dass übergeordnete politisch determinierte Ziele, Marktversagen oder Wettbewerbsversagen als notwendige Bedingungen für einen ordnungspolitisch legitimen staatlichen Eingriff in gleichwertigem Verhältnis zueinander stünden.

275 Ebd., S. 158, der aber auch anmerkt, dass ein Handlungsbedarf nicht gänzlich auszuschließen sei.

achtung des Subsidiaritätsprinzips zusammen mit dem jeweiligen Land und der Kommune finanzielle Mittel zur Deckung der Organisationskosten zur Verfügung.

Allerdings ist eine Förderung in der Regel nur dann möglich, wenn der zuständige Bundessportfachverband vor der Abgabe der Bewerbung um die Ausrichtung eine grundsätzliche Förderzusage des BMI erreicht hat. Dies ist unverzichtbar, damit die von Bund, Land und Kommune zu tragenden Kosten rechtzeitig bei der Aufstellung der Haushaltspläne und der mittelfristigen Finanzplanung berücksichtigt und Bewerbungen, die nicht finanzierbar sind, vermieden werden können."[276]

Bei der im letzten Absatz dieser Passage des Sportberichts der Bundesregierung aufgeführten Bedingung handelt es sich um ein fiskalisches Instrument, das den Abstimmungsbedarf, den Informationsaustausch und damit auch die partnerschaftliche Zusammenarbeit zwischen Sportträgern und Staat gewährleisten soll.

Es zeigt sich, dass aus staatlicher Sicht die Förderung des Sports auch die Ausrichtung von Sportgroßveranstaltungen umfasst. Die Bundesregierung hat ein Interesse an der Ausrichtung von Sportgroßveranstaltungen und hebt deren gemeinwohlfördernden Charakter hervor. Sie begreift die Förderung von Sportgroßveranstaltungen als öffentliche Aufgabe.[277] Leitidee ist es, das gemeinwohlfördernde Potenzial nutzbar zu machen, dessen Unterstützung dem staatlichen Interesse entspricht.

Gleichwohl bezieht sich diese Aussage zunächst nur auf die finanzielle Förderung. Im weiteren Verlauf dieser Abhandlung wird dargelegt, welche darüber hinaus gehenden Instrumente von staatlicher Seite existieren und entwickelt werden können, um eine gemeinwohlfördernde Ausrichtung von Sportgroßveranstaltungen zu gewährleisten.

3) Kritik an der Sportförderung

Wie bereits oben erwähnt, ist die staatliche Sportförderung auch dahingehend kritisiert worden, dass der Sport auf diese Weise instrumentalisiert werde, um bestimmte politische Richtungen zu stützen. Es wird dabei insbesondere auf die Verhaltensmuster der Disziplin und des Gehorsams abgehoben, die durch die Vorbildfunktion des Sports gefördert würden.[278] Diese Kritik ist nicht gänzlich unbegründet und es ist legitim, die Förderung des Staates auch zu hinterfragen. Als Gegenpol zu dieser möglichen Instrumentalisierung ist das Prinzip der Autonomie des

276 BMI (Hrsg.), 12. Sportbericht der Bundesregierung (BT-Drs. 17/2880), 2010, S. 27.

277 Vgl. auch ebd., S. 11: „Die Bundesregierung sieht die Bewerbung [für die Olympischen Winterspiele 2018] als nationale Aufgabe [...]."

278 Darüber hinaus wird der Sport als Mittel der Systemstabilisierung gesehen, da in ihm Verhaltensnormen des Herrschaftssystems kopiert werden und er außerdem für die „Machthaber" willkommen sei, da er eine Ventildimension habe, um gefährliches kämpferisches Potenzial auf dem Sportplatz zu kanalisieren. Vgl. hierzu mit weiteren Nachweisen die Darstellung bei H. Bernett, Die Sport-Kritik der Neuen Linken, in: ders. (Hrsg.), Der Sport im Kreuzfeuer der Kritik, 1982 S. 235.

Sports zu beachten. Die Sportverbände erfahren über Art. 9 Abs. 1 GG einen Schutz vor staatlicher Intervention und Einflussnahme.

II. Ausmaß der Förderung

Die konkreten Instrumente zur Sportförderung sind mannigfaltig[279] und sorgen im Ergebnis insbesondere für eine finanzielle Besserstellung des Sports.

1) Vier Segmente der Sportförderung

Die Förderung von Sportgroßveranstaltungen lässt sich in vier Segmente einteilen: die ideelle Förderung, unmittelbare monetäre Transferleistungen, mittelbare Transferleistungen und die logistische beziehungsweise organisatorische Förderung. Ökonomisch betrachtet handelt es sich jeweils um Interventionen von staatlicher Seite in die Marktstruktur, um entsprechend veränderte im Interesse des Sports liegende Marktergebnisse zu erzielen.[280]

a) Ideelle Förderung

Durch die Aufnahme des Staatsziels Sport in die Landesverfassungen oder die Hervorhebung des gesundheitsfördernden Charakters des Sports im Sportbericht der Bundesregierung kann beispielsweise auf Seiten der Bevölkerung eine erhöhte Nachfrage nach Sport erzeugt werden. Durch diese Maßnahmen entsteht in der Bevölkerung ein Bewusstsein für den Sport, das diesem ein positives Image verschafft, sportliche Aktivitäten der Bevölkerung steigert und auch auf das Interesse an Sportgroßveranstaltungen Einfluss hat.[281] Sportgroßveranstaltungen werden also ideell unterstützt, um damit das Interesse und die Nachfrage daran zu fördern.

Als Beispiel aus der jüngeren Vergangenheit ist die Unterstützung der Bundesregierung für die Bewerbung Münchens zur Ausrichtung der Olympischen Winterspiele 2018 aufzuführen. Die Regierungschefs der Länder und die Bundeskanzlerin erklärten in einem Unterstützungsbeschluss, sie stünden hinter der Bewerbung. Die Bundesregierung stimmte dieser Erklärung zu und auch der Deutsche Bundestag beschloss die Unterstützung der Olympiabewerbung.[282] In der Gesellschafterversammlung der Bewerbungsgesellschaft hat der Bund Gaststatus und im Aufsichts-

---

279 Vgl. ausführlich hierzu: J. Fritzweiler in: ders./Pfister/Summerer (Hrsg.), Praxishandbuch Sport, 2007, 1/58ff., sowie M. Langer, Öffentliche Förderung des Sports, 2006, S. 38ff. (insbesondere Abb. 2 auf S. 39).

280 M. Langer, Öffentliche Förderung des Sports, 2006, S. 38ff., bezeichnet diese Möglichkeiten als Regulierungsansätze, da sie staatlicher Regulierungspraxis gleich kämen.

281 Ebd., S. 38 (Fn. 80).

282 BMI (Hrsg.), 12. Sportbericht der Bundesregierung (BT-Drs. 17/2880), 2010, S. 70.

rat Sitz und Stimme.[283] Der Bundesminister des Innern ist zudem Mitglied des Kuratoriums.[284]

b) Unmittelbare monetäre Transferleistungen

Monetäre Leistungen betreffen Sportgroßveranstaltungen auf zweierlei Weise: zum einen die Förderung der Teilnehmer und zum anderen die finanzielle Unterstützung der Ausrichter beziehungsweise Veranstalter. Aus der Erkenntnis heraus, dass ein erfolgreiches Abschneiden deutscher Sportler bei Spitzensportveranstaltungen das Ansehen Deutschlands steigert, wird der Spitzensport gezielt unterstützt. Der Bund förderte den Spitzensport beispielsweise von 2006 bis einschließlich 2009 mit insgesamt ca. 842 Mio. Euro.[285] In den Stadionneu- und –ausbau[286] wurden anlässlich der Fußballweltmeisterschaft 2006 mehrere 100 Mio. Euro von Bund und Ländern investiert.[287]

Auch viele Kommunen unterstützen Sportgroßveranstaltungen im Rahmen ihrer kommunalen Selbstverwaltung finanziell, ohne dass sich hieraus eine Verpflichtung herleiten lässt. Hier gilt für den Bereich der Sportförderung nichts anderes als für die Kulturförderung[288], so dass selbst langjährige Zahlungen von Fördergeldern in diesem Bereich keine Ansprüche zu begründen vermögen.

c) Mittelbare Transferleitungen

Unter mittelbaren Transferleistungen sind insbesondere Steuervergünstigungen[289] zu verstehen. Dies gilt auch für die Besteuerung von Sportgroßveranstaltungen[290], deren finanzielle Besserstellung in Form von Steuerbefreiungen immer wieder diskutiert wird, da Standortnachteile befürchtet werden.

---

283 Ebd., S. 71.

284 Ebd., S. 71.

285 Ebd., S. 13. 2002 bis 2005 betrug diese Summe insgesamt 920 Mio. Euro, vgl. BMI (Hrsg.), 11. Sportbericht der Bundesregierung (BT-Drs. 16/3750), 2006, S. 12.

286 Vgl. H. Dietl/M. Pauli, Strategien erfolgreicher Stadionfinanzierung: Gesamt- und einzelwirtschaftliche Überlegungen am Beispiel des deutschen Profifußballs, in: Büch/Maennig/Schulke (Hrsg.), Regional- und sportökonomische Aspekte von Sportgroßveranstaltungen, 2002, S. 33ff.

287 Beispielsweise 15,3 Mio. Euro für den Umbau des Gottlieb-Daimler-Stadions in Stuttgart, vgl. 19. Landessportplan (LT-Drs. 14/663), 2007/2008, S. 28 oder von Bundesseite rund 247 Mio. € für die Modernisierung des Berliner Olympiastadions und den Umbau des Leipziger Zentralstadions, vgl. BMI (Hrsg.), 11. Sportbericht der Bundesregierung (BT-Drs. 16/3750), 2006, S. 13.

288 VGH Mannheim, Beschluss vom 15.10.2003, NJW 2004, 624 (624): „Die jahrzehntelange finanzielle Förderung eines Theaters führt ohne Hinzutreten besonderer Umstände nicht zur Verpflichtung des Subventionsgebers, die Förderung auch in Zukunft fortzusetzen.“

289 Ausführlich hierzu: C. Trzaskalik, Die Steuer - Instrument der Sportförderung, in: Tettinger (Hrsg.), Subventionierung des Sports, 1987, S. 55ff.

290 Vgl. hierzu BMI (Hrsg.), 11. Sportbericht der Bundesregierung (BT-Drs. 16/3750), 2006, S. 15. Zu den Steuerprivilegierungen während der Fußballweltmeisterschaft 2006, vgl. BT-Drs. 15/1425, S. 3.

Aber auch andere Förderformen fallen hierunter. So wird im Rahmen der Spitzensportförderung, zu der auch die Förderung von Nachwuchssportlern gehört, angestrebt, die Vereinbarkeit von Hochschulstudium und Spitzensport zu verbessern.[291] Hierzu werden in Form von Vereinbarungen zwischen Hochschulen (als Partnern des Spitzensports) und Sportverbänden konkrete Unterstützungsmaßnahmen für studierende Spitzensportler festgelegt wie beispielsweise Verlängerung der Regelstudienzeit, gesonderte Formen der Erbringung von Leistungsnachweisen oder konkrete Beratungsangebote. Auch dies ist ein Beitrag für verbesserte Leistungen im Spitzensport.[292]

d) Logistische und organisatorische Förderung

Logistische und organisatorische Maßnahmen zur Unterstützung von Großveranstaltungen sind unter anderem die fördernden Maßnahmen bei Visaerteilungen für ausländische Sportler und arbeitsrechtliche Regelungen.[293] Hinzu kommen Leistungen im Bereich der Verwaltungsorganisation, auf die unten noch eingegangen wird.[294] So wurde beispielsweise im Bundesministerium des Innern im Hinblick auf die Bewerbung für die Olympischen Winterspiele 2018 eine eigene Arbeitsgruppe eingerichtet.[295]

2) Maßnahmen auf Europäischer Ebene

Die Einführung der oben beschriebenen unionsrechtlichen Kompetenz in Art. 165 AEUV hat ebenfalls zu ersten Ergebnissen geführt.

a) Das „Weißbuch Sport" und die Entwicklung der europäischen Dimension des Sports

Die Europäische Kommission veröffentlichte eine erste Mitteilung zur Entwicklung der europäischen Dimension des Sports.[296] In dieser bezieht die Kommission zur gesellschaftlichen Rolle, der wirtschaftlichen Dimension sowie zur Organisation des Sports explizit Stellung. Insbesondere sei der im „Weißbuch Sport"[297] der

291 Vgl. hierzu eingehend: Spitzensport und Hochschulstudium – Gemeinsame Erklärung von Kultusministerkonferenz, Sportministerkonferenz, Deutschem Olympischen Sportbund und Hochschulrektorenkonferenz, abzurufen unter http://www.kmk.org/fileadmin/pdf/PresseUndAktuelles/2008/080226-gemerklaerung.pdf (Stand 1.2.2012).

292 Vgl. hierzu BMI (Hrsg.), 11. Sportbericht der Bundesregierung (BT-Drs. 16/3750), 2006, S. 12, sowie zur generellen Vereinbarkeit von Sport und beruflicher Karriere: BMI (Hrsg.), 12. Sportbericht der Bundesregierung (BT-Drs. 17/2880), 2010, S. 13.

293 BMI (Hrsg.), 11. Sportbericht der Bundesregierung (BT-Drs. 16/3750), 2006, S. 70.

294 Dazu in § 12 der Untersuchung.

295 BMI (Hrsg.), 12. Sportbericht der Bundesregierung (BT-Drs. 17/2880), 2010, S. 71.

296 KOM(2011) 12 endg. vom 18.1.2011.

297 Europäische Kommission (Hrsg.), Weißbuch Sport, 2007.

Kommission vorgeschlagene Aktionsplan „Pierre de Coubertin"[298] mittlerweile fast vollständig abgeschlossen.[299] Konkrete Folgen im Hinblick auf Sportgroßveranstaltungen sind dabei nicht festzustellen. Die Kommission mahnt allerdings an, ein umfassendes Konzept zu erarbeiten, dessen Schwergewicht auf *„Prävention und der Durchsetzung des Rechts"* liegen soll.[300] Erforderlich sei hierfür eine engere Zusammenarbeit zwischen den relevanten Akteuren, wobei exemplarisch Polizei, Justiz, Sportverbände, Fanorganisationen und Behörden genannt werden.[301] Darüber hinaus ziele das Handeln der Union darauf ab, Gewalt und Intoleranz in Verbindung mit Sportgroßveranstaltungen zu verhindern.[302] Die Unterstützung der Kommission besteht aus sportspezifischen Fördermaßnahmen oder findet im Rahmen anderer Förderprogramme statt.[303]

b) Bewertung der Aktivitäten der Europäischen Union

Es ist zu beobachten, dass bezogen auf die beteiligten nichtstaatlichen Akteure weitgehend auf eine freiwillige Zusammenarbeit vertraut wird. Was Fremdenfeindlichkeit, Rassismus und andere Formen der Intoleranz anbelangt, wird dagegen auf den Rahmenbeschluss 2008/913/JI des Rates zur strafrechtlichen Bekämpfung bestimmter Formen und Ausdrucksweisen von Rassismus und Fremdenfeindlichkeit verwiesen.[304]

Im Hinblick auf die Organisation des Sports wird „Good Governance", Solidarität zwischen Profi- und Breitensport und eine nachhaltige Finanzierung des Sports gefordert.[305] Auch hier wird in erster Linie auf freiwilliges Handeln gesetzt und auf den Erlass konkreter Instrumente weitgehend verzichtet. Maßnahmen beschränken sich bisher auf die Anfertigung von Studien, die Klarheit hinsichtlich der Bedürfnisse im Sportsektor bringen sollen.

Die enge Kooperation mit den beteiligten Akteuren ist sicherlich das Fundament, auf dem auch das Handeln der Europäischen Union fußen sollte, um sich Kenntnis über Entwicklungen des Sports und mögliche Probleme bei Sportgroßveranstaltungen zu verschaffen. Ob dieser Handlungsansatz aber auch den erwünsch-

---

298 KOM(2007) 391 endg. vom 11.7.2007. Dieser umfasst die gesellschaftliche Rolle, die wirtschaftliche Dimension und die Organisation des Sports sowie entsprechende Folgemaßnahmen.

299 KOM(2011) 12 endg. vom 18.1.2011, S. 2.

300 Ebd., S. 5f.

301 Ebd., S. 5. Die Forderungen beinhalten „Sicherheitsvorkehrungen und Sicherheitsanforderungen für internationale Sportveranstaltungen [zu] entwickeln und um[zu]setzen, einschließlich europaweiter Schulungs- und Peer-Review-Projekte für Polizeibeamte zum Thema Zuschauergewalt." (S. 7).

302 Ebd., S. 3.

303 Ebd., S. 4.

304 Ebd., S. 6.

305 Ebd., S. 9, 12.

ten Erfolg, namentlich das Erreichen der angestrebten Ziele, als Ergebnis hat, erscheint mangels konkret einsetzbarer Handlungsinstrumente fraglich.

III. Legislative Anstrengungen

1) Fehlender Erlass von Sportförderungsgesetzen und speziellen Gesetzen zu Sportgroßveranstaltungen

Die mit der Einführung von Staatszielen zur Sportförderung verbundene Hoffnung, diese würden den Erlass von Sportförderungsgesetzen auf breiter Front nach sich ziehen, hat sich nicht erfüllt.[306] Unabhängig von den oben genannten Regelungsgruppen gilt dies für einen Großteil der Länder. So ist zwar in Brandenburg trotz eines äußerst diffus gefassten Staatsziels („*Sport ist ein förderungswürdiger Teil des Lebens*“[307]) ein Sportförderungsgesetz[308] erlassen worden. Dagegen ist dies in Sachsen trotz des klar formulierten Staatsziels[309] nicht geschehen. Andere Länder wie Rheinland-Pfalz[310], Bremen[311] und Berlin[312] hatten schon vor der Einführung von Sportförderungsklauseln Sportförderungsgesetze, die auf diese Weise lediglich eine zusätzliche verfassungsrechtliche Verankerung gefunden haben. Bemerkens-

306 Vgl. die von U. Steiner, Aktuelle Entwicklung des Verhältnisses von Sport und Recht, BayVBl. 1995, 417 (419), geäußerte Hoffnung, die Einführung des Staatsziels Sport bewirke eine breitere Sportfördergesetzgebung in den Ländern. In einigen Ländern finden sich sportfreundliche Klauseln nicht in speziellen Sportfördergesetzen, sondern in den Lotteriegesetzen. So zum Beispiel in Niedersachsen in § 8 NLottG, in Schleswig-Holstein in § 9 ÖffLottG, in Baden-Württemberg in § 7 StLG beziehungsweise § 4 OddsWG und in § 3 SpW/LottoG in Hessen. Hinzu kommen vereinzelte Regelungen, wie § 51 Abs. 2 BWNatSchG oder Art. 24 BayNatSchG, die das Betreten der freien Natur zur sportlichen Betätigung erlauben, oder Regelungen in Jugendfördergesetzen. Diese Regelungen existierten ebenfalls bereits vor der Aufnahme des Staatsziels.

307 Art. 35 BbgLV.

308 Gesetz über die Sportförderung im Land Brandenburg (SportFGBbg) vom 10.12.1992 (GVBl. I/92, S. 498), zuletzt geändert durch Art. 1 Erstes ÄndG vom 18.12.2007 (GVBl. I/07, S. 284).

309 Art. 11 Abs. 1 SächsLV: "Das Land fördert [...] die sportliche Betätigung sowie den Austausch auf diesen Gebieten."

310 Landesgesetz über die öffentliche Förderung von Sport und Spiel in Rheinland- Pfalz (SportFGRhPf) vom 9.12.1974 (GVBl 1974, S. 597), zuletzt geändert durch G vom 16.12.2002 (GVBl. S. 481).

311 Gesetz zur Förderung des Sports im Lande Bremen (SportFGBrem) vom 5.7.1976 (Brem.GBl. S. 173), zuletzt geändert durch Art. 2 G vom 18.12.2003 (Brem.GBl. S. 413).

312 Gesetz über die Förderung des Sports im Lande Berlin (SportFGBerl) vom 6.1.1989 (GVBl. S. 122), zuletzt geändert durch Art. 3 G zur Regelung von Partizipation und Integration in Berlin vom 15.12.2010 (GVBl. S. 560).

wert ist jedoch, dass in keinem der alten Bundesländer auf Grundlage des neu aufgenommenen Staatsziels ein Sportförderungsgesetz erlassen worden ist.[313]

2) Förderung von Sportgroßveranstaltungen in den Fachgesetzen

Eine Analyse des einfachgesetzlichen Rahmens zeigt, dass zwar Vorschriften existieren, die auch auf Sportgroßveranstaltungen Anwendung finden und so einen rechtlichen Rahmen für diese setzen. Es seien hier nur das Baugesetzbuch (BauGB)[314], die Gewerbeordnung (GewO)[315] und auf landesrechtlicher Ebene die Landesbauordnung (LBO)[316]oder das Polizeigesetz (PolG)[317] genannt, auf die im Detail im weiteren Verlauf der Arbeit noch eingegangen wird.

Es zeigt sich aber auch, dass die Herangehensweise des Gesetzgebers nicht darauf abzielt, einzelne Gesetze beispielsweise zur Förderung von Sportgroßveranstaltungen zu erlassen, sondern den gesetzlichen Rahmen aus den Fachgesetzen heraus zu gestalten und nur in Einzelfällen sportgroßveranstaltungsspezifische Normen zu erlassen.

Ein anderes Vorgehen hat dagegen der österreichische Gesetzgeber gewählt, der im Hinblick auf die Fußballeuropameisterschaft 2008, die in Österreich und der Schweiz ausgetragen wurde, sportgroßveranstaltungsspezifische Regelungen in das Sicherheitspolizeigesetz (SPG)[318] integrierte. So findet sich dort ein eigener Abschnitt über „*Besondere Befugnisse zur Verhinderung von Gewalt bei Sportgroßveranstaltungen*".[319] Auch in der Schweiz wurden entsprechende Regelungen in

---

313 Vgl. jedoch Gesetz zur Sportförderung in Mecklenburg-Vorpommern (SportFGM-V) (GVOBl. M-V 2002, S. 574), zuletzt geändert durch G vom 14. Dezember 2007 (GVOBl. M-V S. 450) sowie Thüringer Sportfördergesetz (ThürSportFG) vom 8.7.1994 (GVBl. S. 808).

314 Baugesetzbuch in der Fassung der Bekanntmachung vom 23.9.2004 (BGBl. I S. 2414), zuletzt geändert durch Art. 1 G zur Förderung des Klimaschutzes bei der Entwicklung in den Städten und Gemeinden vom 22.7.2011 (BGBl. I S. 1509).

315 Gewerbeordnung in der Fassung der Bekanntmachung vom 22.2.1999 (BGBl. I S. 202), zuletzt geändert durch Art. 3 G zur Verbesserung des Austauschs von strafregisterrechtlichen Daten zwischen den Mitgliedstaaten der Europäischen Union und zur Änderung registerrechtlicher Vorschriften 15.12.2011 (BGBl. I S. 2714).

316 Landesbauordnung in der Fassung vom 5.3.2010 (GBl. S. 357, ber. S. 416).

317 Polizeigesetz in der Fassung vom 13.1.1992 (GBl. S. 1, ber. S. 596, 1993 S. 155), zuletzt geändert durch Art. 11 Viertes RechtsbereinigungsG vom 4.5.2009 (GBl. S. 195, 199).

318 Österreichisches Bundesgesetz über die (BGBl. Nr. 566/1991), zuletzt geändert durch BGBl. I Nr. 33/2011.

319 Exemplarisch sei hier § 49a SPG zitiert:
§ 49a Sicherheitsbereich
(1) Ist aufgrund bestimmter Tatsachen, insbesondere wegen der zu erwartenden Teilnahme gewaltbereiter Personen an einer Sportgroßveranstaltung zu befürchten, dass es bei dieser zu einer allgemeinen Gefahr für die Gesundheit mehrerer Menschen oder für Eigentum in großem Ausmaß kommt, sind die Sicherheitsbehörden ermächtigt, mittels Verordnung den

das Bundesgesetz über Massnahmen zur Wahrung der inneren Sicherheit (BWIS)[320] aufgenommen.[321]

a) Sportgroßveranstaltungsrelevante Aktivitäten des Landesgesetzgebers

Insbesondere im Sicherheitsrecht ist eine Strategie, wie sie Österreich und die Schweiz eingeschlagen haben, in Deutschland nicht zu beobachten.

Das Polizeigesetz erwähnt Sportgroßveranstaltungen nicht, und es finden sich dazu keine speziellen Regelungen. Andererseits zeigt sich, dass eine Reihe von gesetzliche vorgesehenen Maßnahmen, wie beispielsweise der Platzverweis und das Aufenthaltsverbot, auch dazu beitragen, die Sicherheit von Sportgroßveranstaltungen und damit deren Durchführung zu ermöglichen. So ist die Polizei auf das bestehende Instrumentarium einschließlich der polizeirechtlichen Generalklausel angewiesen, worauf im vierten Teil dieser Arbeit ausführlich eingegangen wird.

Als Gegenbeispiel sei die Versammlungsstättenverordnung (VStättVO)[322] genannt, in der sich explizite Regelungen finden. Offensichtlich sah der Gesetzgeber in diesem Bereich die Notwendigkeit, spezielle Normen zu erlassen, was sich mit Bedeutung und Größenordnung von Sportstätten erklären lässt.

b) Sportgroßveranstaltungsrelevante Aktivitäten des Bundesgesetzgebers

Obwohl die eigentliche Sportförderung – wie dargelegt – vornehmlich Aufgabe der Länder ist, gibt es einige für Sportgroßveranstaltungen relevante Bereiche, die in die Kompetenz des Bundes fallen.[323] Dies gilt beispielsweise für das zur Genehmigung von Sportstätten höchst relevante Bauplanungsrecht[324], das nicht in die Ge-

---

Veranstaltungsort und einen Bereich im Umkreis von höchstens 500 m um diesen Veranstaltungsort zum Sicherheitsbereich zu erklären.

§ 49b SPG regelt die „Gefährderansprache" und § 49c SPG regelt „Präventive Maßnahmen: Meldeauflage, Belehrung, zwangsweise Vorführung und Anhaltung" speziell für Sportgroßveranstaltungen.

320 Schweizer Bundesgesetz über Massnahmen zur Wahrung der Inneren Sicherheit vom 21.3.1997 (SR120), zuletzt geändert durch Ziff. I des BG vom 24. März 2006 (AS 2006 3703 BBl 2005 5613).

321 Vgl. Art. 2 Abs. 1Satz 1 BWIS:
„Der Bund trifft vorbeugende Massnahmen nach diesem Gesetz, um frühzeitig Gefährdungen durch Terrorismus, verbotenen Nachrichtendienst, gewalttätigen Extremismus und Gewalt anlässlich von Sportveranstaltungen zu erkennen und zu bekämpfen."
Ausführlich insbesondere zu Abschnitt 5a („Massnahmen gegen Gewalt anlässlich von Sportveranstaltungen"): C. Vögeli/S. Netzle, Schweizer Hooligan-Gesetz: Wirksamere Bekämpfung der Gewalt in den Stadien, SpuRt 2007, 221 (222).

322 Verordnung des Wirtschaftsministeriums über den Bau und Betrieb von Versammlungsstätten vom 28.4.2004 (GBl. S. 311), zuletzt geändert durch Art. 1 ÄndVO vom 5.1.2011 (GBl. S. 25).

323 U. Steiner, Von den Grundrechten im Sport zur Staatszielbestimmung "Sportförderung", in: FS Stern, 1997, S. 518, merkt an, dass das Bundesrecht den rechtlichen Rahmen für die Sportaktivitäten in Deutschland abgibt.

324 Art. 74 Abs. 1 Nr. 18 (Bodenrecht) iVm Art. 72 GG.

setzgebungszuständigkeit der Länder fällt. Interessant ist dabei, dass der Bundesgesetzgeber im Baugesetzbuch die Sportförderung explizit erwähnt, obwohl das Grundgesetz ein Staatsziel Sportförderung nicht vorsieht. So sind beispielsweise gemäß § 1 Abs. 6 Nr. 3 BauGB die Belange des Sports bei der Aufstellung von Bauleitplänen zu berücksichtigen.[325] Weiterhin ist die 18. Bundes-Immissionsschutzverordnung (BImSchV) (Sportanlagenlärmschutzverordnung)[326] zu nennen, die für die Errichtung, die Beschaffenheit und den Betrieb von Sportanlagen, soweit sie zum Zwecke der Sportausübung betrieben werden, gilt. In dieser werden zwar auch Werte festgelegt, die nicht überschritten werden dürfen, andererseits finden sportliche Aktivitäten innerhalb dieser Werte einen besonderen Schutz, so dass die 18. BImSchV im Ergebnis als sportfreundliche Regelung zu bewerten ist. Zudem gibt es zahlreiche bundesrechtliche Begünstigungen im Steuerrecht[327], großzügige Regelungen im Ausländerrecht bezüglich Aufenthaltstiteln von ausländischen Sportlern, einzelne Normen im Arbeitsrecht sowie vereinfachte Verfahren bei der Einbürgerung von Sportlern,[328] was indirekt auch Sportgroßveranstaltungen fördert.

Im Bereich des Strafrechts hat der Bund zudem in § 27 Abs. 2 VersG Vorschriften erlassen, die bestimmte Verhaltensweisen im Umfeld von „sonstigen öffentlichen Veranstaltungen", worunter Sportgroßveranstaltungen zu subsumieren sind, unter Strafe stellen. Hier handelt es sich ebenfalls um großveranstaltungsspezifische Gesetzgebung.

---

325 Weitere Beispiele finden sich bei U. Steiner, Von den Grundrechten im Sport zur Staatszielbestimmung "Sportförderung", in: FS Stern, 1997, S. 518ff.

326 18. Verordnung zur Durchführung des Bundes-Immissionsschutzgesetzes vom 18.7.1991 (BGBl. I S. 1588, 1790), zuletzt geändert durch Art. 1 der VO vom 9.2.2006 (BGBl. I S. 324).

327 Zum Beispiel die teilweise Befreiung von der Körperschafts- und Gewerbesteuer für gemeinnützige Sportvereine oder die Befreiung von der Einkommensteuer für nebenberufliche Übungsleiter gemäß § 3 Nr. 26 EStG.

328 Vgl. dazu U. Steiner, Von den Grundrechten im Sport zur Staatszielbestimmung "Sportförderung", in: FS Stern, 1997, S. 519, der diese Bereiche zu den „letzten bürokratiefreien Zonen in Deutschland" erklärt.

Dritter Teil: Ein öffentlich-rechtliches Regelungsregime für Sportgroßveranstaltungen

§ 8 Sportgroßveranstaltungen als Daseinsvorsorge

Die vorstehenden Ausführungen legen es nahe, Sportgroßveranstaltungen als Teil der sogenannten Daseinsvorsorge[329] zu begreifen, so dass hierauf im Folgenden näher eingegangen werden soll.

I. Entstehung des Begriffs Daseinsvorsorge

E. Forsthoff hat den Begriff der Daseinsvorsorge in der Diskussion um die Leistungsverwaltung geprägt.[330] Zunächst ging es ihm dabei um „die Darbringung von Leistungen, auf welche der in die modernen massentümlichen Lebensformen verwiesene Mensch lebensnotwendig angewiesen ist".[331] Dies umfasste, wie die Formulierung „lebensnotwendig" zeigt, zunächst nur die Bereitstellung existenzieller Leistungen.[332] „Die übrigen staatlichen Funktionen (z.B. Polizei, kulturelle Verwaltung)" entfalteten sich „auf der Basis einer durch Teilhabe an der Daseinsvorsorge

---

329 Vgl. zu diesem Begriff M. Knauff, Der Gewährleistungsstaat: Reform der Daseinsvorsorge, 2004. Vgl. auch C. Schütte, Progressive Verwaltungsrechtswissenschaft auf konservativer Grundlage, 2006, S. 42ff. und 79ff., H. P. Bull, Daseinsvorsorge im Wandel der Staatsformen, Der Staat 47 (2008), 1 (2ff.). Eine Analyse des Begriffs „Daseinsvorsorge" in der Rechtspraxis findet sich bei M. Krajewski, Rechtsbegriff Daseinsvorsorge?, VerwArch 2008, 174 (180ff.), der allerdings zu dem Ergebnis kommt, dass dieser weder von der Rechtsprechung noch von der Gesetzgebung einheitlich verwendet werde. A.A: R. Ringwald, Daseinsvorsorge als Rechtsbegriff, 2007, S. 135ff. Vgl. auch R. Schmidt, Die Liberalisierung der Daseinsvorsorge, Der Staat 42 (2003), 225 (229f.).

330 Vgl. E. Forsthoff, Lehrbuch des Verwaltungsrechts, Bd. I, Allgemeiner Teil, 1973, S. 368ff. und E. Forsthoff, Die Daseinsvorsorge und die Kommunen, 1958: „dem Staat (im weitesten Sinne dieses Wortes) ist die Aufgabe und die Verantwortung zugefallen, alles das vorzukehren, was für die Daseinsermöglichung des modernen Menschen ohne Lebensraum erforderlich ist. Was in Erfüllung dieser Aufgabe notwendig ist und geschieht, nenne ich Daseinsvorsorge." Vgl. auch P. Badura, § 29 Grundrechte und Wirtschaftsordnung, in: HGR II, 2006, Rn. 39: „Der Begriff der Daseinsvorsorge entstammt soziologischer Einsicht in die spezifische Bedürftigkeit des Menschen in den modernen zivilisatorischen und städtischen Lebensformen."

331 E. Forsthoff, Die Verwaltung als Leistungsträger, 1938, S. 7. Forsthoff sah den Begriff der Daseinsvorsorge zunächst als Gegenstand der Verwaltungslehre und nicht der Verwaltungsrechtswissenschaft, der „mittels außerjuristischer Argumentation gewonnen worden" sei. Er werde erst zum Rechtsbegriff, wenn man ihm eine „rechtliche Bedeutung" zuspreche, vgl. E. Forsthoff, Rechtsfragen der leistenden Verwaltung, 1959, S. 55.

332 Vgl. hierzu auch für den Bereich der Energieversorgung BVerfGE 66, 248 (258) Beschluss vom 20.3.1984: „[...] Leistung, deren der Bürger zur Sicherung einer menschenwürdigen Existenz unumgänglich bedarf."

(im weitesten Sinne) erst ermöglichten Existenz des einzelnen Volksgenossen“.[333] Sportgroßveranstaltungen wären kaum unter diesen Begriff zu subsumieren, da der Sport als solcher und Sportgroßveranstaltungen im Besonderen kaum als für den Bürger existenznotwendig angesehen werden können.

II. Weiterentwicklung des Begriffs

Es ist umstritten, was genau heute unter dem vielfach verwendeten Begriff der Daseinsvorsorge zu verstehen ist, zumal er in den letzten Jahrzehnten einem steten Wandel unterzogen war.[334] *E. Forsthoff* selbst war es, der den Begriff der Daseinsvorsorge erweiterte und die Unterscheidung zwischen lebensnotwendig und nicht lebensnotwendig aufhob. Daseinsvorsorge sei *„[a]lles, was von Seiten der Verwaltung geschieht, um die Allgemeinheit oder nach objektiven Merkmalen bestimmte Personenkreise in den Genuß nützlicher Leistungen zu versetzen [...]“.*[335] Nachdem er beispielsweise Theater und Lichtspiele zunächst ausdrücklich von der Daseinsvorsorge ausgeschlossen hatte[336], fasste er später städtische Theater und andere Institution der Kulturpflege[337] durchaus unter diesen Begriff.[338] Es sei das jeweilige Versorgungsbedürfnis der Bevölkerung, das den Begriff der Daseinsvorsorge kategorisiere, und ein auf den Mindeststandard individueller Daseinsbehauptung beschränkter Begriff werde dem Versorgungsbedürfnis des modernen Menschen nicht gerecht.[339] Es handelt sich insofern um einen offenen Begriff, der den jeweiligen Bedürfnissen der Bevölkerung angepasst werden kann[340] und der auch Leistungen erfasst, die nur nützlich sind.[341] *Reiner Schmidt* fasst dies als die durch das Gemeinwesen sicherzustellende Versorgung mit wesentlichen Gütern und Dienstleistungen (einschließlich der Infrastruktur) zusammen, zu der auch Tätigkeiten nichtwirtschaftlicher Art beispielsweise kulturelle Aktivitäten zählen.[342] *H. P. Bull* sub-

333 E. Forsthoff, Die Verwaltung als Leistungsträger, 1938, S. 46.

334 Vgl. den Überblick über die Rechtsprechung zur Daseinsvorsorge in den letzten Jahrzehnten bei H.-J. Papier, Kommunale Daseinsvorsorge im Spannungsfeld zwischen nationalem Recht und Gemeinschaftsrecht, DVBl. 2003, 686 (686f.).

335 E. Forsthoff, Lehrbuch des Verwaltungsrechts, Bd. I, Allgemeiner Teil, 1973, S. 370.

336 E. Forsthoff, Die Verwaltung als Leistungsträger, 1938, S. 7, 42.

337 Vgl. hierzu auch W. Palm, Öffentliche Kunstförderung zwischen Kunstfreiheitsgarantie und Kulturstaat, 1998, S. 145ff.

338 E. Forsthoff, Lehrbuch des Verwaltungsrechts, Bd. I, Allgemeiner Teil, 1973, S. 370. Vgl. zur aktuellen Entwicklung mit weiteren Nachweisen S. Haack, Kommunales W-LAN als Daseinsvorsorge, VerwArch 2008, 197 (202f.).

339 E. Forsthoff, Rechtsfragen der leistenden Verwaltung, 1959, S. 12.

340 P. Badura, § 29 Grundrechte und Wirtschaftsordnung, in: HGR II, 2006, Rn. 39, bezeichnet den Begriff Daseinsvorsorge daher auch als „flexibel“.

341 M. Eumann, Organisationsrechtliche Probleme kommunaler Daseinsvorsorge in den Vereinigten Staaten von Amerika, 1999, S. 53.

342 R. Schmidt, Der Staat 42 (2003), 225 (225).

sumiert darunter auch kulturelle Güter und Leistungen, so man denn den Grundgedanken der Lehre von der Daseinsvorsorge ernst nehme.[343]

1) Kritik

Eingewandt wird im Zusammenhang dieser Diskussion, wegen der Weite und der fehlenden Konturierung des Daseinsvorsorgebegriffs, verbunden mit entsprechenden Erwartungen an diesen, gelte es zu verhindern, dass dieser zum *„Einfallstor für die Politik ins Recht"* werde.[344] Aus der Charakterisierung einer Leistung als Daseinsvorsorge in Rechtsprechung und Gesetzgebung ließen sich kaum eigenständige und rechtlich relevante Folgerungen ableiten, auch wenn hierdurch der Daseinsvorsorgebegriff mit konkretem Inhalt gefüllt werde.[345] Daseinsvorsorge sei daher kein Rechtsbegriff des Verwaltungsrechts.[346]

2) Fehlende Handlungsanleitung

Richtig ist dabei, dass sich aus einer Kategorisierung als Daseinsvorsorge keine konkrete Handlungsanleitung ergibt[347] und der Gesetzgeber diesbezüglich einen weiten Gestaltungsspielraum hat.[348] Ein Abschied vom Begriff der Daseinsvorsorge ist dagegen nicht angezeigt. Schon die Tatsache, dass er weiterhin gleichermaßen von Literatur und Rechtsprechung[349] in der Diskussion um die staatliche Verantwortung verwendet wird, spricht dafür, ihm eine eigenständige Bedeutung beizumessen, zumal er *„übergeordnete Grundvorstellungen"*[350] zu vermitteln hilft,

---

343 H. P. Bull, Der Staat 47 (2008), 1 (13).

344 H. Schweitzer, Daseinsvorsorge, "service public", Universaldienst, 2002, S. 80. Vgl. auch M. Knauff, Der Gewährleistungsstaat: Reform der Daseinsvorsorge, 2004, S. 52: „Festzuhalten ist schließlich aber auch, dass der Rückgriff auf den Daseinsvorsorgebegriff in der Betrachtung eines konkreten Problems regelmäßig überflüssig ist, da aus ihm keine unmittelbaren Rechtsfolgen erwachsen können.".

345 M. Krajewski, VerwArch 2008, 174 (193 und 195). Vgl. für die gegenteilige Auffassung nur: BVerfG, Beschluss vom 31.3.1998, NJW 1998, 1776 (1777): „Der Gesundheitsschutz stellt ein besonders wichtiges Gemeinschaftsgut dar, das selbst erhebliche Einschränkungen der Berufswahlfreiheit – auch bei einem freien Beruf – rechtfertigen kann. Dies gilt insbesondere dann, wenn der Beruf Teil einer Daseinsvorsorge ist, auf die weite Teile der Bevölkerung angewiesen sind."

346 H.-G. Henneke, Die Daseinsvorsorge in Deutschland - Begriff, historische Entwicklung, rechtliche Grundlagen und Organisation, in: Krautscheid (Hrsg.), Die Daseinsvorsorge im Spannungsfeld von europäischem Wettbewerb und Gemeinwohl, 2009, S. 18.

347 Ähnlich auch ebd., S. 17.

348 Vgl. nur BVerfGE 103, 197 (224), Urteil vom 3.4.2001.

349 Vgl. nur exemplarisch BVerwG, Urteil vom 27.5.2009, NVwZ 2009, 1305 (1307).

350 A. Voßkuhle, Beteiligung Privater an der Wahrnehmung öffentlicher Aufgaben und staatliche Verantwortung, VVDStRL 62 (2003), 266 (283).

die dazu beitragen, neuen rechtlichen Herausforderungen durch die Fortentwicklung bestehender rechtlicher Instrumente zu begegnen.[351]

Gleichzeitig ist aber ein Bewusstsein über seine Undifferenziertheit und Weite notwendig. Seine eigenständige Bedeutung gewinnt der Begriff auch dadurch, dass der Bereich der Daseinsvorsorge eine staatliche Aufgabe darstellt.[352] Es lässt sich aber nicht ableiten, dass der Staat selbst diese Aufgabe erfüllen muss.[353] Vielmehr können unter den Begriff der Daseinsvorsorge auch Leistungen fallen, die seit jeher von Privaten erbracht wurden.[354]

Vereinfacht zusammengefasst kann man sagen, dass der Begriff der Daseinsvorsorge Klarheit über das „Ob" staatlichen Handelns vermitteln kann, hinsichtlich des „Wie" jedoch an seine Grenzen stößt.[355]

III. Auswirkungen auf die weitere Untersuchung

Vor diesem Hintergrund kann festgehalten werden, dass sich auch Sportgroßveranstaltungen unter den aufgeführten Randbedingungen als Teil der Daseinsvorsorge qualifizieren lassen.[356] Es gilt für sie insofern nichts anderes als für Volksfeste[357]

351 Vgl. ebd., (283).

352 Vgl. H. P. Bull, Der Staat 47 (2008), 1 (6): „Heute ist es herrschende Meinung, dass die verschiedenen Ausprägungen der „Daseinsvorsorge" Staatsaufgaben darstellen und der Begriff insofern auch verfassungs- und verwaltungsrechtliche Bedeutung hat."

353 So auch generell im Hinblick auf den Bereich der Daseinsvorsorge: T. Mayen, Privatisierung öffentlicher Aufgaben: Rechtliche Grenzen und rechtliche Möglichkeiten, DÖV 2001, 110 (112). Vgl. auch A. Voßkuhle, VVDStRL 62 (2003), 266 (273): „Der konturlose Begriff der ‚öffentlichen Aufgabe' stellt lediglich klar, dass nicht alle im öffentlichen Interesse liegenden Aufgaben durch den Staat selbst wahrgenommen werden müssen."

354 Vgl. hierzu auch M. Krajewski, VerwArch 2008, 174 (195), der dies freilich als weiteren Nachweis für eine tatbestandliche Unschärfe sieht.

355 Vgl. auch M. Eifert, Grundversorgung mit Telekommunikationsleistungen im Gewährleistungsstaat, 1998, S. 89, der feststellt: „Die ‚Daseinsvorsorge' schaffte damit zwar keine rechtlichen Präzisierungen, hielt jedoch mit ihrer Anschlußfähigkeit einen begrifflichen Resonanzboden für die weitere rechtswissenschaftliche Aufarbeitung bereit."

356 Anderer Ansicht G.-C. v. Unruh, Vorsorge für das Dasein, DÖV 2006, 779 (781): „Mögen auch Sportveranstaltungen nicht ohne finanzielle Unterstützung der öffentlichen Hand durchführbar sein, so muss hier ein strenger Maßstab angelegt werden, da es sich im Allgemeinen – von der Förderung des Breitensports abgesehen – um keine Daseinsvorsorge handelt." Vgl. auch J. Lege, Polizeieinsätze bei Fußball-Bundesligaspielen, VerwArch 1998, 71 (92): „Ein großes Interesse am Sport kann allein kein öffentliches Interesse begründen." J. Segerer, Wirkung der Grundrechte zwischen Sportlern, Sportvereinigungen und Staat, 1999, S. 95f., dagegen ordnet den Sport als solchen als Daseinsvorsorge ein mit der Begründung, Daseinsvorsorge bedeute, dass „der Staat die Versorgung der Bevölkerung mit [...] öffentlichen Einrichtungen für das Bildungs- und Gesundheitswesen bereitzustellen hat."

und Weihnachtsmärkte[358], die in der Vergangenheit wiederholt von den Fachgerichten als Teil der Daseinsvorsorge eingestuft worden sind.[359] Die Existenznotwendigkeit derartiger Veranstaltungen mag zwar zweifelhaft sein, die aufgezeigte Gemeinwohlrelevanz, die auch von staatlicher Seite betont wird, spricht dagegen eindeutig für eine solche Einordnung.[360] Das Bedürfnis der Bevölkerung nach Sportgroßveranstaltungen spiegelt sich in den Sportberichten der Regierungen und den Stellungnahmen der Europäischen Kommission genauso wider, wie in den landesverfassungsrechtlichen Sportförderungsklauseln und der Rechtsprechung des Bundesverfassungsgerichts und des Europäischen Gerichtshofs.

Mit dieser Feststellung ist allerdings keine Aussage darüber getroffen, auf welche Art und Weise der Staat diese Aufgabe erfüllt. Es ist insbesondere nicht Aufgabe der durch Staatszielbestimmungen verpflichteten Länder, diesem Auftrag nachzukommen, indem sie selbst Sportgroßveranstaltungen ausrichten. Hierfür fehlt es Staatszielen bereits an der notwendigen Direktionskraft. Bei Sportgroßveranstaltungen drängt sich die Einbeziehung Privater geradezu auf, da derartige Veranstaltungen zum einen in der Bundesrepublik traditionell von Privaten ausgerichtet werden und zum anderen einem staatlichen Tätigwerden aufgrund der Autonomie der Träger Grenzen gesetzt sind.

Der Staat befindet sich dabei in der komfortablen Situation, dass es von privater Seite umfangreiche Bestrebungen gibt, diese Aufgabe zu übernehmen. Der Staat muss daher nicht einmal aktivierend tätig werden, sondern kann sein Handeln darauf beschränken, das endogene gesellschaftliche Potenzial zu erhalten und für seine

---

357 VGH München, Urteil vom 23.3.1988, NVwZ-RR, 1988 71 (71), VG Stuttgart, Beschluss vom 11.7.2006, NVwZ 2007, 614 (614) (Jahrmarkt).

358 VGH Kassel, Beschluss vom 29.11.1993, NVwZ-RR 1994, 650 (651). Zuletzt BVerwG, Urteil vom 27.5.2009, NVwZ 2009, 1305 (1307) das feststellt: „Gerichte [haben] seit jeher bei der Ausrichtung von traditionellen und traditionsbildenden Volksfesten und Weihnachtsmärkten den Charakter der freien Selbstverwaltungsaufgabe und der Daseinsvorsorge hervorgehoben". Kritisch hierzu C. Donhauser, Neue Akzentuierungen bei der Vergabe von Standplätzen auf gemeindlichen Volksfesten und Märkten, NVwZ 2010, 931.

359 So auch U. Steiner, § 87 Sport und Freizeit, in: HStR IV, 2006, Rn. 10, unter Hinweis aus das anders lautende Sondervotum von Böhmer in BVerfGE 56, 266 (282), der die Freizeitgestaltung als „ureigenste Angelegenheit des mündigen Bürgers" verstanden wissen will.

360 Vgl. in diesem Zusammenhang auch M. Breucker, Zulässigkeit von Stadionverboten, JR 2005, 133 (136), der die Einordnung als Daseinsvorsorge im Hinblick auf das Bestehen eines Kontrahierungszwangs zwischen Veranstalter und Zuschauer diskutiert, dies aber unter Hinweis auf die fehlende Lebenswichtigkeit des Besuches eines Fußballspiels – wie auch eines Theater- und Museumsbesuches – ablehnt.

Zwecke nutzbar zu machen.[361] Diese Aktivitäten sind freilich nicht von gemeinwohlfördernden, sondern ökonomischen Motiven gelenkt. Es zeigt sich daher, dass die rein finanzielle Förderung und das Vertrauen auf die Kooperationsbereitschaft der Veranstalter zu kurz greifen und für ein effektives und gemeinwohlorientiertes Handeln ein umfassendes Konzept vonnöten ist, das sich aus einer Vielzahl verwaltungsrechtlicher Instrumente bedient. Die Komplexität der Materie, die Größe der Veranstaltungen und die Wirkung auf die Öffentlichkeit erfordern ein derartiges Gesamtkonzept, das sämtliche Bereiche staatlichen Handelns umfasst. Es ist Aufgabe des Staates, ein solches kohärentes Regelungssystem zu kreieren, in dem auch die Vielzahl von dargelegten Interessen miteinander in Einklang gebracht werden.

§ 9 Die staatliche Gewährleistungsverantwortung für Sportgroßveranstaltungen

Wie die obige Analyse ergeben hat, handelt es sich bei dem Verhältnis von Staat und Sportgroßveranstalter um einen Fall des Handelns Privater in einem Bereich, für den der Staat aus Gründen des Gemeinwohls einsteht und der als Daseinsvorsorge qualifiziert werden kann.[362] Diese Ausgangssituation lässt es angezeigt erscheinen, zur rechtlichen Beurteilung und Betrachtung des Verhältnisses Staat-Sportgroßveranstalter auf die in der Literatur zur Aufgabenwahrnehmung öffentlicher Aufgaben durch Private entwickelte Rechtssystematik zurückzugreifen. Zielführend ist dieser Ansatz, da sich daraus konkrete, dem Gemeinwohlcharakter der Aufgabenwahrnehmung gerecht werdende Handlungsanleitungen für die staatliche Seite ergeben.

I. Das Gewährleistungsverwaltungsrecht als „dritte Säule" des Verwaltungsrechts

Ausgehend von der Beobachtung, dass sich der Staat insbesondere in den letzten zwei Jahrzehnten in einer Vielzahl von Bereichen aus der alleinigen Aufgaben-

361 Anderer Ansicht wohl U. Steiner, § 87 Sport und Freizeit, in: HStR IV, 2006, Rn. 6, der zu dem Ergebnis kommt, der Sport müsse „seine Rolle zwischen Staat und Markt" selbst definieren. Vgl. dasselbe Zitat auch in U. Steiner, Bemerkungen zum Verhältnis von Staat und Sport in Deutschland, in: FS: Röhricht, 2005, S. 1237, dort aber im Kontext mit dem Einfluss der Wirtschaft auf die Autonomie des Sports. Ergänzt um die Bemerkung: „Staat und Verfassung können nicht den erhöhen, der sich selbst erniedrigt."

362 Vgl. hierzu allgemein A. Voßkuhle, Beteiligung Privater an der Wahrnehmung öffentlicher Aufgaben und staatliche Verantwortung, VVDStRL 62 (2003), 266 (276).

wahrnehmung zurückgezogen hat[363], gab es verschiedene Versuche, diesem Phänomen einen rechtlichen Rahmen zu geben, der den Gemeinwohlinteressen des Staates und den ökonomischen Interessen Privater gerecht wird.[364]

Grundsätzlich problematisch an einer Erfüllung bisher staatlich wahrgenommener Aufgaben durch Private ist neben der fehlenden Grundrechtsbindung der Privaten zum einen, dass der Staat sich dadurch seines Einflusses im entsprechenden Bereich begibt. Zum anderen können die nicht am Gemeinwohl, sondern an ökonomischen Motiven orientierten Aktivitäten Privater dazu führen, dass das Niveau der Gemeinwohlverwirklichung im entsprechenden Bereich unter das staatlich intendierte Maß sinkt. Es hat sich dabei herauskristallisiert, dass dieser Problematik – so man denn an einer Aufgabenerfüllung durch Private festhalten will – nicht durch die herkömmlichen Ansätze im Rahmen des klassischen Ordnungsrechts oder der Leistungsverwaltung begegnet werden kann.

Daher war es notwendig, gewissermaßen als „dritte Säule" ein eigenständiges Recht der Gewährleistungsverwaltung[365] zu entwickeln, das auf dem Leitbild des Gewährleistungsstaates[366] basiert. Der Gewährleistungsstaat ist dadurch gekennzeichnet, dass er Teile der Aufgabenwahrnehmung Privaten überlässt oder diese dazu anregt, gewisse Aufgaben wahrzunehmen, gleichzeitig aber Regelungsstrukturen schafft, die es ermöglichen, eine Gemeinwohlsicherung zu gewährleisten.

---

363 Beispielhaft wird hier zumeist der Bereich Telekommunikation angeführt. Vgl. grundlegend hierzu M. Eifert, Grundversorgung mit Telekommunikationsleistungen im Gewährleistungsstaat, 1998, S. 139ff.

364 Vgl. hierzu mit zahlreichen weiteren Nachweisen A. Voßkuhle, VVDStRL 62 (2003), 266 (270ff.), sowie H. Schulze-Fielitz, § 12 Grundmodi der Aufgabenwahrnehmung, in: Hoffmann-Riem/Schmidt-Aßmann/Voßkuhle (Hrsg.), GVwR I, 2006, Rn. 91ff.

365 Vgl. hierzu A. Voßkuhle, VVDStRL 62 (2003), 266 (305): „Vielmehr bedarf es als ‚dritter Säule' der systematischen Entfaltung eines eigenständigen Rechts der Gewährleistungsverwaltung, das ausgehend von den bestehenden Beteiligungsformen in der Lage ist, den Prozess arbeitsteiliger Aufgabenerfüllung in jeder Phase unter dem Blickwinkel größtmöglicher Gemeinwohlrealisierung anzuleiten, [...]." Vgl. auch die erstmalige Erwähnung des Begriffes bei G. Schuppert, Vom produzierenden zum gewährleistenden Staat, in: König/Benz (Hrsg.), Privatisierung und staatliche Regulierung, 1997, S. 539ff. insbesondere S. 574f., sowie M. Eifert, Grundversorgung mit Telekommunikationsleistungen im Gewährleistungsstaat, 1998, S. 18ff., und M. Knauff, Der Gewährleistungsstaat: Reform der Daseinsvorsorge, 2004, S. 59ff.. Zuletzt F. Schoch, Gewährleistungsverwaltung: Stärkung der Privatgesellschaft?, in: Bitburger Gespräche Jahrbuch 2008/I, 2009, S. 241, sowie C. Franzius, Der Gewährleistungsstaat, VerwArch 2008, 351.

366 Hierzu F. Schoch, Gewährleistungsverwaltung: Stärkung der Privatgesellschaft?, in: Bitburger Gespräche Jahrbuch 2008/I, 2009, S. 147f. Von einem Leitbild des Gewährleistungsstaates spricht auch C. Franzius, VerwArch 2008, 351 (351ff.), der insofern von der zuvor von ihm in C. Franzius, Der "Gewährleistungsstaat" - ein neues Leitbild für den sich wandelnden Staat?, Der Staat 42 (2003), 493 (517), geäußerten Ansicht Abstand zu nehmen scheint eines „Topos´ des Gewährleistungsstaates" bedürfe es neben dem Begriff „öffentliches Gewährleistungsrecht" nicht.

1) Entwicklung anhand von Referenzgebieten

Dieses Leitbild des Gewährleistungsstaates wurde zunächst entwickelt, um die Privatisierung ehemals staatlicher Aufgaben rechtlich zu begleiten. Die Referenzgebiete[367], anhand derer dogmatische Bausteine entwickelt wurden – verwiesen sei hier nur auf die durch Netzwirtschaft geprägten Bereiche der Telekommunikation[368] und Energie – zeichnen sich dadurch aus – und hier liegt ein struktureller Unterschied zu Sportgroßveranstaltungen –, dass sie vormals (zumindest teilweise) vom Staat wahrgenommen wurden. Im Wege der Deduktion und Induktion wurden Handlungsinstrumente entwickelt, die gewährleisten sollen, dass diese Aufgabenerfüllung durch Private auf gleichem oder höherem Niveau wahrgenommen werden kann. Dies zeigt ein Blick auf das Beispiel der Telekommunikation. Hier hat sich der Staat aus der unmittelbaren Aufgabenwahrnehmung zurückgezogen und lässt diese der Daseinsvorsorge zuzuordnende Tätigkeit nunmehr durch Private erfüllen. Um zu verhindern, dass Gebiete, die sich als nicht wirtschaftlich erweisen, nicht mehr versorgt werden, wurden Instrumentarien, wie zum Beispiel das Universaldienstmodell[369] (§§ 78-87 TKG[370]), entwickelt, die die Aufgabenerfüllung auch durch Private sicherstellen. Damit wird gewährleistet, dass trotz der Einbeziehung Privater flächendeckend Telekommunikationsdienstleistungen der Bevölkerung zur Verfügung gestellt werden. Wettbewerbsrechtliche Vorschriften gewährleisten den Marktteilnehmern gleiche Zugangschancen.[371] Die Einrichtung der Bundesnetzagentur[372] als zentrale Regulierungsbehörde soll die Implementierung dieses Regulierungsregimes gewährleisten.

Darüber hinaus war es in diesem datenschutzrechtlich relevanten Bereich notwendig, verbraucherschutzrechtliche Instrumente zu entwickeln, die den grundrechtlichen Anforderungen an das Fernmeldegeheimnis und den Datenschutz gerecht werden (vgl. auch das entsprechend ausformulierte Regulierungsziel in

---

367 Vgl. zu diesem Begriff M. Ruffert, in: Fehling/ders. (Hrsg.), Regulierungsrecht, 2010, § 7, Rn. 44f., sowie R. Wahl, VVDStRL 62 (2003), S. 337 (Diskussionsbeitrag). M. Anderheiden, Gemeinwohl in Republik und Union, 2006, S. 524f., schlägt als Referenzgebiet die „Pflege und die anfängliche Produktion kollektiver Güter" vor.

368 Hierzu ausführlich M. Eifert, Grundversorgung mit Telekommunikationsleistungen im Gewährleistungsstaat, 1998, S. 175ff., sowie zusammenfassend J.-P. Schneider in Fehling/Ruffert (Hrsg.), Regulierungsrecht, 2010, § 8, Rn. 1ff.

369 Hierzu R. Schütz/M. Cornils, Universaldienst und Telekommunikation, DVBl. 1997, 1146 (1147f.).

370 Telekommunikationsgesetz vom 22.6.2004 (BGBl. I S. 1190), zuletzt geändert durch Art. 2 G zur Aufhebung von Sperrregelungen bei der Bekämpfung von Kinderpornographie in Kommunikationsnetzen vom 22.12.2011 (BGBl. I 2958).

371 Vgl. § 2 Abs. 2 Nr. 2 TKG.

372 Instruktiv hierzu C. Schmidt, Neustrukturierung der Bundesnetzagentur – Verfassungs- und verwaltungsrechtliche Probleme, NVwZ 2006, 907. Vgl. auch mit weiteren Nachweisen: J.-P. Schneider in: Fehling/Ruffert (Hrsg.), Regulierungsrecht, 2010, § 8, Rn. 77ff.

§ 2 Abs. 1 Nr. 1 TKG). Diesem Schutz der Rechte Dritter wurde durch die Regelungen in den §§ 43a ff. und §§ 66a ff. TKG nachgekommen.[373]

2) Dogmatische Bausteine des Gewährleistungsverwaltungsrechts und deren Anwendung auf schon bisher von Privaten wahrgenommene Bereiche

Ausgehend von diesen Beobachtungen in den einschlägigen Referenzgebieten wurden in der Literatur verschiedene dogmatische Bausteine[374] entwickelt, die dem Ziel dienen, eine maximale Gemeinwohlrealisierung bei der Beteiligung Privater zu realisieren.

Mittlerweile hat das Gewährleistungsverwaltungsrecht auch auf Bereiche Anwendung gefunden, die ursprünglich nicht als staatliche Aufgabe wahrgenommen worden sind.[375] Die zunächst nur im Hinblick auf die Übertragung von öffentlichen Aufgaben auf Private entwickelten Bausteine erweisen sich dabei als flexibel genug, um nach einer bereichsspezifischen Anpassung ebenfalls für verwandte Fallkonstellationen fruchtbar gemacht werden zu können. Auch ein öffentlichrechtliches Regelungsregime für Sportgroßveranstaltungen kann auf diesen Grundbausteinen aufbauen.

Die Ausgangssituation der in dieser Arbeit behandelten Thematik weicht vom idealtypischen Fall der Referenzgebiete insoweit ab, als Sportgroßveranstaltungen in der Bundesrepublik Deutschland seit jeher von Privaten ausgerichtet werden. Der Staat hat lediglich das Gemeinwohlpotenzial dieser Veranstaltungen erkannt und sich dazu entschlossen, sie zu fördern. Dies bedeutet aber nicht, dass die Idee des Gewährleistungsstaates nicht auch für diesen Bereich herangezogen werden kann. Dies bietet sich an, da insbesondere wegen der Autonomie der Träger eine eigenständige Aufgabenerfüllung durch den Staat nur bedingt möglich ist und darüber hinaus bereits eine funktionierende Infrastruktur und umfangreiche Aktivitäten Privater vorhanden sind.

Staatliches Handeln kann sich daher darauf konzentrieren, die bestehenden Strukturen rechtlich zu umhegen, um eine gemeinwohlorientierte Aufgabenwahrnehmung zu gewährleisten. Insbesondere die Autonomie der Träger und die damit verbundene Monopolstellung stellen den Staat vor besondere Herausforderungen in

373 Dort finden sich beispielsweise detaillierte Regelungen zur Transparenz von Telephonkosten und Ähnliches.

374 A. Voßkuhle, VVDStRL 62 (2003), 266 (311), nennt als dogmatische Grundbausteine Ergebnissicherung, Qualifikation und Auswahl privater Akteure, Schutz der Rechte Dritter, Lenkung und Kontrolle, Evaluation und Lernen sowie effektive staatliche Rückholoptionen.

375 F. Schoch, Gewährleistungsverwaltung: Stärkung der Privatgesellschaft?, in: Bitburger Gespräche Jahrbuch 2008/I, 2009, S. 152, unter Hinweis auf das Beispiel der Produktsicherheit und H. Weiß, Die rechtliche Gewährleistung der Produktsicherheit, 2008, S. 58ff.

diesem Bereich, ermöglichen aber gleichzeitig neue Perspektiven im Hinblick auf die Entwicklung und Anwendung von Handlungsinstrumenten.

II. Ein bereichsspezifisches Gewährleistungsverwaltungsrecht

1) Ziele bereichsspezifischer Instrumentarien

Ziel eines bereichsspezifischen Gewährleistungsverwaltungsrechts muss es sein sicherzustellen, dass Private Leistungen in einer bestimmten Quantität und Qualität erbringen.[376]

a) Gemeinwohlorientierte Regulierungsziele

Was von staatlicher Seite in diesem Zusammenhang unter Quantität und Qualität der Leistung bei Sportgroßveranstaltungen verstanden wird, geht aus den oben beschriebenen gemeinwohlfördernden Aspekten von Sportgroßveranstaltungen hervor, wie sie auch in den Sportberichten hervorgehoben werden. Eine weitere staatliche Intention ist es, die Durchführung bedeutender nationaler und internationaler Sportgroßveranstaltungen im Inland, wie zum Beispiel Welt- und Europameisterschaften, zu fördern.[377] Diese Ziele sind primär vom Gemeinwohlgedanken geprägt.[378] Ein weiteres Ziel, auf dem in der Praxis ein Schwerpunkt staatlichen Handelns liegt, ist die Gewährleistung der Sicherheit von Sportgroßveranstaltungen.[379]

b) Wettbewerb von Veranstaltern ist nicht Ziel staatlicher Regulierungsstrukturen

Dagegen wird – im Gegensatz zu vielen anderen Bereichen[380] – im Hinblick auf die Verbände in ihrer Funktion als Ausrichter von Sportgroßveranstaltungen offensichtlich auf Wettbewerb voneinander unabhängiger Anbieter als Regulierungsziel[381] verzichtet, um die Eigenrationalität des Sports mit ihren spezifischen Beson-

---

376 A. Voßkuhle, VVDStRL 62 (2003), 266 (311), bezeichnet dies als Ergebnissicherung. Vgl. auch C. Franzius, VerwArch 2008, 351 (364ff.).

377 Im Hinblick auf die Ausrichtung von Welt- und Europameisterschaften würde eine staatliche Ausrichtung an den durch die Weltverbände vertretenen Position des Verbots staatlicher Einflussnahme scheitern.

378 Vgl. hierzu O. Lepsius in: Fehling/Ruffert (Hrsg.), Regulierungsrecht, 2010, § 19, Rn. 44: „Prinzipiell kann jedweder sozialpolitische Belang mit Regulierungsrecht verfolgt werden, ob es um Daseinsvorsorge, Qualitätssicherung, Netzsicherheit, Grundrechtsschutz, Haushaltssicherung, Umweltschutz oder Arbeitnehmerbelange geht."

379 Dazu in § 10 der Untersuchung.

380 Für den Bereich Telekommunikation, vgl. § 2 Abs. 1 Nr. 1 TKG.

381 Gerade in Bereichen, die zuvor von staatlichen Monopolisten betrieben wurden, ist die Etablierung eines Wettbewerbs mit entsprechenden Vorteilen für die Verbraucher primäres Ziel staatlicher Regulierung. Vgl. hierzu O. Lepsius in: Fehling/Ruffert (Hrsg.), Regulie-

derheiten nicht zu beeinträchtigen. Das oben beschriebene „Ein-Verbandsprinzip" verhindert wegen der überragenden Marktmacht der Welt-, Kontinental- und Nationalverbände de facto einen solchen Wettbewerb und festigt die marktbeherrschende Stellung dieser Verbände.[382] Dies ist eine Besonderheit des Sports und Teil der Autonomie, auf die Rücksicht genommen wird, was legitim ist, da Wettbewerb kein Wert an sich ist, sondern selbst ein Instrument, um Gemeinwohlziele zu verwirklichen.[383]

Dies bedeutet freilich nicht, dass das Wettbewerbsrecht keine Anwendung fände. § 31 GWB[384] aF[385] sah noch gewisse Ausnahmen hinsichtlich der Vermarktung von Sportgroßveranstaltungen vor, wurde aber im Rahmen der 6. GWB-Novelle aufgehoben und hatte auch zuvor keine praktische Bedeutung erlangt.[386] Die Veranstalter unterliegen daher insbesondere den §§ 19ff. GWB, da sie beispielsweise hinsichtlich der Durchführung von Sportgroßveranstaltungen über eine marktbeherrschende Stellung verfügen.[387] Wettbewerbsrechtliche Regelungen in diesem Bereich beschränken sich darauf, der marktbeherrschenden Stellung der Verbände Rechnung zu tragen und einen etwaigen Missbrauch zu verhindern.

---

rungsrecht, 2010, § 1, Rn. 2. Für den Bereich Telekommunikation, vgl. § 2 Abs. 1 Nr. 1 TKG.

382 Dennoch ist es freilich möglich, konkurrierende Sportverbände zu gründen und eigenständig Weltmeisterschaften auszurichten. Es besteht nur keine Veranlassung, derartige in die Autonomie des Sports fallende Bereiche staatlich zu regulieren. Insofern kann der Sport selbständig entscheiden, welche Richtung in der Organisation eingeschlagen wird. Vgl. zur Aufnahme in einen Verband: BGHZ, Urteil vom 2.12.1974, 282 (293).

383 Vgl. O. Lepsius in: Fehling/Ruffert (Hrsg.), Regulierungsrecht, 2010, § 1, Rn. 2 und § 19, Rn. 32.

384 Gesetz gegen Wettbewerbsbeschränkungen in der Bekanntmachung vom 15.7.2005 (BGBl. I S. 2114, ber. 2009 I S. 3850), zuletzt geändert durch Art. 2 Abs. 62 G zur Änderung von Vorschriften über Verkündung und Bekanntmachungen sowie der Zivilprozessordnung, des Gesetzes betreffend die Einführung der Zivilprozessordnung und der Abgabenordnung vom 22.12.2011 (BGBl. I S. 3044).

385 § 31 GWB lautete vom 1.1.1999 bis 30.6.2005: „§ 1 findet keine Anwendung auf die zentrale Vermarktung von Rechten an der Fernsehübertragung satzungsgemäß durchgeführter sportlicher Wettbewerbe durch Sportverbände, die in Erfüllung ihrer gesellschaftspolitischen Verantwortung auch der Förderung des Jugend- und Amateursports verpflichtet sind und dieser Verpflichtung durch eine angemessene Teilhabe an den Einnahmen aus der zentralen Vermarktung dieser Fernsehrechte Rechnung tragen." P. Heermann, Professionelle Sportligen auf der Flucht vor dem Kartellrecht, RabelsZ 67 (2003), 106 (127), bezeichnet die Regelung unter Hinweis auf Süddeutsche Zeitung vom 7.5.1998, S. 39, als „lex DFB".

386 R. Bechthold, Kommentar zum GWB, 2010, vor § 28, Rn. 10. Vgl. hierzu auch den „Bericht des Bundeskartellamtes über seine Tätigkeit in den Jahren 2007/2008 sowie über die Lage und Entwicklung auf seinem Aufgabengebiet", BT-Drs. 16/13500, S. 9.

387 So auch mit weiteren Beispielen P. Heermann, Wettbewerbsrecht, in: Nolte/Horst (Hrsg.), Handbuch Sportrecht, 2009, S. 77. Vgl. im Hinblick auf die Vermarktung von Hörfunkrechten: BGHZ 165, 62 (68f.), Urteil vom 8.11.2005.

c) Kollision von Regulierungszielen und Autonomierechten

Die Autonomie beschränkt die Auswahl möglicher Ziele auch im Hinblick auf die inhaltliche Einflussnahme des Staates auf Sportgroßveranstaltungen. So wird beispielsweise toleriert, dass Frauen und Männer in den meisten Sportarten getrennte Wettbewerbe austragen[388] und der Zugang zu Wettbewerben für das jeweilige andere Geschlecht nicht ermöglicht wird. Diese Diskriminierung wird im Rahmen der Autonomie als gerechtfertigt anerkannt.

Nicht jegliche staatliche Einflussnahmen auf die Ausrichtung von Sportgroßveranstaltungen stellt einen Eingriff in die Autonomie des Sports dar. Vielmehr ist in jedem Einzelfall konkret festzustellen, ob mit der Autonomie des Sports zu vereinbarende Ziele mit einer spezifischen Maßnahme verfolgt werden.

2) Schutz der Rechte Dritter

Die Rechte Dritter – also der aktiven und passiven Teilnehmer von Sportgroßveranstaltungen – verlangen angesichts der Autonomie der Sportverbände besondere Beachtung. Wie bereits oben[389] in der Darstellung der Interessenlage angemerkt, verhalten sich die Veranstalter von Sportgroßveranstaltungen trotz anderslautender Außendarstellung wie normale Marktteilnehmer, gleichzeitig werden ihnen aber eine Monopolstellung[390] und Autonomierechte in einem gemeinwohlrelevanten Bereich gewährt. Diese Stellung darf nicht zu Lasten der aktiven Sportler und Zuschauer gehen.

Insbesondere dem Unionsrecht ist eine Verpflichtung Privater zum Schutze der Rechte Dritter in diesem Bereich nicht fremd.[391] Die Monopolstellung ermöglicht es dem Veranstalter, aktive und passive Teilnehmer dauerhaft von Sportgroßveranstaltungen auszuschließen. Neben Transferregelungen, wie sie dem Verfahren *„Bosman"* zugrunde lagen, ist im Hinblick auf die Zuschauer das bundesweite Stadionverbot als Beispiel anzuführen, auf das im vierten Teil dieser Arbeit noch zurückzukommen sein wird. Es ist dem mit einem derartigen Stadionverbot Belegten nicht möglich, professionelle Fußballspiele eines anderen Anbieters zu besuchen. Dem Staat kommt die Aufgabe zu, Konflikte zwischen Veranstalter und Teilnehmern von Sportgroßveranstaltungen in einen interessengerechten Ausgleich zu bringen. Da eine unmittelbare Wirkung der Grundrechte zwischen Privaten dem

388 Ausnahmen sind beispielsweise der Reitsport, Segeln und Schach. Vgl. auch Europäische Kommission (Hrsg.), Weißbuch Sport, 2007, S. 25.

389 Vgl. § 3 der Untersuchung.

390 Vgl. hierzu BGHZ 128, 93 (101), Urteil vom 28.11.1994, der die Deutsche Reiterliche Vereinigung als „sozialmächtigen Verband" bezeichnet. Vgl. hierzu auch die Ausführungen bei R. Streinz, Der Fall Bosman: Bilanz und neue Fragen, ZEuP 2005, 340 (350), sowie D. Panagiotopoulos/I. Mournianakis, Verbandsautonomie und staatliche Regulierung, SpuRt 2006, 189 (189f.), und M. Nolte, Staatliche Verantwortung im Bereich Sport, 2004. S. 434.

391 Vgl. § 6 dieser Untersuchung.

deutschen Recht fremd ist[392] und die Rechte Dritter nicht von einem dem effet-utile-Grundsatz vergleichbaren Rechtsinstitut flankiert werden, ist es insofern Aufgabe des Staates, konkret durchsetzbare Instrumente zum Schutze Dritter zu installieren. Der Staat ist diesbezüglich der einzige vorstellbare Akteur, der ein derartiges Ergebnis gewährleisten kann.

3) Informations- und Wissensaustausch

Grundlage eines wirksamen Regulierungskonzepts muss die Institutionalisierung eines engmaschigen Informations- und Wissensaustausches[393] sein. Auf diesen Austausch sind Staat und Veranstalter allein wegen des großen Umfangs derartiger Veranstaltungen in ihrer heute in der Bundesrepublik Deutschland existierenden Form bei Planung und Durchführung angewiesen.

Es ist insbesondere für die Gewährleistung sicherer Sportgroßveranstaltungen grundlegend, dass der Staat über die Anzahl der Zuschauer, deren Zusammensetzung und mögliches Gewaltpotenzial informiert ist. Diese Informationen können am schnellsten und detailliertesten von den Veranstaltern zur Verfügung gestellt werden.

Wegen der hohen Bedeutung des Informationsaustausches darf dieser nicht allein auf Freiwilligkeit und der Kooperationsbereitschaft der Veranstalter beruhen. Beispiele in der Vergangenheit insbesondere in Sicherheitsfragen haben gezeigt, dass es – zumeist bei kleineren Vereinen – zu Interessenkonflikten zwischen Vereinsführung und Anhängerschaft kommen kann, die dazu führen, dass eine Kooperation mit staatlichen Organen nicht im erforderlichen Maße betrieben wird. Insofern ist es notwendig, klare Regelungen zur Institutionalisierung der Kommunikation zu erlassen, die gegebenenfalls bei Missachtung sanktioniert werden können. Eine derartige Kommunikationsstruktur ist auch die Grundlage für effektive Evaluations- und Lernmechanismen[394], anhand derer beispielsweise bereichsspezifische Sicherheitskonzepte weiter entwickelt werden können.

4) Qualifikation und Auswahl der Akteure

Verbunden mit der Monopolstellung zeigt sich, dass ein wesentlicher Baustein gewährleistungsrechtlicher Regulierungsstrukturen nur bedingt anwendbar ist. Hinsichtlich einer qualitätsvollen Aufgabenerbringung durch Private, ist grundsätzlich besonderes Augenmerk auf die Auswahl und Qualifikation privater Akteure zu le-

---

392 Vgl. nur BVerfGE 7, 198 (205), Urteil vom 15.1.1958.

393 Vgl. grundlegend zu den Begriffen Information und Wissen: T. Vesting, § 20 Information und Kommunikation, in: Hoffmann-Riem/Schmidt-Aßmann/Voßkuhle (Hrsg.), GVwR II, 2008, Rn. 18ff., und Rn. 26f.

394 Ausführlich zu diesen A. Voßkuhle, VVDStRL 62 (2003), 266 (325f.).

gen.[395] Eine Auswahl durch den Staat ist im Hinblick auf die Veranstalter wegen der Verbandsautonomie nicht möglich. In der Praxis zeigt sich, dass es die Verbände selbst sind, die durch Lizenzierungsvergabesysteme, die beispielsweise die finanzielle Stabilität der ausrichtenden Vereine und gleichzeitig die finanzielle Fairness gewährleisten sollen, diesen Bereich im Rahmen ihrer Verbandsautonomie regeln.[396]

Die Möglichkeiten staatlicher Einflussnahme sind diesbezüglich eingeschränkt. Dies beinhaltet allerdings nur die Auswahl und Qualifikation für Bereiche, die in die Autonomie des Sports fallen. Sicherheitsfragen im Zusammenhang mit Sportgroßveranstaltungen können dagegen nicht darunter gefasst werden, so dass im Hinblick darauf insbesondere eine Qualifikation privater Akteure durchaus geregelt werden kann. Hier können von staatlicher Seite Instrumentarien zur Qualifikation der Akteure entwickelt werden, um diese in bereichsspezifische Sicherheitskonzepte effizient zu involvieren.

5) Fehlende Möglichkeit staatlicher Rückholoptionen

Ein ähnliches Problem stellt sich bei der Gestaltung effektiver staatlicher Rückholoptionen. Diese sind ein wichtiges – wenn auch in der praktischen Anwendung umstrittenes Element – der Einbindung Privater in gemeinwohlrelevante Bereiche und sollen im Falle erheblicher Defizite[397] bei der Wahrnehmung der übertragenen Aufgaben zur Anwendung gelangen.

Rückholoptionen sind bei Sportgroßveranstaltungen ein kaum einsetzbares Instrument, weil der Staat hier nicht Aufgaben überträgt beziehungsweise übertragen hat, sondern sich bereits existierender gemeinwohlfördernder Strukturen bedient, an deren Aufbau er höchstens mittelbar Anteil hatte. Besser wäre es daher, in diesem Zusammenhang von einer Reservefunktion oder Auffangverantwortung zu sprechen.[398] Da aber bereits unter Hinweis auf die Autonomie des Sports dargelegt wurde, dass einer staatlichen Betätigung und eigenständigen Erfüllung insbesondere im Bereich des Wettkampfsports enge Grenzen gesetzt sind, ist es umso wichtiger, dass der Staat bereits im Vorfeld seiner Gewährleistungsverantwortung umfassend gerecht wird. Darüber hinaus ist das Einrichten von Reservefunktionen bei einem derart komplexen Bereich, in dem der Staat keinerlei eigene Erfahrung hat, lediglich ein theoretisches Gedankenspiel und in der Realität praktisch nicht vorstellbar.

---

395 Vgl. hierzu I. Appel, § 32 Privatverfahren, in: Hoffmann-Riem/Schmidt-Aßmann/Voßkuhle (Hrsg.), GVwR II, 2008, Rn. 78.

396 Vgl. hierzu KOM(2011) 12 endg. vom 18.1.2011, S. 13f.

397 I. Appel, § 32 Privatverfahren, in: Hoffmann-Riem/Schmidt-Aßmann/Voßkuhle (Hrsg.), GVwR II, 2008, Rn. 88.

398 Vgl. hinsichtlich dieser Terminologie A. Voßkuhle, VVDStRL 62 (2003), 266 (326), sowie F. Schoch, Gewährleistungsverwaltung: Stärkung der Privatgesellschaft?, in: Bitburger Gespräche Jahrbuch 2008/I, 2009, S. 162.

III. Grundsätze zur Handhabung von Sportgroßveranstaltungen

Für die Lösung der rechtlichen Herausforderungen im Bereich der Sportgroßveranstaltung sind daher folgende Grundsätze zu beachten:

- Das staatliche Handeln im Bezug auf Sportgroßveranstaltungen steht unter der Prämisse, dass die gesundheitsfördernden, sozial-integrativen und gesamtstaatlich repräsentativen Aspekte derartiger Veranstaltungen in einem möglichst umfassenden Maße unter Beachtung der gesellschaftlichen Bedeutung für die Allgemeinheit als Teil der Daseinsvorsorge nutzbar gemacht werden und eine dementsprechende Durchführung gewährleistet wird.
- Die Basis der Zusammenarbeit zwischen Staat und Veranstalter sind stabile Kommunikations- und Kooperationsstrukturen, die einen intensiven Informationsaustausch zwischen Staat und Veranstalter gewährleisten.
- Das Handeln des Staates findet in den Autonomierechten der Sportverbände seine Grenzen.
- Der Staat gewährleistet, dass durch die Monopolstellung der Verbände entstehende negative Effekte hinsichtlich der Rechte aktiver und passiver Teilnehmer derartiger Veranstaltungen ausgeglichen werden.

Aufgabe des Staates ist es somit, das systemprägende Spannungsverhältnis zwischen Staat, Veranstalter und Teilnehmern in einen gemeinwohlorientierten Ausgleich zu bringen. Dies entspricht dem Staatsziel der Sportförderung, wird der großen gesellschaftlichen Bedeutung von Sportgroßveranstaltungen gerecht und korrespondiert mit dem erklärten Willen des Bundes und der Länder, die eine effektive Förderung von Sportgroßveranstaltungen wünschen. Zielvorgabe sind dabei gemeinwohlorientierte Sportgroßveranstaltungen, die dem Leitbild eines gesunden, sozialintegrativen Sports und der davon ausgehenden positiven Vorbildwirkung gerecht werden. Staatliche Aufgabe ist es, basierend auf effektiven Kommunikations- und Kooperationsstrukturen einen Rahmen zu schaffen, der dieses Ziel fördert und von klar subsumierbaren Normen umhegt wird. Verfehlt wäre es daher, allein auf freiwillige Selbstverpflichtungen und eine weiche Steuerung zu vertrauen.

Ein derartiges Gesamtkonzept gibt es bisher nicht. Trotz vieler positiver Ansätze fehlt es an einem kohärenten System, das den verschiedenen Interessen in ausgleichender Weise gerecht wird. Ein solches zu schaffen, ist Aufgabe des Gesetzgebers, der – wie noch dargelegt wird – das bestehende Repertoire an Handlungsinstrumenten in diesem Bereich nicht vollständig ausschöpft.

Im Folgendenden sollen auf Grundlage dieser Prämissen anhand exemplarischer Problembereiche dargestellt werden, auf welche Art der Staat seiner Gewährleistungsverantwortung nachkommt und Verbesserungsmöglichkeiten aufgezeigt werden.

Vierter Teil: Ausgewählte Rechtsprobleme im Zusammenhang mit Sportgroßveranstaltungen

§ 10 Die Sicherheit von Sportgroßveranstaltungen

Fragen der Sicherheit von Sportgroßveranstaltungen stehen neben der Problematik der Kostentragung für Sicherheitsmaßnahmen im Mittelpunkt der rechtspolitischen Diskussion.[399] Daher soll ihnen auch in dieser Arbeit besonderes Augenmerk gewidmet werden. Wenn der Staat seiner Verantwortung für Sportgroßveranstaltungen nachkommen will, muss er dafür Sorge tragen, dass er die öffentliche Sicherheit effektiv und auf rechtmäßige Art und Weise gewährleistet. Im Folgenden soll untersucht werden, wie diesem Ziel Rechnung getragen werden kann. Dabei sollen sowohl die rechtlichen Gegebenheiten de lege lata herausgearbeitet, als auch Vorschläge de lege ferenda entwickelt werden.

I. Spezifische Gefährdungslagen bei Sportgroßveranstaltungen

1) Menschenmassen als Sicherheitsproblem

Der Hauptgrund für Sicherheitsprobleme bei Sportgroßveranstaltungen sind die damit verbundenen Menschenmassen und deren Auswirkungen auf den öffentlichen Raum.

Es ist dabei zum Beispiel an Massenpaniken[400] oder aber an eine erhöhte Anzahl von Eigentumsdelikten zu denken.[401] Hinzu kommt die Gefährdung durch äußere Faktoren wie terroristische Anschläge, da diese Veranstaltungen wegen des großen medialen Interesses ein attraktives Ziel für Terroristen bieten.

---

399 Vgl. hierzu auch W. Schäuble in: BMI (Hrsg.), 11. Sportbericht der Bundesregierung (BT-Drs. 16/3750), 2006, S. 10: „Weil ich nicht nur Sport-, sondern auch Sicherheitsminister bin, gilt mein besonderes Augenmerk der Sicherheit bei sportlichen Großveranstaltungen. Ein entscheidender Schritt war auf diesem Gebiet, dass die Bundesregierung im März 2004 das „Europäische Übereinkommen über Gewalttätigkeiten und Fehlverhalten von Zuschauern bei Sportveranstaltungen und insbesondere bei Fußballspielen" unterzeichnet hat. Als Gastgeber der Fußball-WM 2006 hat Deutschland eindrucksvoll gezeigt, dass Sicherheit selbst bei herausragenden sportlichen Großveranstaltungen gewährleistet werden kann. Das ist auch der engagierten Zusammenarbeit zwischen nationalen wie internationalen Behörden und Einrichtungen zu danken."

400 Eine ausführliche Zusammenstellung folgenschwerer Ereignisse in Fußballstadien findet sich bei F.-P. Stümper, Die Gewährleistung der öffentlichen Sicherheit und Ordnung bei Großsportveranstaltungen, 2001, S. 170ff.

401 Vgl. zu diesen „anlassbezogenen Straftaten bei Sportgroßveranstaltungen" F. Deusch, Polizeiliche Gefahrenabwehr bei Sportgroßveranstaltungen, 2005, S. 53ff.

Ein zusätzliches Problem besteht darin, dass die Menschenmassen bei einer nicht unbedeutenden Gruppe von Veranstaltungen von einer konfliktträchtigen Heterogenität geprägt sind, was insbesondere für Wettkampfsportveranstaltungen gilt, auf die im Anschluss eingegangen wird. Dies birgt ein Konfliktpotenzial in sich, das zu Gewaltausbrüchen mit Folgen für Eigentum, Leib und Leben von Teilnehmern, Sicherheitskräften und Dritten eskalieren kann.

Als extreme Beispiele für Katastrophen bei Sportgroßveranstaltungen sind in diesem Zusammenhang insbesondere die Ereignisse im Brüsseler Heysel-Stadion[402] und im Hillsborough-Stadion im englischen Sheffield[403] zu nennen. Dass Sportgroßveranstaltungen auch Anreize für terroristische Anschläge bieten, zeigte sich bei der Geiselnahme von israelischen Athleten durch palästinensische Terroristen des Kommandos „Schwarzer September" bei den Olympischen Spielen in München 1972, bei der neun Sportler zu Tode kamen, und am 27.7.1996 in Atlanta, USA, als ein Bombenattentat während der Olympischen Spiele zwei Tote und 111 Verletzte forderte.

Sportgroßveranstaltungen sind nicht nur Anlass für solche Anschläge, sondern bieten auch eine Bühne für Randalierer und Hooligans.[404] Beispielhaft seien hier die Ausschreitungen während der Fußballweltmeisterschaft 1998 im französischen Lens genannt.[405] Die Täter agieren dabei zumeist mit höher Aggressivität und Rücksichtslosigkeit aus der Anonymität der Masse heraus und ohne eindeutige Mo-

---

402 Am 29.5.1985 stürmten Anhänger des FC Liverpools während des Endspiels um den Europapokal der Landesmeister im Brüsseler Heysel-Stadion einen Bereich des Stadions, in dem sich mehrheitlich Anhänger des Gegners Juventus Turin befanden. Dabei wurden 39 Menschen getötet und 454 verletzt. Vgl. hierzu die Darstellung bei N. Hornby, Fever Pitch, 1992, S. 146ff.

403 Am 15.4.1989 kamen bei einem Spiel zwischen den englischen Vereinen FC Liverpool und Nottingham Forrest 96 Anhänger des FC Liverpool ums Leben und es wurden 730 Menschen verletzt.

404 Übertrieben dagegen die Darstellung von M. Nolte, Aufgaben und Befugnisse der Polizeibehörden bei Sportgroßveranstaltungen, NVwZ 2001, 147 (147), der von „bürgerkriegsähnlichen Ausschreitungen" spricht.

405 Anlässlich des Weltmeisterschaftsspiels zwischen Deutschland und Jugoslawien kam es am 21.6.1998 zu Ausschreitungen deutscher Hooligans in der französischen Stadt Lens, bei denen ein Polizist schwer verletzt wurde. Zudem gibt es – gerade auch in unteren Spielklassen – an fast jedem Wochenende Ausschreitungen bei Fußball- oder Eishockeyspielen. Vgl. auch M. Knape/J.-M. Klös, Oberste Priorität für untere Fußballligen?, Die Polizei 2007, 241 (241ff.), die darauf hinweisen, dass die Gewalt aus der 1. und 2. Bundesliga heraus- und in die dritten und vierten Ligen heruntergerutscht sei. Dies gelte insbesondere für ehemalige DDR-Oberligisten. Problematisch sei zudem, dass in diesen Ligen oftmals in baulich unzulänglichen Stadien gespielt werde. Die Einrichtung einer Struktur mit Verlaufsberichten zur Informationsgewinnung auch für untere Ligen bei der Landesinformationsstelle Sporteinsätze in Nordrhein-Westfalen sei eine Folge davon, vgl. U. Grzella, "Fußballfans sind nicht alle Verbrecher", DPolBl. 2007, 11 (12).

tivation.[406] So wurden allein in der Saison 2008/09 bei Spielen der 1. und 2. ball-Bundesliga 1 696 Verfahren wegen Körperverletzung registriert.[407] Auch die Anzahl an Eigentumsdelikten erhöht sich. Neben Sachbeschädigungen treten insbesondere Diebstähle gehäuft auf, da die physische Nähe in der Menschenmenge den Zugriff auf Wertsachen erleichtert.

2) Die Heterogenität der Zuschauermenge bei Wettkampfsportveranstaltungen

Eine besondere Situation für die öffentliche Sicherheit entsteht durch Wettkampfsportveranstaltungen. Diese zeichnen sich durch ihren kompetitiven Charakter aus, der dazu führen kann, dass die Struktur der Zuschauermenge sich in verschiedene Lager aufteilt. Eine derartige Konstellation findet sich in dieser Form bei keiner anderen Art von Großveranstaltung. Es kann zwar sein, dass beispielsweise eine Demonstration auf eine „Gegendemonstration" stößt. Dann handelt es sich aber um zwei verschiedene Veranstaltungen, die miteinander kollidieren. Bei Sportgroßveranstaltungen kann es dagegen zu der Situation kommen, dass es unterschiedliche Parteinahmen der Zuschauer gibt, die sich nicht im sportlichen Bereich beziehungsweise der Vereinszugehörigkeit erschöpfen, sondern gewissermaßen „Stellvertreterauseinandersetzungen" darstellen. Damit ist gemeint, dass Sportveranstaltungen als Anlass genommen werden, Konflikte auszutragen, die scheinbar nicht im Zusammenhang mit der eigentlichen Veranstaltung stehen. Das Konfliktpotenzial kann verschiedene Ursachen haben:

- Geographische[408]
- Schichtenspezifische[409]
- Politische[410]

---

406 L. Markert/W. Schmidbauer, Polizeitaktische und polizeirechtliche Probleme bei Sportgroßveranstaltungen, in: Schild (Hrsg.), Rechtliche Aspekte bei Sportgroßveranstaltungen, 1994, S. 36. Vgl. hierzu auch die Einschätzung von R. Streinz, Deutschland als "Sportstaat" - Gegenseitige Erwartungen von Sport und Verfassung, in: FS für Rupert Scholz, 2007, S. 374f.: „[...] wobei berücksichtigt werden muss, dass ein nicht unerheblicher Teil von Letzteren [Rowdys und Hooligans] Sportgroßveranstaltungen nur als Bühne für Aktivitäten missbrauchen, die mit dem Sport schlechterdings nichts zu tun haben. Sportveranstaltungen werden insoweit wie andere Massenveranstaltungen lediglich ‚heimgesucht', nicht besucht."

407 Jahresbericht Fußball, Saison 2008/09, Landesamt für Zentrale Polizeiliche Dienste NRW, Zentrale Informationsstelle Sporteinsätze (ZIS), Anlage 1 (S. 3).

408 „Bayern" gegen „Preußen" oder „Badener" gegen „Schwaben". Die Unterscheidung nach geographischer Herkunft ist in Deutschland die relevanteste, da Fußballvereine oftmals die regionale Identität prägen. Vgl. M. Herzog, Fußballkultur als Faktor städtischer und regionaler Identität, in: Pyta (Hrsg.), Der lange Weg zur Bundesliga, 2004, S. 183.

409 „Arbeiterverein" gegen „Oberschichtverein". Diese Unterscheidung ist heute zumeist nur noch historisch geprägt und entspricht nicht mehr den tatsächlichen Gegebenheiten.

- Historische[411]
- Konfessionelle[412]

Solche heterogenen Menschenmassen stellen Veranstalter und öffentliche Verwaltung vor besondere Probleme. Grundsätzlich bergen Menschenmengen zwar immer ein erhebliches Sicherheitsrisiko, wie die Befürchtungen vor terroristischen Anschlägen zeigen, die hier beschriebene Gefahr, dass sich innerhalb der Menge gewalttätige Auseinandersetzungen ergeben, findet sich dagegen in dieser Form fast ausschließlich bei Sportgroßveranstaltungen. Daraus resultieren unter anderem planerische Besonderheiten, die bei anderen Veranstaltungen nicht bestehen und auf die im Anschluss näher eingegangen wird.

Hinzu kommt, dass es auch innerhalb der Unterstützer einer Seite unterschiedliche Gruppierungen geben kann. Die Polizei teilt die Fans daher grundsätzlich in drei Kategorien ein[413]:

- Kategorie A: friedliche Fans.
- Kategorie B: Gewalt geneigte Fans.
- Kategorie C: Gewalt suchende Fans.

Zu den Kategorien B und C gehören auch die Angehörigen der sogenannten Hooliganszene.[414] Unter Hooligans versteht man gewaltbereite Personen, die insbesonde-

---

410 Beispielhaft seien hier nur Begegnungen des als „linker Verein" bekannten FC St. Pauli gegen Vereine mit einer „rechten" Hooliganszene oder der ehemaligen sogenannten „Stasivereine" der DDR gegen „Nichtstasivereine" genannt. Letztere Unterscheidung findet sich vor allem in den Ligen der früheren sozialistischen Staaten in Mittel- und Osteuropa. Grund dafür ist, dass bestimmte Vereine als Parteivereine genutzt wurden, um – auch dies ist ein Aspekt der politischen Dimension – als entsprechendes Propagandamittel zu dienen.

411 Damit sind „Feindschaften" unter Vereinen gemeint, die aus bestimmten Anlässen wie früheren Auseinandersetzungen oder Spielerwechseln entstehen und dann gewissermaßen „kultiviert" werden. Zu diesen „Erbfeindschaften" auch F. Deusch, Polizeiliche Gefahrenabwehr bei Sportgroßveranstaltungen, 2005, S. 38.

412 Beispielsweise „protestantische" Vereine gegen „katholische" Vereine. Vgl. zur Bedeutung der Konfessionen D. Preißler, Fußball im katholischen Milieu, in: Pyta (Hrsg.), Der lange Weg zur Bundesliga, 2004, S. 59ff. In Deutschland hat diese Einteilung mittlerweile an Brisanz verloren, andererseits ist gerade in den Amateurligen mit der Gründung von „muslimischen" und „jüdischen" Vereinen (zum Beispiel die Vereine, die dem jüdischen Turn- und Sportverband Makkabi Deutschland angeschlossen sind) ein Trend zu beobachten, der religiöse Zugehörigkeit und Sport miteinander verbindet. International am bekanntesten ist die Rivalität zwischen den „protestantischen" Glasgow Rangers und dem „katholischen" Celtic Glasgow.

413 Jahresbericht Fußball, Saison 2008/09, Landesamt für Zentrale Polizeiliche Dienste NRW, Zentrale Informationsstelle Sporteinsätze (ZIS), S. 5.

414 Ausführlich zu den Ursprüngen, der Entwicklung, den Ursachen, den Kennzeichen und den Auswirkungen des Hooliganismus: B. Krahm, Polizeiliche Maßnahmen zur Eindämmung von Hooligangewalt, 2007, S. 25ff., sowie F. Deusch, Polizeiliche Gefahrenabwehr bei Sportgroßveranstaltungen, 2005, S. 35ff.

re Sportveranstaltungen zum Anlass für schwere gewalttätige Auseinandersetzungen nehmen.[415] Die Gewalt richtet sich dabei gegen rivalisierende Fangruppierungen der gegnerischen Mannschaft, gegen Polizeikräfte oder gegen Sachen.

Aus polizeitaktischer Sicht bedeutet dies, dass sich Störer und Nichtstörer vermischen. Dieses Konfliktpotenzial ist ein Sportgroßveranstaltungen immanentes Charakteristikum, das für Veranstalter und Staat eine zusätzliche Herausforderung darstellt.

II. Ordnungsrechtliche Optionen de lege lata und de lege ferenda

Die Polizei hat in den letzten Jahren ein vielfältiges Instrumentarium zur Gewährleistung der öffentlichen Sicherheit bei Sportgroßveranstaltungen entwickelt.[416] Sie nutzt dabei die Möglichkeiten, die durch die Standardmaßnahmen des Polizeigesetzes eröffnet werden.[417] Hinzu kommt ein Katalog von Maßnahmen, die keine Grundlage in den Standardmaßnahmen finden, sondern auf die Generalklausel gestützt werden. In Vorbereitung der Fußballweltmeisterschaft 2006, bei der auch in der baden-württembergischen Landeshauptstadt Stuttgart Spiele ausgetragen wurden, hielt der baden-württembergische Gesetzgeber das bestehende polizeirechtliche Instrumentarium für ausreichend und sah keine Veranlassung, dieses durch sportgroßveranstaltungsspezifische Regelungen zu ergänzen, wie dies später beispielsweise anlässlich der Fußballeuropameisterschaft 2008 in Österreich durch neue Regelungen im Sicherheitspolizeigesetz oder in der Schweiz durch Ergänzungen des Bundesgesetzes über Massnahmen zur Wahrung der inneren Sicherheit geschehen ist.[418]

In dem hier zur Diskussion stehenden Bereich könnte man zunächst einwenden, dass der in § 2 Abs. 2 PolG normierte Grundsatz polizeilicher Subsidiarität Anwendung finde, da es um den Schutz privater Veranstaltungen gehe.[419] Da aber

415 F. Rachor in: Lisken/Denninger (Hrsg.), Handbuch des Polizeirechts, 2007, F 711.

416 Die Frage, welche Aufgaben der Bundeswehr in diesem Bereich übertragen werden können, wird zwar in diesem Zusammenhang immer wieder diskutiert, sie soll in dieser Untersuchung jedoch nicht erörtert werden. Der Grund dafür ist zum einen, dass ein solcher Einsatz derzeit nur sehr eingeschränkt möglich ist, zum anderen sind zu dieser Frage in den vergangenen Jahren zahlreiche Monographien und Aufsätze erschienen, die das Thema erschöpfend behandeln. In Bezug auf den Einsatz der Bundeswehr im Innern sei hier nur auf die Dissertation von J.-P. Fiebig, Der Einsatz der Bundeswehr im Innern, 2002, verwiesen.

417 Verwiesen sei hier nur auf M. Breucker, Sicherheitsmaßnahmen für die Fußballweltmeisterschaft 2006 – Prävention durch Polizei und Deutschen Fußball Bund, NJW 2006, 1233; M. Nolte, NVwZ 2001, 147.

418 Vgl. hierzu auch § 7 der Untersuchung.

419 § 2 Abs. 2 PolG: „Der Schutz privater Rechte obliegt der Polizei nach diesem Gesetz nur auf Antrag des Berechtigten und nur dann, wenn gerichtlicher Schutz nicht rechtzeitig zu

zumeist auch die Gefährdung Dritter möglich ist, kann dieser Einwand nicht greifen.[420] Zur Beurteilung einer Einsatzpflicht der Polizei kommt es zudem darauf an, ob die Ausrichtung von Sportgroßveranstaltungen auch ohne die polizeiliche Tätigkeit wirksam ausgeübt werden könnte[421], was im Regelfall auszuschließen ist.

Grundsätzlich teilt sich die polizeiliche Tätigkeit bei Sportgroßveranstaltungen in der Praxis in vier Abschnitte auf, die im Folgenden im Einzelnen vorgestellt werden:

- die Vorfeldtätigkeit
- die Tätigkeit unmittelbar vor der Veranstaltung
- die Tätigkeit während der Veranstaltung selbst und
- die Tätigkeit nach der Veranstaltung.[422]

1) Vorfeldtätigkeit

Die Vorfeldtätigkeit ist nur teilweise ausreichend rechtlich umhegt. Während hinsichtlich baulicher Vorfeldmaßnahmen ausreichende Instrumente zur Verfügung stehen, sind bei der Daten- und Informationssammlung rechtsstaatliche Defizite festzustellen.

a) Bauliche Maßnahmen

Bereits im Vorfeld der Veranstaltung findet die Versammlungsstättenverordnung Anwendung. Gemäß § 2 Abs. 1 VStättVO gelten als Versammlungsstätten unter anderem bauliche Anlagen, die für die gleichzeitige Anwesenheit vieler Menschen bei Veranstaltungen sportlicher Art bestimmt sind. Der Anwendungsbereich des § 1 Abs. 1 Nr. 3 VStättVO umfasst dabei explizit Sportstadien, die mehr als 5 000 Besucher fassen. In der Versammlungsstättenverordnung finden sich auch Regelungen zur Abschrankung und Blockbildung in Sportstadien (§ 27 VStättVO) sowie über „Wellenbrecher"[423] (§ 28 VStättVO). Hinzu kommt die Kontrolle der zustän-

---

erlangen ist und wenn ohne polizeiliche Hilfe die Gefahr besteht, daß die Verwirklichung des Rechts vereitelt oder wesentlich erschwert wird."

420 M. Nolte, Staatliche Verantwortung im Bereich Sport, 2004, S. 347f.

421 Vgl. hierzu S. Leutert, Polizeikostentragung bei Grossveranstaltungen, 2005, S. 76, der richtigerweise anmerkt, dass der Staat die faktischen Voraussetzungen für die Grundrechtsausübung gewährleisten muss und damit in Bezug auf das Schweizer Recht zu einem vergleichbaren Ergebnis kommt.

422 Eine ähnliche Einteilung findet sich auch bei M. Nolte, NVwZ 2001, 147 (149), der die vierte Phase als gefährlichste Phase bezeichnet, da die Emotionen des Spiels in dieser Nachspielphase abreagiert würden. Hierzu ist anzumerken, dass dies nicht verallgemeinert werden kann, sondern vielmehr die einzelnen Phasen aufeinander aufbauen und eine gute Polizeitaktik bereits in der ersten Phase ansetzt, um spätere Ausschreitungen zu verhindern.

423 Darunter versteht man Schranken innerhalb von Stehplatzbereichen, die Verletzungen bei sich unkontrolliert verhaltenden Menschenmengen verhindern sollen.

digen Baubehörden bezüglich der gesetzlichen Standards zum Brandschutz.[424] Diese Vorschriften sind verbindlich, aber nicht abschließend. Sie verpflichten die Veranstalter in Form klar verständlicher und detaillierter Normen zur sicheren Gestaltung der Sportstätten.

Diese Normen werden durch verbandsinterne Vorschriften von Ausrichterseite ergänzt. Im Falle des DFB sind dies die „Richtlinien zur Verbesserung der Sicherheit bei Bundesspielen“[425], die unter anderem bauliche Maßnahmen vorsehen, die für die Vereine im Rahmen der Verbandsautonomie verbindlich sind und bei Nichteinhaltung zu Lizenzentzug führen können.

§ 2 Nr. 1 e) der DFB-Lizenzierungsordnung[426]:

> „Voraussetzungen für die Lizenzerteilung sind:
>
> [...]
>
> die Erfüllung der infrastrukturellen und sicherheitstechnischen Kriterien“

§ 6 Nr. 2 Abs. 1 Satz 2 der DFB-Lizenzierungsordnung:

> „Die Erfüllung der infrastrukturellen und sicherheitstechnischen Kriterien setzt Folgendes voraus:
>
> [...]
>
> Das Stadion muss den baulichen und technischen Sicherheitsanforderungen der DFB-Richtlinien zur Verbesserung der Sicherheit bei Bundesspielen (Anhang VI zur LO) und den gesetzlichen Vorschriften, insbesondere der jeweiligen Landesbauordnung und der jeweiligen Versammlungsstättenverordnung, entsprechen.“

Der Verband macht hier von seinen Spezialkenntnissen Gebrauch und kommt aus privatrechtlicher Sicht seinen Verkehrssicherungspflichten gegenüber den Zuschauern nach.[427] Diese beinhalten die Pflicht der Veranstalter zur Eigensicherung ihrer Anlagen, das heißt, die Veranstalter haben im gebotenen Umfang dafür Sorge zu tragen, dass Leib und Leben der Zuschauer während der Veranstaltung nicht gefährdet werden.[428] Die Richtlinien enthalten detaillierte Sicherheitsanweisungen an die Vereine. Neben Verweisen auf die gesetzlichen Vorschriften, die für die Veran-

---

424 Allgemein zur Verkehrssicherheit in Stadien: G. Motzke, Verkehrssicherheit in Fußballstadien – Forderungen der Panikforschung an der Schnittstelle zwischen Bauordnungsrecht und Privatrecht mit Auswirkungen auf die Planung, NZBau 2004, 297, mit einer Forderung nach panikgerechter Planung von Stadien (298).

425 Abrufbar unter http://www.dfb.de/uploads/media/Richtlinien-Verbesserung-Sicherheit-Bundesspielen-12-2011.pdf (Stand 1.2.2012).

426 Abrufbar unter http://www.bundesliga.de/media/native/dfl/ligastatut/lizenzierungordnung_lo_05-12-22_stand_.pdf (Stand 1.2.2012).

427 Hierzu instruktiv im Bezug auf Fußballstadien G. Motzke, NZBau 2004, 297 (298).

428 Vgl. hierzu auch F. Deusch, Polizeiliche Gefahrenabwehr bei Sportgroßveranstaltungen, 2005, S. 140ff., insbesondere S. 149. Vgl. allgemein zur Verkehrssicherungspflicht BGH; Urteil vom 25.2.1988, NJW 1988, 1380 (1381) sowie BGH, Urteil vom 1.3.1988, NJW 1988, 2667 (2667).

stalter eher einen informatorischen Charakter haben[429], finden sich in den Richtlinien auch über die gesetzlichen Bestimmungen hinausgehende Regelungen, die dem besonderen Gefahrenpotenzial gerecht werden und entsprechende sportspezifische Bezüge haben.[430]

Ein wichtiges Element bei den oben beschriebenen Wettkampfsportveranstaltungen mit heterogener Zuschauermenge ist dabei die räumliche Trennung von Heim- und Gästefans. Diese gewinnt Relevanz, wenn es dem Veranstalter nicht möglich ist, beschwichtigend auf die Zuschauer einzuwirken und so, trotz Kooperationsbereitschaft des Veranstalters, die Gefahr von Zusammenstößen gewaltbereiter Fangruppen besteht. Im Fußball gilt dies insbesondere für Zuschauer der Kategorie C, bei denen eine räumliche Trennung ein wirksames Mittel zur Prävention von gewalttätigen Ausschreitungen darstellt.

Die beschriebenen baulichen Maßnahmen erhöhen die Sicherheit und schaffen die Voraussetzung für eine Vereinfachung der späteren Arbeit der Polizei und des Veranstalters. Der Staat wird durch die Baurechtsvorschriften seiner Gewährleistungsverantwortung für diesen Bereich gerecht. Denkbar wäre es, die bestehenden Regelungen im Rahmen der Versammlungsstättenverordnung in Anlehnung an die DFB-Sicherheitsrichtlinien um weitere sportspezifische Vorschriften mit dem Ziel zu ergänzen, den Gefahren derartiger Veranstaltungen noch besser gerecht zu werden. Es kann dabei auf das Spezialwissen der Veranstalter, das in den Sicherheitsrichtlinien seinen Ausdruck gefunden hat, mit Ertrag zurückgegriffen werden.

Staatliche Sicherheitskonzepte für Sportgroßveranstaltungen unter Einbeziehung Privater finden ihr Fundament somit bereits in der baulichen Planung des Veranstaltungsortes. Insbesondere ist es in dieser frühen Phase bereits möglich, spätere Sicherheitsrisiken zu vermeiden und damit auch Kosten für Polizeieinsätze zu senken. Gleichzeitig ist dies ein gutes Beispiel dafür, wie Sportverbände die ihnen im Rahmen ihrer Verbandsautonomie möglichen Rechtssetzungsmöglichkeiten nutzen können, um einen eigenständigen Beitrag zur Sicherheit der Veranstaltungen zu leisten.[431]

---

429 Vgl. § 9 Nr. 3 der DFB-Sicherheitsrichtlinien: „In den Stehplatzbereichen sind Wellenbrecher anzubringen. Ihre Einrichtung und Ausgestaltung richtet sich nach den gesetzlichen Bestimmungen."

430 Exemplarisch sei hier nur § 9 Nr. 8 der DFB-Sicherheitsrichtlinien aufgeführt: „Die Blöcke für die Fans der beiden Mannschaften sollen möglichst weit voneinander entfernt angeordnet werden. Ihre Abtrennung zu den Zuschauerbereichen ist besonders stabil auszubilden. Der Block für die Fans der Gastmannschaft muss einen eigenen Zugang haben. Der Weg dorthin soll möglichst wenig andere, von den übrigen Stadionbesuchern benutzte Wege kreuzen."

431 Vereine, die diese Sicherheitsrichtlinien nicht erfüllen, haben praktisch keine Möglichkeit, größere Veranstaltungen auszutragen, da ihnen ohne eine Lizenz der Zugang zu den höheren Spielklassen versperrt ist.

b) Allgemeine Daten- und Informationssammlung

Im Vorfeld von Sportgroßveranstaltungen sammelt die Polizei Daten und Informationen. Die Ermächtigungsgrundlage zur Befragung findet sich in § 20 Abs. 1 PolG. Soweit es notwendig ist, personenbezogene Daten von kundigen Personen und vom Veranstalter zu erheben, finden sich die rechtlichen Grundlagen hierfür in § 20 Abs. 4 Nr. 1, 2 und 4 PolG.[432]

Darauf basierend entwirft die Polizei eine Sicherheitsstrategie und trifft Präventivmaßnahmen. Diese Vorbereitungsphase kann von einigen Wochen[433] bis zu mehreren Jahren dauern[434]. Die Polizeibehörden sind dabei auf die enge Zusammenarbeit mit anderen staatlichen Behörden und mit dem Veranstalter angewiesen, um die notwendigen Informationen zu erhalten. Ein erfolgreiches Handeln ist hier also davon abhängig, dass beide Seiten in einem engen Informationsaustausch stehen.

Die Innenministerkonferenz beschloss diesbezüglich bereits 1991 einen standardisierten Informationsaustausch, der vorsieht, dass die beteiligten Polizeibehörden und auch sonstige Verwaltungsstellen Informationen über zu erwartende Störvorhaben und Spielverlaufsmitteilungen austauschen. Die Informationen werden von der Zentralen Informationsstelle Sporteinsätze (ZIS), deren Aufgaben dem Landesamt für Zentrale Polizeiliche Dienste Nordrhein-Westfalen mit Wirkung zum 1.7.2007[435] übertragen wurden, gesammelt und ausgewertet. Für Großereignisse wie die Fußballweltmeisterschaft 2006 werden zusätzlich eigene Zentrale Informationsstellen eingerichtet.[436]

c) Datei „Gewalttäter Sport"

Das Bundeskriminalamt führt die Datei „Gewalttäter Sport"[437], in der Daten von Personen gespeichert werden, die im Zusammenhang mit Sportveranstaltungen auffällig geworden sind. Diese Datei ist eine der sogenannten Verbunddateien, die vom Bundeskriminalamt als Zentralstelle für den elektronischen Datenverbund zwischen Bund und Ländern im Rahmen des polizeilichen Informationssystems

---

432 Zur Speicherung der Daten vgl. §§ 37ff. PolG, die ebenso wie die §§ 19ff. PolG als Reaktion auf das „Volkszählungsurteil" (BVerfGE 65, 1, Urteil vom 15.12.1983) erlassen wurden.

433 Vgl. hierzu die Darstellung der polizeilichen Vorbereitung eines Drittligaspiels bei M. Kannpe/J.-M. Klös, Die Polizei 2007, 241 (241ff.).

434 Einen guten Überblick zu den Vorfeldtätigkeiten bei der Fußballweltmeisterschaft 2006 geben S.-P. Wulff/I. Rogge, Fußballweltmeisterschaft 2006 – Sportevent der Superlative, Die Polizei 2007, 117 (121ff.).

435 Bis 30.6.2007 wurde die Aufgabe vom Landeskriminalamt Nordrhein-Westfalen wahrgenommen.

436 Vgl. zur ZIS WM 2006: S.-P. Wulff/I. Rogge, Die Polizei 2007, 117 (120), sowie T. Kubera, Beweissicherung und Freiheitsentziehung bei gewalttätigen Aktionen aus Anlass der FIFA-WM 2006, Die Polizei 2007, 125 (126).

437 Die Rechtsgrundlage für derartige Dateien findet sich in §§ 7ff. BKAG.

(INPOL), vgl. § 11 BKAG[438], geführt werden.[439] Die von den Ländern in eigener Zuständigkeit gewonnenen Daten werden dezentral und unmittelbar in das Verbundsystem eingegeben und sind im System für alle Verbundteilnehmer abrufbar.[440] Die Datei „Gewalttäter Sport" wurde 1994 eingerichtet und enthielt am 16.11.2011 die Datensätze von 12 996 Betroffenen.[441]

Die Datei beschäftigte in den letzten Jahren zunehmend auch die Verwaltungsgerichte, da immer mehr Betroffene Rechtsschutz gegen eine Eintragung in die Datei und die damit verbundenen Konsequenzen suchten.[442] Nachdem deren Rechtmäßigkeit zuvor von verschiedenen Gerichten[443] offen gelassen wurde, da die mit der Eintragung verbundenen Konsequenzen meist auch aus anderen Gründen rechtmäßig waren und nicht auf die Eintragung in die Datei gestützt werden mussten, bekam die rechtspolitische Debatte um die Datei durch ein Urteil des OVG Lüneburg[444] neuen Antrieb.

Zu entscheiden war über einen Fall, in dem ein in die Datei aufgenommener Anhänger eines Fußballbundesligavereins die Löschung seiner Daten gemäß § 32 Abs. 2 Satz 1 BKAG beantragt hatte. Dies wurde von der zuständigen Landesbehörde mit der Begründung abgelehnt, dass ein gegen den Kläger eingeleitetes Verfahren wegen Landfriedensbruchs zwar nach § 170 Abs. 2 StPO eingestellt worden sei, jedoch auch weiterhin ein „*Resttatverdacht*" bestehe.[445] Eine darauf basierende Aufnahme in die Datei sei laut Gericht nicht zu beanstan-

---

438 Gesetz über das Bundeskriminalamt und die Zusammenarbeit des Bundes und der Länder in kriminalpolizeilichen Angelegenheiten vom 7.7.1997 (BGBl. I S. 1650), zuletzt geändert durch Art. 2 SIS-II-G vom 6.6.2009 (BGBl. I S. 1226).

439 Vgl. hierzu T. Petri in: Lisken/Denninger (Hrsg.), Handbuch des Polizeirechts, 2007, S. 854ff.

440 BVerwG, Urteil vom 9.6.2010, NJW 2011, 405, unter Hinweis auf T. Petri in: Lisken/Denninger (Hrsg.), Handbuch des Polizeirechts, 2007, S. 855.

441 Dies geht aus der Antwort der Bundesregierung auf eine Kleine Anfrage der Fraktion DIE LINKE hervor, BT-Drs. 17/8051, S. 3, und stellt eine deutliche Steigerung im Vergleich zu 12 725 Personen am 10.8.2010 (BT-Drs. 17/2803, S. 6), 11 245 Personen am 10.6.2009 (BT-Drs. 16/13563, S. 6) und 10 711 Personen am 30.1.2009 (BT-Drs. 16/11934, S. 2) dar. Gespeichert werden neben Datensätzen von Personen, gegen die ein Ermittlungsverfahren wegen einschlägiger Straftaten eingeleitet wurde, auch die Daten von Personen, gegen die von der Polizei Personalienfeststellungen, Platzverweise und Ingewahrsamnahmen angeordnet wurden, wenn bestimmte Tatsachen die Annahme rechtfertigten, dass sich diese Personen zukünftig im Zusammenhang mit Sportveranstaltungen an Straftaten von erheblicher Bedeutung beteiligen werden. Vgl. T. Petri in: Lisken/Denninger (Hrsg.), Handbuch des Polizeirechts, 2007, S. 862f., sowie F. Deusch, Polizeiliche Gefahrenabwehr bei Sportgroßveranstaltungen, 2005, S. 181f.

442 Zuletzt VG Düsseldorf, Urteil vom 10.1.2011, Az. 18 K 3229/10.

443 Vgl. VG Stuttgart, Beschluss vom 28.9.2005, NJW 2006, 1017, (1019), OVG Lüneburg, Beschluss vom 14.6.2006, NJW-RR 2006, 613 (614), OVG Bremen, Urteil vom 2.9.2008, NordÖR 2009, 42 (45), und BVerfG, Beschluss vom 19.6.2006 - 1 BvQ 17/06.

444 OVG Lüneburg, Urteil vom 16.12.2008, NdsVBl 2009, 135.

445 Ebd., (135).

den.[446] Ohne sich grundsätzlich zur Zulässigkeit dieser Datei zu äußern, entschied das OVG, aus dem Zusammenspiel zwischen § 11 Abs. 2 Satz 3 BKAG und § 13 Abs. 1 Satz 1 und Abs. 2 BKAG sowie §§ 7-9 BKAG ergebe sich, dass das Bundesministerium des Innern mit Zustimmung des Bundesrates durch Rechtsverordnung das Nähere über die Art der Daten, die in dieser Datei gespeichert werden dürfen, zu bestimmen habe.[447] Die Errichtungsanordnung des Bundeskriminalamts, die unter Beteiligung der Innenminister und -senatoren der Länder ergangen war, könne die geforderte Rechtsverordnung nicht ersetzen[448], da daraus nicht eindeutig hervorgehe, welche Daten aufgenommen werden sollen.[449] Damit entschied erstmals ein Obergericht, dass die Datei „Gewalttäter Sport" zum damaligen Zeitpunkt nicht auf einer tauglichen Ermächtigungsgrundlage beruhte.[450]

Dennoch war die Revision gegen dieses Urteil erfolgreich.[451] Grund hierfür war ein rechtspolitisch fragwürdiges Vorgehen, das darin mündete, dass einen Tag vor der mündlichen Verhandlung vor dem Bundesverwaltungsgericht[452] die notwendige Rechtsverordnung[453] im Bundesgesetzblatt veröffentlicht wurde und am Tag der mündlichen Verhandlung in Kraft trat.

aa) Verfassungsrechtliche Bewertung der bisherigen Erfassungspraxis

Bereits damals war die verfassungsrechtliche Zulässigkeit der Datei „Gewalttäter Sport" allerdings nicht nur im Hinblick auf die Rechtsgrundlage zweifelhaft. Auch die inhaltlichen Maßstäbe der undifferenzierten Erfassungspraxis[454] erscheinen vor dem Hintergrund der Rechtsprechung des Bundesverfassungsgerichts zum Grundrecht auf informationelle Selbstbestimmung als verfassungsrechtlich problematisch.

446 Ebd., (135).

447 Ebd., (136).

448 Offen gelassen zuvor in BVerfG, Beschluss vom 19.6.2006, 1 BvQ 17/06 und OVG Lüneburg, Beschluss vom 14.6.2006, NJW-RR 2006, 613 (614). Ähnlich wohl auch VG Schleswig, Urteil vom 23.4.2004, 1 A 219/02. Für unproblematisch halten die Datei M. Knape/J.-M. Klös, Die Polizei 2007, 241 (246), unkritisch auch die Darstellung bei F. Deusch, Polizeiliche Gefahrenabwehr bei Sportgroßveranstaltungen, 2005, S. 59f.

449 OVG Lüneburg, Urteil vom 16.12.2008, NdsVBl 2009, 135 (136).

450 Der VGH Kassel, Urteil vom 16.12.2004 NJW 2005, 2727, (2732), hielt eine Rechtsverordnung bei Verbunddateien dagegen für entbehrlich. Auch der hessische Datenschutzbeauftragte M. Ronellenfitsch sah in seinem Tätigkeitsbericht 2008 eine taugliche Rechtsgrundlage für gegeben an, abzurufen unter http://www.datenschutz.hessen.de/tb35k05.htm#entry 2666 (Stand 1.2.2012).

451 BVerwG, Urteil vom 9.6.2010, NJW 2011, 405ff.

452 C. Arzt, Verbunddateien des Bundeskriminalamts – Zeitgerechte Flurbereinigung, NJW 2011, 352 (353), attestiert eine „beachtliche[..] Eile, die sonst insbesondere aus den Bereichen Terrorismusbekämpfung oder Bankenrettung bekannt ist."

453 Verordnung über die Art der Daten, die nach den §§ 8 und 9 des Bundeskriminalamtgesetzes gespeichert werden dürfen (BKADV) (BGBl. I S. 716).

454 Vgl. VG Stuttgart, Beschluss vom 28.9.2005, NJW 2006, 1017 (1019), das die Möglichkeit einer „Überreaktion" bei der Aufnahme in die Datei nicht ausschließt.

Diesen Bedenken wurde auch durch den Erlass der Rechtsverordnung nicht im vollen Umfang abgeholfen.[455]

Das Bundesverfassungsgericht fordert seit dem grundlegenden Volkszählungsurteil aus dem Jahr 1983, dass Eingriffe in die informationelle Selbstbestimmung der Bürger auf eine bereichsspezifische Ermächtigungsgrundlage zu stützen sind.[456] Dabei stellt nicht nur die erstmalige Erfassung personenbezogener Daten einen Eingriff in das Grundrecht aus Art. 2 Abs. 1 iVm Art. 1 Abs. 1 GG dar, gleiches gilt vielmehr auch für spätere Verarbeitungsvorgänge bezüglich der erfassten Daten, für die ebenfalls eine gesonderte Ermächtigung zu schaffen ist.[457]

In der jüngsten Rechtsprechung des Bundesverfassungsgerichts wird darüber hinaus ein strenger Maßstab an die Normbestimmtheit dieser Ermächtigungsgrundlagen angelegt, dem zuletzt etwa die automatisierte Erfassung von Kraftfahrzeugkennzeichen *„zum Zwecke des Abgleichs“* mit einem nicht näher präzisierten *„Fahndungsbestand“* nach hessischem beziehungsweise schleswig-holsteinischem Landesrecht nicht genügen konnte.[458] In der Entscheidung findet sich ferner der Hinweis, im Rahmen der Einstufung des konkreten Gewichts der hiermit verbundenen Grundrechtseingriffe sei auch bedeutsam, *„ob der Betroffene einen ihm zurechenbaren Anlass, etwa durch eine Rechtsverletzung, für die Erhebung geschaffen hat oder ob sie anlasslos erfolgt und damit praktisch jeden treffen kann.“*[459]

Vor diesem Hintergrund begegnet die gegenwärtige inhaltliche Ausgestaltung der Datei „Gewalttäter Sport“ erheblichen verfassungsrechtlichen Bedenken. Insbesondere wird in diesem Zusammenhang nicht nach dem Schweregrad des jeweiligen Anlassvorfalls differenziert. § 9 Abs. 1 Nr. 3 lit. b BKADV nennt als Zweck der Datei die *„Verhinderung gewalttätiger Auseinandersetzungen und sonstiger Straftaten im Zusammenhang mit Sportveranstaltungen, insbesondere mit Fußballspielen“*. Ob dies auch im Hinblick auf die amtliche Begründung[460] dem Gebot der

455 Vgl. hierzu auch die datenschutzrechtlichen Bedenken bei C. Arzt, NJW 2011, 352 (353f.).

456 BVerfGE 65, 1 (44), Urteil vom 15.12.1983.

457 Ebd., (42, 44).

458 BVerfGE 120, 378 (409), Urteil vom 11.3.2008.

459 Ebd., (402). Auch die sogenannte vorsorgliche Telekommunikationsdatenspeicherung konnte – allerdings gemessen am Maßstab des Art. 10 GG – den „besonderen verfassungsrechtlichen Anforderungen insbesondere hinsichtlich der Datensicherheit, des Umfangs der Datenverwendung, der Transparenz und des Rechtsschutzes“ nicht standhalten. Das Bundesverfassungsgericht verlangt „diesbezüglich hinreichend anspruchsvolle und normenklare Regelungen“, vgl. BVerfGE 125, 260 (325), Urteil vom 2.3.2010.

460 In der amtlichen Begründung (BR-Drs. 329/10, S. 45f.) heißt es dazu: „Zweck der Datei ist es, Erkenntnisse für organisatorische und taktische Maßnahmen zu gewinnen, um gewalttätige Auseinandersetzungen und Straftaten zu verhindern. Personen, die in diesen Dateien erfasst sind, waren bereits im jeweiligen Phänomenbereich auffällig. Für sie besteht die Prognose, dass von ihnen auch in der Zukunft die Gefahr ausgeht, dass sie z. B. im Rahmen gewalttätiger Auseinandersetzungen auftreten oder Anschläge begehen werden. Zusätzlich werden aber auch Personen erfasst, die bisher noch nicht im erforderlichen Kontext aufge-

Bestimmtheit standhält erscheint fraglich.[461] In der Praxis werden *„auch die Daten von Personen gespeichert, gegen die von der Polizei Personalienfeststellungen, Platzverweise und Ingewahrsamnahmen angeordnet wurden, wenn bestimmte Tatsachen die Annahme rechtfertigten, dass sich diese Personen zukünftig im Zusammenhang mit Sportveranstaltungen an Straftaten von erheblicher Bedeutung beteiligen werden. [...] Dazu gehören auch Vorkommnisse im Stadionumfeld, während der An- und Abreise sowie an anderen Treffpunkten außerhalb der Veranstaltungsorte".*[462]

Problematisch ist auch, dass Betroffenen erst auf Anfrage gemäß § 18 Abs. 1 DSG NRW[463] beziehungsweise § 19 Abs. 1 BDSG[464] Auskunft darüber erteilt wird, ob sie in der Datei geführt werden. Es bestehen zudem Zweifel an der Aussagekraft der Datei, da diese gewissermaßen ein Eigenleben entwickelt[465], sobald jemand – aus welchen Gründen auch immer – in sie aufgenommen worden ist. Als Konsequenz hieraus kann die Datei „Gewalttäter Sport" nicht als alleinige Grundlage für Vorfeldmaßnahmen der Polizei gegenüber Bürgern herangezogen werden, vielmehr muss es stets weitere Anhaltspunkte für derartige Maßnahmen geben.[466]

Es ist vor allem notwendig, bei der Datei „Gewalttäter Sport" eine größere Transparenz zu schaffen, indem zum einen genaue Kriterien für eine Aufnahme festgelegt werden und zum anderen eine Verpflichtung der Polizei zur Information[467] des Betroffenen über eine Aufnahme in die Datei vorgeschrieben wird.[468]

---

fallen sind, bei denen aber aufgrund vorliegender Tatsachen wie etwa Waffenbesitz die Prognose erstellt werden kann, dass von ihnen eine besondere Gefährdung ausgeht."

461 Vgl. auch die Bedenken von C. Arzt, NJW 2011, 352 (354).

462 Dies geht aus Angaben des Landesamts für Zentrale Polizeiliche Dienste Nordrhein-Westfalen hervor, abzurufen unter http://www.polizei-nrw.de/lzpd/wir_ueber_uns/zis/article /datei-gewalttaeter-sport.html (Stand 1.2.2012).

463 Gesetz zum Schutz personenbezogener Daten (Datenschutzgesetz Nordrhein-Westfalen – DSG NRW) vom 9.6.2000 (GV. NRW S. 542), zuletzt geändert durch Art. 1 G vom 5.7.2011 (GV. NRW. S. 338).

464 Bundesdatenschutzgesetz in der Fassung der Bekanntmachung vom 14.1.2003 (BGBl. I S. 66), zuletzt geändert durch Art. 1 G zur Änd. datenschutzrechtlicher Vorschriften vom 14. 8. 2009 (BGBl. I S. 2814).

465 So auch F. Rachor in: Lisken/Denninger (Hrsg.), Handbuch des Polizeirechts, 2007, F 832. Ähnlich auch: M. Breucker, Sicherheit bei der Fußballweltmeisterschaft 2006, SpuRt 2005, 133 (134), der anmerkt, dass die Behörden sonst allein durch die Speicherung in der Datei gewissermaßen selbst die Tatsachengrundlage für ihre anschließende Prognose schaffen.

466 Vgl. auch OVG Bremen, Urteil vom 2.9.2008, NordÖR 2009, 42 (45). Kritisch dazu auch OVG Lüneburg, Beschluss vom 14.6.2006, NJW-RR 2006, 613 (614). So wie hier OLG Köln, Beschluss vom 17.1.2007, SpuRt 2007, 517 (518). Vgl. auch M. Breucker, Gegen Hooligans!, DPolBl. 2007, 4 (6).

467 In der Praxis erfahren die Betroffenen zumeist erst bei der nächsten Veranstaltung von ihrer Aufnahme. Damit wird aber das Ziel der Datei, die Betroffenen von der Anreise abzuhalten, nicht erreicht, vgl. auch VG Karlsruhe, Urteil vom 14.4.2010, Az.: 3 K 2309/09.

Dies fordern die rechtsstaatlichen Grundsätze der Bestimmtheit und des transparenten Verwaltungshandelns[469]. Die Information über die Aufnahme kann auch eine präventive Wirkung entfalten, da bei potenziellen Gewalttätern das Bewusstsein geschaffen wird, unter besonderer Beobachtung zu stehen.

bb) Reformoptionen

Bestehen vor diesem Hintergrund somit rechtliche Bedenken nicht allein gegen die bis vor kurzem fehlende Rechtsgrundlage der Datei „Gewalttäter Sport" zur Datenerhebung und -speicherung, sondern auch gegen die gegenwärtige Erfassungspraxis, so hätte es nahe gelegen, auch letztere im Rahmen der Neuregelung auf eine rechtlich tragfähige Grundlage zu stellen. In diese Richtung weist auch ein Entschließungsantrag der FDP-Bundestagsfraktion, in dem neben der Schaffung einer „*verfassungsmäßige[n] Rechtsgrundlage*" für die Datei die Forderung erhoben wird, „*klare Regelungen für die Voraussetzung der Aufnahme in die Datei zu schaffen, die sich am Gebot der Verhältnismäßigkeit orientieren und insbesondere Vorkehrungen zu treffen, dass nicht Personen aufgenommen werden, die nur zufällig betroffen waren, wenn z. B. Platzverweise ausgesprochen werden*".[470] Neben der gegenwärtigen Intransparenz einer Aufnahme in die Datei stellt die weitgehend fehlende inhaltliche Differenzierung bei der Erfassung tatsächlicher und potenzieller „Gewalttäter Sport" auch einen wesentlichen Anknüpfungspunkt der von Fanvereinigungen geäußerten Kritik dar.[471]

Vieles spricht dafür, dass eine an sachgerechten und nachvollziehbaren Kriterien ausgerichtete, gestufte Erfassung der betroffenen Personen nicht nur die skizzierten verfassungsrechtlichen Bedenken ausräumen könnte. Ein solchermaßen rechtsstaatlich ausdifferenziertes Instrument könnte vielmehr – im Gegensatz zur aktuell defizitären Rechtslage – gleichermaßen als tauglicher Anknüpfungspunkt für den erfassten Verstößen angemessene Sanktionen dienen.

---

468 Anderer Ansicht war die damalige Bundesregierung, vgl. BT-Drs. 16/5549, S. 3, die als Begründung angibt, nur offen und für die Betroffenen erkennbar gewonnene Informationen fließen in die Datei ein und eine Benachrichtigungspflicht sei daher nicht notwendig.

469 Vgl. allgemein zum Transparenzgebot mit weiteren Nachweisen H. Wollff/O. Bachof/R. Stober/W. Kluth, Verwaltungsrecht I, 2007, § 59 Rn. 5.

470 BT-Dr 16/11752, S. 2 f. Der Antrag wurde abgelehnt mit den Stimmen der Fraktionen der CDU/CSU und der SPD gegen die Stimmen der anderen im Bundestag vertretenen Fraktionen (BT-Dr 16/13249). Die damalige Bundesregierung sah zunächst auch nach dem Urteil des OVG Lüneburg eine Rechtsverordnung für die Einrichtung der Datei als „nicht konstitutiv" an, wollte aber den Erlass einer Rechtsverordnung prüfen; vgl. BT-Dr 16/11934, S. 2. Dies geschah in dargestellter Weise.

471 Vgl. nur M. Bettag, Der Fußballfan zwischen Werbestatist und Hooligan, abrufbar unter http://archiv.aktive-fans.de/01a9d793ed0d8ca08/035c5f98c20b40501/01a9d793ed0d92a17/501460979407f200d.html (Stand 1.2.2012).

aaa) Gestufte Erfassung in Anlehnung an das Verkehrszentralregister

Im Rahmen einer Neuregelung der Datei „Gewalttäter Sport" könnte ein Lösungsansatz darin bestehen, auf das Modell der langjährig erprobten und mittlerweile auch gesetzlich verankerten[472] Regelungen zum Verkehrszentralregister[473] zurückzugreifen. Dieses sieht gemäß § 4 Abs. 1 StVG[474] die karteimäßige Erfassung von Verkehrssündern vor, um „*vor Gefahren, die von wiederholt gegen Verkehrsvorschriften verstoßenden Fahrzeugführern und -haltern ausgehen*", zu schützen. Hierzu sollen unter anderem Hilfen angeboten werden, um aufgetretene Eignungsmängel bei Kraftfahrern möglichst frühzeitig zu beheben.[475] Dies geschieht unter anderem durch Aufbauseminare (§ 4 Abs. 4 Satz 1 StVG), in denen eine risikobewusstere Einstellung im Straßenverkehr vermittelt werden soll, und durch verkehrspsychologische Beratung (§ 4 Abs. 4 Satz 2 StVG).

Insbesondere regelt § 4 Abs. 2 Satz 1 StVG iVm § 6 Abs. 1 Nr. 1 lit. s StVG iVm Anlage 13 zu § 40 der FeV[476] unter Zuhilfenahme eines ausdifferenzierten Punktsystems detailliert, welche Verstöße gegen Verkehrsvorschriften als wie schwerwiegend einzustufen sind.[477] § 4 Abs. 3 StVG bestimmt in Anknüpfung hieran, welche Maßnahmen die Straßenverkehrsbehörden in der Folge – jeweils abhängig vom erreichten Punktestand – gegen erfasste Verkehrssünder ergreifen

472 Seit Inkrafttreten des StVG-ÄndG vom 24. 4. 1998 (BGBl. I S. 747) am 1. 1. 1999 finden sich in § 4 StVG detaillierte Regelungen zum Punktsystem.

473 Das Verkehrszentralregister wird vom Kraftfahrtbundesamt in Flensburg geführt, das dem Bundesminister für Verkehr unterstellt ist. Die rechtliche Grundlage für die Einrichtung findet sich in § 2 Abs. 1 Nr. 2a) KBAG iVm § 28 Abs. 1 StVG.

474 Straßenverkehrsgesetz in der Fassung der Bekanntmachung vom 5.3.2003 (BGBl. I S. 310, ber. S. 919), zuletzt geändert durch zuletzt geändert durch Art. 2 Abs. 118 G zur Änderung von Vorschriften über Verkündung und Bekanntmachungen sowie der Zivilprozessordnung, des Gesetzes betreffend die Einführung der Zivilprozessordnung und der Abgabenordnung vom 22.12.2011 (BGBl. I S. 3044).

475 H. Janker in: Burmann/Heß/Jahnke/ders. (Hrsg.), Straßenverkehrsrecht, 2010, § 4 StVG, Rn. 1a.

476 Verordnung über die Zulassung von Personen zum Straßenverkehr vom 13.12.2010 (BGBl. I S. 1980), zuletzt geändert durch Art. 1 Sechste VO zur Änd. der FahrerlaubnisVO und anderer straßenverkehrsrechtlicher Vorschriften vom 7.1.2011 (BGBl. I S. 3).

477 Vereinzelte Kritik gegen die Bestimmtheit dieser Regelung gibt es jedoch weiterhin. Vgl. beispielsweise P. Dauer, Verkehrszentralregister: Wann entstehen Punkte?, NZV 2007, 593 (596ff.), bezüglich der Begriffe „ergeben sich", „erreichen" und „überschreiten" in § 4 StVG.

können beziehungsweise müssen.[478] Auch der Abbau von Punkten ist unter bestimmten – in §§ 40 ff. FeV näher genannten – Voraussetzungen möglich.[479]

Die Datei wurde bis zum 31.12.1998 auf der Grundlage einer Verwaltungsvorschrift geführt, die lediglich für Verkehrsbehörden verbindlich war.[480] Ähnlich wie bei der Datei „Gewalttäter Sport" wurde auch bezüglich dieser Regelung vor dem Hintergrund der vorgesehenen Eingriffe bis hin zum Fahrverbot die fehlende Rechtsklarheit und Rechtssicherheit kritisiert.[481] Daher hat sich der Gesetzgeber richtigerweise dazu entschieden, das Punktsystem einfachgesetzlich zu normieren. In der amtlichen Begründung hieß es dazu:

> „Im Hinblick auf die hohe Bedeutung des Punktsystems für den betroffenen Bürger, angesichts des Eingriffscharakters der in Rede stehenden Maßnahmen und aus allgemeinen Gesichtspunkten der Rechtsklarheit und Rechtssicherheit ist es erforderlich, das Punktesystem auf eine seine Verbindlichkeit erhöhende normative Grundlage zu stellen."[482]

Eine Übertragung dieses Regelungsmodells auf die mit einer vergleichbaren Zielsetzung eingerichtete Datei „Gewalttäter Sport" erscheint – bei gebotener Beachtung der Besonderheiten des Sachbereichs – zielführend. Dabei könnte im Bereich der Datei „Gewalttäter Sport" angesichts der wesentlich geringeren Vorschriftendichte im Vergleich zum Straßenverkehr sicherlich eine deutlich gröbere Untergliederung der zu erfassenden Verstöße vorgenommen werden. Anstelle des Punktsystems des Straßenverkehrsgesetzes wäre insoweit etwa ein „Drei-Stufen-Modell" für leichte, schwerwiegendere und besonders gravierende Verstöße gegen Bestimmungen des privaten Veranstalters und/oder Verbote des staatlichen Straf- und Ordnungswidrigkeitenrechts denkbar. Wiederholungstaten könnten in einem solchen Modell durch Einstufung in die nächsthöhere Gefährderstufe berücksichtigt werden.

Auf einer ersten Stufe ließen sich danach potenzielle Gefährder erfassen, die lediglich im Zusammenhang mit Straftaten oder Ordnungswidrigkeiten bei Sport-

---

478 Die Instrumente reichen dabei von der schriftlichen Unterrichtung über den Punktestand mit Hinweis auf die Möglichkeit der Teilnahme an einem Aufbauseminar (§ 4 Abs. 3 S. 1 Nr. 1 StVG) über die Anordnung zur Teilnahme an einem solchen Seminar (§ 4 Abs. 3 S. 1 Nr. 2 StVG) bis zur Entziehung der Fahrerlaubnis (§ 4 Abs. 3 S. 1 Nr. 3 StVG).

479 Dies geschieht insbesondere durch die Teilnahme an Aufbauseminaren, aber auch durch den Ablauf bestimmter Fristen.

480 BVerwG, Urteil vom 17.12.1976, NJW 1977, 1075: „Die Allgemeine Verwaltungsvorschrift zu § 15b StVZO ist eine verwaltungsinterne Weisung, die keine rechtliche Bedeutung für die Beurteilung der Eignung eines Kraftfahrers hat; sie kann lediglich Anhaltspunkte geben." Ähnlich auch: VG Koblenz, Urteil vom 12.8.1975, NJW 1977, 543.

481 Vgl. hierzu instruktiv H. Janker in: Burmann/Heß/Jahnke/ders. (Hrsg.), Straßenverkehrsrecht, 2010, § 4 StVG, Rn. 1. S. Paetow, Das Mehrfachtäter-Punktsystem als Rechtsnorm?, NJW 1990, 1441 (1443) gibt zu bedenken, dass eine Neuregelung „wenn nicht geboten, so doch erwünscht" sei.

482 BR-Drs. 821/96, S. 52.

großveranstaltungen in Erscheinung getreten sind, ohne dass ihnen – außer der Zugehörigkeit zu einer Gruppe, von der Gewalttaten ausgegangen sind – eine konkrete Tat nachgewiesen werden kann. Die konkrete Gefahr, die von derartigen Gruppen ausgeht, kann auch auf Grundlage der skizzierten verfassungsgerichtlichen Rechtsprechung eine Erfassung dieser Personen rechtfertigen.[483] Dem damit verbundenen Grundrechtseingriff wäre dann allerdings bei der Rechtmäßigkeitsprüfung von auf Grundlage des Eintrags in Erwägung gezogenen Sanktionen Rechnung zu tragen.[484] Auf einer zweiten Stufe könnten Verstöße gegen – zivilrechtliche – Anordnungen des Veranstalters[485] katalogisiert werden, während die dritte Erfassungsstufe nachgewiesenen Straftaten (beispielsweise Landfriedensbruch, Verstöße gegen das Waffengesetz, Verstöße gegen die einschlägigen Straftatbestände des Versammlungsgesetzes[486] etc.) vorbehalten bliebe.

bbb) Aufwertung der Datei als Anknüpfungspunkt gestufter Sanktionen

Eine, wie unter aaa) ausgeführt, präzisierte Erfassungspraxis von Gefährderdaten wäre auch unter einem weiteren Gesichtspunkt wünschenswert. Angesichts der dargelegten Bedenken gegen die bisherige Erfassungspraxis gehen die Verwaltungsgerichte und teilweise auch die Polizeibehörden zunehmend dazu über, einen Eintrag in die Datei „Gewalttäter Sport" nicht mehr als maßgebliches Kriterium für die Polizeiprognose im Rahmen ordnungsrechtlicher Folgemaßnahmen gegen die dort erfassten Personen anzuerkennen.[487] Eine normklare und bereichsspezifisch ausdifferenzierte Rechtsgrundlage für die Datenerfassung könnte zu einer verlässlicheren Verwertbarkeit der erfassten Daten auf Seiten der jeweils darauf zurückgreifenden Polizeidienststelle beitragen. Insofern würde durch eine stärkere inhaltliche Ausdifferenzierung der Datei nicht nur rechtsstaatlichen Bedenken Rechnung getragen, auch die Effektivität der polizeilichen Gefahrenabwehr könnte angesichts zunehmender gerichtlicher Überprüfung derartiger polizeilicher Folgemaßnahmen durch eine solche Verbreiterung und Absicherung der Datengrundlage gestärkt werden.

---

483 Auch § 231 StGB stellt als konkretes Gefährdungsdelikt im strafrechtlichen Kontext lediglich auf die Beteiligung ab, ohne dass konkrete Taten des Einzelnen nachgewiesen werden müssen; näher dazu J. Eisele, Zur Bedeutung des § 231 II StGB nach dem 6. Strafrechtsreformgesetz, JR 2001, 270.

484 Hierbei ist insbesondere die gesellschaftliche Funktion von Sportgroßveranstaltungen im Rahmen der Verhältnismäßigkeitsprüfung zu beachten.

485 Dies können insbesondere Verstöße gegen Stadionordnungen sein.

486 Vgl. § 27 Abs. 2 VersG.

487 OVG Bremen, NordÖR 2009, 42 (45): „Zu Recht hat daher auch die Beklagte [Behörde] inzwischen davon Abstand genommen, der Eintragung des Klägers in die Datei „Gewalttäter Sport" eigenständige Bedeutung beizumessen." Vgl. umgekehrt im Hinblick auf das Verkehrszentralregister: VGH München, Beschluss vom 27.12.2006, NVwZ-RR 2007, 607 (608).

Anknüpfend an die gestufte Erfassung der Verstöße gegen Anordnungen des Veranstalters oder gegen Straf- und Ordnungswidrigkeitsvorschriften könnten jeweils angemessene Folgemaßnahmen ergriffen werden. Leichteren Vorwürfen könnte auf einer ersten Stufe zunächst mit dem in der polizeilichen Praxis bewährten Mittel der Entanonymisierung durch Gefährderansprache[488] begegnet werden. Schwerwiegendere Verstöße müssten demgegenüber auf einer zweiten Stufe beispielsweise Meldeauflagen[489] an Spieltagen nach sich ziehen, während Platzverweise und Aufenthaltsverbote[490] besonders gravierenden Verstößen vorbehalten blieben.

ccc) Sanktionen der Veranstalter; Stadionverbot

Eine zusätzliche Dimension erlangt die Erfassung in der Datei „Gewalttäter Sport" dadurch, dass auch den privaten Veranstaltern von Sportgroßveranstaltungen[491] unter bislang nicht näher geregelten Voraussetzungen dort gespeicherte Daten gemäß § 10 Abs. 3 Satz 1 iVm Abs. 2 Nr. 3 BKAG und § 43 Abs. 1 PolG übermittelt werden.[492] Schon die Weitergabe dieser Daten an nicht-öffentliche Stellen ist mit Blick auf die Rechtsprechung des Bundesverfassungsgerichts erheblichen Bedenken ausgesetzt. Jedenfalls wäre die sich regelmäßig anschließende Sanktionierung von Verstößen durch die privaten Veranstalter von Sportgroßveranstaltungen unter Berücksichtigung des auch von ihnen zu beachtenden Grundsatzes der Verhältnismäßigkeit[493] dem Einzelfall angemessener auszugestalten.

Zwar hat der Bundesgerichtshof unlängst die Verhängung eines bundesweiten Stadionverbots[494] auf Grundlage des Hausrechts (§§ 858ff., 903, 1004 BGB) der Veranstalter trotz Einstellung eines parallel laufenden Strafverfahrens im Grundsatz gebilligt.[495] Diese Entscheidung kann allerdings in mehrfacher Hinsicht nicht überzeugen.

Zutreffend geht das Gericht davon aus, dass das Hausrecht im Verhältnis Zuschauer-Veranstalter Einschränkungen unterliege und der Veranstalter die mittelbar in das Zivilrecht[496] einwirkenden Grundrechte – insbesondere das allgemeine Persönlichkeitsrecht und das aus Art. 3 Abs. 1 GG folgende Gebot der Gleichbehand-

---

488 Vgl. hierzu unten § 10 2. a) dieser Untersuchung.

489 Vgl. hierzu unten ebd.

490 Vgl. hierzu unten ebd.

491 Dies betrifft insbesondere die DFL und ihre Mitglieder.

492 Vgl. dazu nunmehr auch VG Düsseldorf, Urteil vom 10.1.2011, Az. 18 K 3229/10.

493 Vgl. BGH, Urteil vom 30.10.2009, NJW 2010, 534 (535).

494 Zuvor bereits bezüglich der Formvoraussetzungen eines Stadionverbotes: AG Frankfurt a. M., Urteil vom 17.8.2007, SpuRt 2008, 123, sowie LG Paderborn, Urteil vom 26.2.2008, SpuRt 2008, 124. Instruktiv zu dessen Voraussetzungen M. Breucker, Zulässigkeit von Stadionverboten, JR 2005, 133 (133ff.).

495 BGH, Urteil vom 30.10.2009, NJW 2010, 534.

496 M. Breucker, JR 2005, 133 (136), führt hierfür die vorsätzliche sittenwidrige Schädigung gemäß § 826 BGB und einen daraus resultierenden mittelbaren Kontrahierungszwang an.

lung – beachten müsse.[497] Hausverbote dürften daher nicht willkürlich chen werden, vielmehr müsse ein sachlicher Grund bestehen.[498] Die sachlichen Gründe, die das Gericht ausreichen lässt, werden indes nicht der gesellschaftlichen Bedeutung von Sportgroßveranstaltungen gerecht. Darüber hinaus unterlässt es das Gericht, die Monopolstellung der Veranstalter und die Gewährleistungsverantwortung des Staates zum Schutz der Rechte Dritter in seine Überlegungen einzubeziehen.[499]

Im Sinne der ständigen Rechtsprechung[500] bestehe ein sachlicher Grund für ein Stadionverbot, „wenn auf Grund von objektiven Tatsachen, nicht auf Grund bloßer subjektiver Befürchtungen, die Gefahr besteht, dass künftige Störungen durch die betreffenden Personen zu besorgen sind. Eine derartige Gefahr wird regelmäßig bei vorangegangenen rechtswidrigen Beeinträchtigungen vermutet, kann aber auch bei einer erstmals drohenden Beeinträchtigung gegeben sein."[501] An die Annahme der Gefahr von Störungen seien bei der Verhängung von Stadionverboten keine überhöhten Anforderungen zu stellen, da insbesondere Fußballgroßereignisse häufig zum Anlass von Ausschreitungen genommen würden.[502]

Im konkreten Fall ließ es das Gericht zunächst ausreichen, dass die Staatsanwaltschaft entsprechend § 152 Abs. 2 StPO Ermittlungen aufgenommen hat, da keine Ausnahme wegen eines offensichtlich willkürlichen Verfahrens oder auf Grund falscher Tatsachenannahmen gegeben sei.[503] Dieser Einschätzung ist wegen des berechtigten Interesses des Veranstalters an sicheren Veranstaltungen und im Hinblick auf die damit verbundenen Auswirkungen für den Betroffenen zu folgen. Gleichzeitig zeigt dies – insbesondere vor dem Hintergrund der Weitergabe von Informationen aus der Datei „Gewalttäter Sport" – die Notwendigkeit, bei den ermittelnden Behörden ein Bewusstsein für die außerhalb des Strafverfahrens bestehenden grundrechtsrelevanten Folgen zu schaffen.

Die „Richtlinien zur einheitlichen Behandlung von Stadionverboten" (Stadionverbots-RL)[504] des DFB sehen vor, dass ein Stadionverbot nach einer Einstellung

497 BGH, Urteil vom 30.10.2009, NJW 2010, 534 (535).

498 Ebd., (535).

499 Von Veranstalterseite werden in diesem Kontext sogar lebenslange Stadionverbote in die Diskussion gebracht (so der DFB-Präsident T. Zwanziger, http://www.focus.de/sport/fussball/bundesliga1/fussball-bundesliga-zwanzigerwill-gegen-randalierer-vorgehen_aid_269489.html, Stand 1.2.2012), was im Hinblick auf die hier erarbeiteten Maßstäbe erheblichen Bedenken ausgesetzt ist und nur in Extremfällen denkbar wäre.

500 Vgl. nur BGHZ 160, 232 (236), Urteil vom 17.9.2004.

501 BGH, Urteil vom 30.10.2009, NJW 2010, 534 (536).

502 Ebd., (536).

503 Ebd., (536).

504 Abzurufen unter http://www.dfb.de/uploads/media/Richtlinien_zur_einheitlichen_ Behandlung_von_Stadionverboten.pdf (Stand 1.2.2012).

gemäß § 170 Abs. 2 StPO aufgehoben und nach einer Einstellung gemäß § 153 StPO im Einzelfall überprüft wird.[505]

Kritisch zu bewerten ist allerdings, dass das Gericht nach Einstellung des Verfahrens gemäß § 153 StPO weiterhin ein Stadionverbot für gerechtfertigt hält, da es auf die Strafbarkeit des Verhaltens nicht ankomme.[506] Ausreichend sei vielmehr bereits die Zugehörigkeit zu einer Gruppe – im konkreten Fall 100 Personen – von der Gewalttätigkeiten – hier eine Körperverletzung und eine Sachbeschädigung an einem Auto – begangen wurden, da dies darauf schließen lasse, dass sich der Betroffene in einem zu Gewalttätigkeiten neigenden Umfeld bewege und von ihm deshalb Störungen zu besorgen seien.[507]

Dieses Ergebnis erscheint im Hinblick auf das als Maßstab anzulegende Willkürverbot sowie aufgrund der gesellschaftlichen Bedeutung von Sportgroßveranstaltungen und der rechtlichen Stellung der ausrichtenden Verbände nicht sachgerecht. Bereits die Unterscheidung zwischen einer Einstellung nach § 170 Abs. 2 StPO oder § 153 StPO ist problematisch. Eine Einstellung nach § 153 StPO findet stets dann statt, wenn die zu erwartende Schuld gering wäre. Ist dies der Fall, findet umgekehrt oft keine Klärung statt, ob auch eine Einstellung nach § 170 Abs. 2 StPO angezeigt ist.[508]

Gleichzeitig beinhaltet die Einstellung gemäß § 153 Abs. 1 Satz 1 StPO auch die Feststellung des Fehlens eines öffentlichen Interesses, was insbesondere bedeutet, dass keine spezial- oder generalpräventiven Gründe vorliegen.[509] Die Einstellung nach § 153 StPO muss somit bereits eine entsprechende Ermessensabwägung auch im Hinblick auf die Sicherheit von Sportgroßveranstaltungen beinhalten. Es ist daher nicht nachvollziehbar, dass eine erneute Überprüfung durch den Veranstalter zu einem anderen Ergebnis kommen kann.

Die gegenwärtige Praxis erlaubt eine pauschale Erfassung personenbezogener Daten in der Datei „Gewalttäter Sport" schon auf einer vergleichsweise niedrigen Verdachtsstufe. Auf dieser Grundlage werden von den privaten Veranstaltern von Sportgroßveranstaltungen in der Folge regelmäßig Maßnahmen von erheblicher Grundrechtsrelevanz getroffen. Die Rechtmäßigkeit dieser Praxis ist angesichts der vorstehenden Ausführungen überaus zweifelhaft.[510] Ziel einer Neuregelung der Datei „Gewalttäter Sport" sollte es sein, die tatsächlichen Gefährder – aber eben auch

505 Vgl. § 6 Stadionverbots-RL.

506 BGH, Urteil vom 30.10.2009, NJW 2010, 534 (536).

507 Ebd., (534 und 536). Vgl. hierzu auch schon VGH Mannheim, VBlBW 2000, 474, und VGH München, BayVBl. 2006, 671, die die Zugehörigkeit einer Person zur Hooligan-Szene als Beleg für von ihr ausgehende Gefahr künftiger Straftaten ausreichend ansahen.

508 L. Meyer-Goßner, Strafprozessordnung, 2010, § 153, Rn. 3.

509 Ebd., § 153, Rn. 7.

510 Vgl. hierzu auch die Urteilsanmerkung von Heermann, NJW 2010, 534 (537), der zu bedenken gibt, dass ein zweifelhaftes Signal gesetzt werde, da „[d]as Entfernen von gewaltbereiten Gruppenmitgliedern [..] in Zeiten, in denen ebenso oft wie berechtigt unzureichende Zivilcourage beklagt wird, allenfalls die zweitbeste Lösung" sei.

nur diese – schon auf Grundlage einer Erfassung in der Datei „gerichtsfest“ sanktionieren zu können. Dies setzt eine Herausarbeitung klarer Maßstäbe für die Datenerfassung durch den Verordnungsgeber voraus.

Dadurch wird es zum einen für den Betroffenen nachvollziehbar, warum er mögliche Konsequenzen zu tragen hat, zum anderen erleichtert es die Arbeit der Polizei, da sie auf eine aussagekräftige Datei zurückgreifen kann. Andernfalls steht auch zu befürchten, dass die Akzeptanz der polizeilichen Datenerfassung im Umfeld von Sportgroßveranstaltungen auf Seiten der großen Mehrheit friedlicher Besucher von Sportveranstaltungen zunehmend schwinden könnte.

ddd) Resozialisierungsoptionen

Der Resozialisierungsgedanke gebietet es, dass den Betroffenen die Aussicht eröffnet wird, aus der Datei gelöscht oder niedriger eingestuft zu werden. Dies könnte neben dem Verfall von Punkten durch Zeitablauf auch hier durch die Teilnahme an mit Aufbauseminaren vergleichbaren Veranstaltungen zur Gewaltprävention geschehen.

Derartige Veranstaltungen sind idealerweise durch die Sportgroßveranstaltungen ausrichtenden Vereine durchzuführen. Hierzu bedürfte es einer entsprechenden einfachgesetzlichen Regelung, die Vereine dazu verpflichtet, diese Seminare für negativ in Erscheinung getretene Anhänger anzubieten. Den Vereinen sollte es dabei freistehen, ein kostendeckendes Entgelt für derartige Seminare in Rechung zu stellen. So können auch kleinere finanzschwache Vereine diese Seminare organisieren. Im Bezug auf die Leiter der Seminare kann ähnlich dem Modell zur Erlaubnis der Durchführung von Aufbauseminaren gemäß § 31 FahrlG[511] verfahren werden. Dieses sieht einen sogenannten Einweisungslehrgang vor, der von einer staatlich anerkannten Stelle geleitet wird und die Qualität der Seminare sicherstellt. Auf diese Weise kommt der Staat seiner Gewährleistungsverantwortung unter Zuhilfenahme Privater nach, ohne selbst tätig werden zu müssen.

Einer Übertragung dieser Aufgabe auf die Vereine begegnen auch im Hinblich auf die Autonomie der Vereine keine rechtsstaatlichen Bedenken. Es spricht nichts dagegen, das Spezialwissen der Vereine in diesem Bereich nutzbar zu machen. Zudem kann wohl konstatiert werden, dass die Vereine unter ihren Anhängern ein größeres Vertrauen und Identifikationspotenzial als die einschlägigen staatlichen Stellen genießen. Den Ausrichtern wird darüber hinaus die Möglichkeit eröffnet, den direkten Kontakt zu ihren „Problemfans“ zu vertiefen und so den Informationsaustausch mit den staatlichen Behörden zu bereichern.

---

511 Gesetz über das Fahrlehrerwesen vom 25.8.1969 (BGBl. I S. 1336), zuletzt geändert durch Art. 58 G zur Verbesserung der Feststellung und Anerkennung im Ausland erworbener Berufsqualifikationen vom 6.12.2011 (BGBl. I S. 2515).

d) Zusammenarbeit mit ausländischen Behörden

Die Internationalisierung von Sportgroßveranstaltungen, die schon seit langem besteht und weiterhin zunimmt, macht eine enge Zusammenarbeit der nationalen Stellen mit ausländischen Behörden notwendig. Dies gilt insbesondere in Bezug auf den internationalen Terrorismus und bei Maßnahmen gegen Hooligans.[512] Auf deutscher Seite ist die ZIS auch die zuständige Stelle für den Informationsaustausch mit internationalen Behörden.[513] Wichtig in diesem Zusammenhang auf der Ebene der Europäischen Union ist der „Leitfaden[514] für die Zusammenarbeit zwischen Mitgliedstaaten zur Vermeidung von Terroranschlägen bei den Olympischen Spielen und anderen vergleichbaren Sportveranstaltungen“[515]. Dieser wurde anlässlich der Olympischen Spiele in Athen im Jahre 2004 erlassen und basiert auf der Erkenntnis, dass sportliche Großveranstaltungen aufgrund des hohen öffentlichen Interesses einer besonderen terroristischen Bedrohung ausgesetzt sind.[516] Grundsätzlich habe zwar der veranstaltende Staat die primäre Verantwortung für die öffentliche Sicherheit, aufgrund des internationalen Charakters dieser Veranstaltungen sei es aber Aufgabe aller Mitgliedstaaten und der zuständigen Stellen der Europäischen Union, zur Garantie dieser Sicherheit beizutragen und entsprechende Unterstützung zu leisten.[517] Hier wird also explizit zumindest für die Sicherheit von Sportgroßveranstaltungen eine Gewährleistungsverantwortung der Mitgliedstaaten und der Europäischen Union festgestellt. Gleichzeitig wird von Unionsseite ein genauer Leitfaden für die Zusammenarbeit und insbesondere den Informationsaustausch zwischen den Mitgliedstaaten formuliert. Die gegenseitige Bereitstellung von Informationen wird als Schlüssel zur Vermeidung von Terroranschlägen betrachtet.[518] Ergänzt wird dieser Leitfaden durch den „Leitfaden für die Polizei- und Sicherheitsbehörden zur Zusammenarbeit bei Großveranstaltungen mit internationaler Dimension“[519].

---

512 Sprachlich verfehlt und polemisch jedoch der Vergleich von M. Breucker, Präventivmaßnahmen gegen reisende Hooligans, NJW 2004, 1631 (1631), der reisende Hooligans mit „schädlichen Umwelteinwirkungen“ vergleicht und Parallelen zum Umweltvölkerrecht zieht.

513 Bei Sportveranstaltungen im Ausland stellt § 43 Abs. 3 S. 1 Nr. 3 PolG eine Ermächtigungsgrundlage zur Übermittlung von Daten an ausländische Polizeidienststellen dar, vgl. auch R. Belz/E. Mußmann, Polizeigesetz für Baden-Württemberg, 2009, § 43, Rn. 16.

514 Der Leitfaden hat den rechtlichen Status einer Empfehlung im Sinne von Art. 288 Abs. 4 AEUV und ist daher nicht verbindlich.

515 Dok. 5744/1/04 REV 1 ENFOPOL 14.

516 Ebd., S. 3.

517 Ebd., S. 6.

518 Ebd., S. 7.

519 Dok. 10589/1/07 REV 1 ENFOPOL 119.

Auch im Prümer Vertrag[520] finden sich Regelungen zur internationalen Zusammenarbeit bei Sportgroßveranstaltungen:

> Artikel 13 Übermittlung nicht-personenbezogener Informationen
>
> Zum Zweck der Verhinderung von Straftaten und zur Abwehr einer Gefahr für die öffentliche Sicherheit und Ordnung im Zusammenhang mit Großveranstaltungen mit grenzüberschreitendem Bezug, insbesondere im Bereich des Sports oder der Tagungen des Europäischen Rates, übermitteln die Vertragsparteien einander sowohl auf Ersuchen als auch aus eigener Initiative nach dem innerstaatlichen Recht der übermittelnden Vertragspartei nichtpersonenbezogene Informationen, die hierzu erforderlich sein können.

Art. 14 Abs. 1 regelt die Übermittlung personenbezogener Daten insbesondere im Zusammenhang mit Sportgroßveranstaltungen mit grenzüberschreitendem Bezug. Diese ist nur dann möglich, soweit dies nach innerstaatlichem Recht zulässig ist. Abs. 2 regelt den Umgang mit den Daten, insbesondere wann diese zu löschen sind.

2) Ordnungsrechtliche Optionen unmittelbar vor Sportgroßveranstaltungen

Ebenfalls im Vorfeld von Sportgroßveranstaltungen wenden die Polizeibehörden zur Verhinderung von Ausschreitungen durch Hooligans einen nach Intensität gestaffelten Katalog vorbeugender Maßnahmen an. Dessen Instrumentarium besteht aus der Gefährderansprache, gegebenenfalls verbunden mit der Androhung konkreter Maßnahmen, Meldeauflagen und Aufenthaltsverboten sowie Präventivgewahrsam.[521] Als ultima ratio kommen auch Spielverbote in Betracht.

a) Gefährderansprache

Die Gefährderansprache ist das mildeste der oben genannten Instrumente. Sie beinhaltet eine mündliche oder schriftliche Erinnerung beziehungsweise Ermahnung an einen potenziellen Gefährder, Störungen der öffentlichen Sicherheit und Ordnung zu unterlassen.[522] Gleichzeitig kann der potenzielle Störer auch darüber aufgeklärt werden, welche Konsequenzen ein gegenteiliges Verhalten nach sich führen

---

520 Vertrag vom 27.5.2005 über die Vertiefung der grenzüberschreitenden Zusammenarbeit, insbesondere zur Bekämpfung des Terrorismus, der grenzüberschreitenden Kriminalität und der illegalen Migration. Vertragsparteien waren sieben EU-Mitgliedstaaten darunter auch Deutschland. Hierzu ausführlich S. Mutschler, Der Prümer Vertrag, 2010, S. 71ff., sowie instruktiv W. Hummer, Der Vertrag von Prüm – "Schengen III"?, EuR 2007, 517.

521 M. Breucker, NJW 2006, 1233 (1236).

522 In OVG Lüneburg, Urteil vom 22.9.2005, NJW 2006, 391 (391), findet sich der Wortlaut eines solchen Schreibens (allerdings bezüglich der Teilnahme an einer Demonstration im Ausland), vgl. auch C. Arzt, Gefährderansprache und Meldeauflage bei Sport-Großereignissen, Die Polizei 2006, 156 (157), sowie M. Breucker, DPolBl. 2007, 4 (5), der zudem eine Abgrenzung zu der „hinweisenden Gefährderansprache", der „androhenden Gefährderansprache" und dem „Gefährdergespräch" vornimmt.

kann.[523] Diese Ansprache geschieht zumeist zu Hause oder am Arbeitsplatz. Zweck der Ansprache ist es, den potenziellen Störer abzuschrecken beziehungsweise bei ihm ein Bewusstsein dafür zu schaffen, dass er entanonymisiert ist. Die Gefährderansprache darf jedoch nicht bewusst vor Dritten vorgenommen werden, um einen Anprangerungseffekt zu vermeiden.[524] Da die Gefährderansprache keinen Regelungscharakter hat, stellt sie keinen Verwaltungs-, sondern einen Realakt dar.[525]

aa) Eingriffsqualität

Umstritten ist, ob die Gefährderansprache einen Eingriff darstellt und gegebenenfalls den Anforderungen des Gesetzesvorbehalts genügt.[526] Die Eingriffsqualität wird teilweise mit der Begründung verneint, es handele sich lediglich um einen Hinweis auf die Rechtslage.[527] Dieser Ansicht kann vor dem Hintergrund, dass Gefährderansprachen unterschiedlich ausgestaltet sein können, nicht pauschal gefolgt werden. Die Beantwortung dieser Frage hängt zudem davon ab, welche Voraussetzungen man generell an einen Eingriff stellt.[528]

Grundsätzlich wird zwischen dem klassischen und dem modernen Eingriffsbegriff unterschieden. Legte man den klassischen Begriff zugrunde, würde hier kein Eingriff vorliegen, da es sich nicht um einen Rechtsakt mit rechtlicher, sondern lediglich tatsächlicher Wirkung handelt und die Gefährderansprache auch nicht mit Befehl und Zwang angeordnet oder durchgesetzt wird.[529] Der klassische Eingriffsbegriff wird jedoch so nicht mehr vertreten, da er zu große Bereiche staatlichen Handelns ausklammert und zu Lücken im Grundrechtsschutz führt.

Daher soll hier dem modernen Eingriffsbegriff gefolgt werden, der weiter ist. Er beinhaltet jedes staatliche Handeln, das dem Einzelnen ein Verhalten, das in den Schutzbereich eines Grundrechts fällt, ganz oder teilweise unmöglich macht, unabhängig davon, ob diese Wirkung final oder unbeabsichtigt, unmittelbar oder mittelbar, rechtlich oder tatsächlich, mit oder ohne Befehl und Zwang erfolgt.[530] Danach ist in den meisten Fällen der Gefährderansprache ein Eingriff zu bejahen. So kann

---

523 Allgemein zur Gefährderansprache: F. Rachor in: Lisken/Denninger (Hrsg.), Handbuch des Polizeirechts, 2007, F 822; T. Hebeler, Die Gefährderansprache, NVwZ 2011, 1364.

524 Ebd., Rn. F 824.

525 OVG Lüneburg, Urteil vom 22.9.2005, NJW 2006, 391 (391).

526 Ablehnend: M. Breucker, SpuRt 2005, 133 (133f.); differenzierend: F. Deusch, "Fanorientierte" Maßnahmen polizeilicher Gefahrenabwehr bei Fußballspielen, Die Polizei 2006, 145 (145f.), F. Rachor in: Lisken/Denninger (Hrsg.), Handbuch des Polizeirechts, 2007, F 823.

527 So zum Beispiel M. Breucker, SpuRt 2005, 133 (133), der eine Eingriffsqualität erst bejaht, wenn die Betroffenen über individuelle Reiseabsichten oder geplante Ausschreitungen befragt werden. Dabei handelt es sich jedoch nicht mehr um eine reine Gefährderansprache, sondern um eine Befragung im Sinne des § 20 PolG. Vgl. auch M. Breucker, NJW 2006, 1233 (1236).

528 In diese Richtung wohl auch: F. Deusch, Die Polizei 2006, 145 (146).

529 So im Ergebnis auch T. Hebeler, NVwZ 2011, 1364 (1365). Instruktiv zum klassischen Eingriffsbegriff vgl. B. Pieroth/B. Schlink, Staatsrecht II Grundrechte, 2010, Rn. 251.

530 Mit weiteren Nachweisen ebd., Rn. 240.

das allgemeine Persönlichkeitsrecht gemäß Art. 2 Abs. 1 GG iVm Art. 1 Abs. 1 GG betroffen sein, da die Gefährderansprache zum Ausdruck bringt, dass der Staat den Bürger für einen potenziellen Störer hält und dies ein sozialethisches Unwerturteil beinhaltet, insbesondere wenn andere Personen am Arbeitsplatz oder in der Familie von den polizeilichen Maßnahmen erfahren.[531] Außerdem kann sie einen Eingriff in die allgemeine Handlungsfreiheit nach Art. 2 Abs. 1 GG darstellen, wenn sie so gestaltet ist, dass der Bürger keine andere Wahl hat, als der Ansprache Folge zu leisten.[532]

bb) Fehlende Standardermächtigung

Ist somit von einer Eingriffsqualität auszugehen, stellt sich die Frage nach einer rechtlich tragfähigen Ermächtigungsgrundlage. Im Polizeirecht existiert ein drei Ebenen umfassendes Ermächtigungssystem, bestehend aus Sondergesetzen, Standardmaßnahmen und Generalklausel.[533] Dieses Drei-Ebenen-System ist in den meisten Ländern in den Polizeigesetzen normiert,[534] nicht jedoch in Baden-Württemberg. Dennoch stellt der Grundsatz „lex specialis derogat legi generali" ein in unserem Rechtsverständnis grundlegendes Prinzip zum Verhältnis der Normen dar[535], so dass für Baden-Württemberg keine andere Rechtslage besteht.[536] Mit diesem Grundsatz ist aber noch keine Klarheit hergestellt, ob eine Ermächtigungsgrundlage und wenn ja welche im Einzelfall gegeben ist.[537]

531 F. Rachor in: Lisken/Denninger (Hrsg.), Handbuch des Polizeirechts, 2007, Rn. F 823; F. Deusch, Die Polizei 2006, 145 (146); so auch C. Arzt, Die Polizei 2006, 156 (157) mit Hinweis auf BVerfGE 54, 208 (217), Beschluss vom 3.6.1980 und BVerfG, Beschluss vom 25.10.2005, NJW 2006, 207 (208).

532 Vgl. F. Rachor in: Lisken/Denninger (Hrsg.), Handbuch des Polizeirechts, 2007, Rn. F 823. C. Arzt, Die Polizei 2006, 156 (158), resümiert, dass ein Eingriff zu bejahen sei, wenn auf die Entschlussfreiheit des Betroffenen mit Blick auf den möglichen Besuch eines Sportereignisses Einfluss genommen werden soll. Dies würde jedoch wieder ein finales Element beinhalten, das nach dem modernen Eingriffsbegriff gerade nicht notwendig ist.

533 H. Butzer, Flucht in die polizeiliche Generalklausel?, VerwArch 2002, 506 (507f.).

534 Vgl. nur Art. 11 2. HS BayPAG (Gesetz über die Aufgaben und Befugnisse der Bayerischen Staatlichen Polizei in der Fassung der Bekanntmachung vom 14.9.1990 (GVBl. S. 397, BayRS 2012-1-1-I), zuletzt geändert durch § 14 G vom 20.12.2011 (GVBl. S. 689)).

535 Zur Vertiefung sei auf E. Kramer, Juristische Methodenlehre, 2005, S. 97, verwiesen, der davor warnt, diesen Grundsatz „als geradezu evident, als Ausdruck juristischer Logik" hinzunehmen.

536 T. Würtenberger/D. Heckmann, Polizeirecht in Baden-Württemberg, 2005, Rn. 250, bezeichnet das System als „dreistufige Subsidiarität". H. Butzer, VerwArch 2002, 506 (517f.), kritisiert diese Terminologie, da sie nicht mit der sonst in der Rechtswissenschaft üblichen Terminologie übereinstimme. Der Begriff Subsidiarität dürfe nicht dahingehend missverstanden werden, dass die Generalklausel stets als Auffangregelung erhalten bleibe. Dies sei nur der Fall, wenn die anderen Regelungen nicht anwendbar seien.

537 H. Butzer, VerwArch 2002, 506 (508).

Mangels in Frage kommender Sondergesetze oder Standardmaßnahmen kommt hier nur die polizeiliche Generalklausel der §§ 1, 3 PolG in Betracht.[538] Diese wird teilweise als nicht ausreichend betrachtet.[539] Es geht hier – wie auch bei den später diskutierten Maßnahmen – um die Frage, welche grundsätzliche Funktion man der polizeilichen Generalklausel zuordnet.[540]

cc) Die Generalklausel als Ermächtigungsgrundlage

Die Verwaltung begegnet in der Praxis einer Vielzahl von Situationen, die vom Gesetzgeber oftmals nicht vorhergesehen werden können. Um zu ermöglichen, dass die Polizei auch bei neu auftretenden Konstellationen flexibel reagieren kann, hat der Gesetzgeber, um dem Vorbehalt des Gesetzes zu genügen, sogenannte Generalklauseln[541] eingeführt[542], die die Aufrechterhaltung der öffentlichen Sicherheit auch in diesen Fällen gewährleisten sollen.[543]

aaa) Vereinbarkeit mit dem Bestimmtheitsgebot

Dass solche Generalklauseln auch rechtsstaatliche Gefahren mit sich bringen, ist bereits seit langem erkannt.[544] Eine weit gefasste Generalermächtigung kann dazu führen, dass der Polizei in einem sehr sensiblen Bereich, in dem in besonderem Maße in die Freiheiten der Bürger eingegriffen wird, gleichsam freie Hand gelassen wird.

Die Bedenken gegenüber Generalklauseln gehen insbesondere dahin, dass diese unbestimmte Rechtsbegriffe enthalten und daher fraglich ist, ob sie dem rechts-

---

538 So auch T. Hebeler, NVwZ 2011, 1364 (1366). Anders dagegen § 49b des Österreichischen Sicherheitspolizeigesetzes, in dem die Gefährderansprache als Standardmaßnahme kodifiziert ist:

§ 49b Gefährderansprache

Menschen, die Verwaltungsübertretungen nach §§ 81 oder 82 oder nach dem Pyrotechnikgesetz in unmittelbarem Zusammenhang mit Sportgroßveranstaltungen begangen haben, und von denen aufgrund bestimmter Tatsachen anzunehmen ist, dass sie auch in unmittelbarem Zusammenhang mit künftigen Sportgroßveranstaltungen solche Verwaltungsübertretungen begehen werden, können von der Sicherheitsbehörde vorgeladen werden, um über das rechtskonforme Verhalten bei solchen Veranstaltungen nachweislich belehrt zu werden. [...].

539 C. Arzt, Die Polizei 2006, 156 (158).

540 Vgl. hierzu bereits J. W. Hedemann, Flucht in die Generalklauseln, 1933, S. 53ff.

541 Vgl. hierzu ausführlich H. Wißmann, Generalklauseln, 2008, S. 214ff.

542 Die Rechtsfigur der Generalklausel entstand im preußischen Recht, während die Rechtsordnungen der süddeutschen Staaten zunächst auf einem kasuistischen System basierten. Die erste polizeirechtliche Generalklausel war § 10 II 17 ALR: „Die nöthigen Anstalten zur Erhaltung der öffentlichen Ruhe, Sicherheit, und Ordnung, und zur Abwendung der dem Publico, oder einzelnen Mitgliedern desselben, bevorstehenden Gefahren zu treffen, ist das Amt der Polizey."

543 Vgl. instruktiv hierzu A. v. Mutius, Die Generalklausel im Polizei- und Ordnungsrecht, Jura 1986, 649.

544 Vgl. bereits J. W. Hedemann, Flucht in die Generalklauseln, 1933.

staatlichen Bestimmtheitsgebot genügen.[545] Das verfassungsrechtliche Bestimmtheitsgebot beinhaltet, dass ein Rechtssatz inhaltlich präzisierbar sein soll. Es dient dazu, die Verwaltung zu binden und ihr Verhalten nach Inhalt, Zweck und Ausmaß zu begrenzen.[546] Das Bundesverfassungsgericht entschied in Bezug auf die polizeirechtliche Generalklausel, dass sie unter dem *„verfassungsrechtlichen Aspekt [des Bestimmtheitsgebotes] unbedenklich [ist], weil sie in jahrzehntelanger Entwicklung durch Rechtsprechung und Lehre nach Inhalt, Zweck und Ausmaß hinreichend präzisiert, in ihrer Bedeutung geklärt und im juristischen Sprachgebrauch verfestigt ist"*[547]. Dieses Judikat des Bundesverfassungsgerichts darf jedoch nicht dahingehend fehlinterpretiert werden, dass jegliche Maßnahme auf die Generalklausel gestützt werden kann, es klärt lediglich die generelle Zulässigkeit einer solchen Regelung.[548] Es ist in jedem Einzelfall zu klären, ob die polizeiliche Generalklausel eine taugliche Ermächtigungsgrundlage darstellt. Das Urteil besagt, dass der unbestimmte Rechtsbegriff „öffentliche Sicherheit" durch jahrzehntelange Rechtsprechung hinreichend konkretisiert ist und daher dem Bestimmtheitsgebot genügt, nicht jedoch, welche polizeilichen Maßnahmen darauf gestützt werden dürfen. Es ist daher umstritten, ob eine Anwendung der Generalklausel in manchen Fällen wegen mangelnder Bestimmtheit ausscheidet.[549] Dies wird für den Eingriff in eine Reihe von Grundrechten angenommen, beispielsweise auch in das Grundrecht der Freizügigkeit nach Art. 11 GG[550] und soll insbesondere für intensive und nicht nur kurzzeitig geltende Grundrechtseingriffe gelten.[551]

Ausgehend von dem aufgeführten Urteil des Bundesverfassungsgerichts ist es allerdings nicht ersichtlich, warum die als ausreichend angenommene Bestimmtheit des Merkmals „öffentliche Sicherheit" dann nicht auch zu intensiven Eingriffen ermächtigen soll. Der Zweck von Generalklauseln ist, gerade in neuen, nicht vorab festlegbaren Situationen eine Ermächtigungsgrundlage zur Aufrechterhaltung der öffentlichen Sicherheit zu geben[552], und, solange das Kriterium der „öffentlichen Sicherheit" hinreichend bestimmbar ist, auch zu intensiven Eingriffen zu ermächtigen. Der Auffassung des Bundesverfassungsgerichts ist zuzustimmen, damit Generalklauseln ihre wichtige Auffangfunktion erfüllen, wenn es darum geht, in der

545 Hierzu ausführlich mit weiteren Nachweisen: H. Wißmann, Generalklauseln, 2008, S. 167ff.

546 So zuletzt BVerfGE 113, 348 (376), Urteil vom 27.7.2005.

547 BVerfGE 54, 143 (144f.), Beschluss vom 23.5.1980.

548 So auch F. Rachor in: Lisken/Denninger (Hrsg.), Handbuch des Polizeirechts, 2007, F 789.

549 U. Volkmann, Die Rückeroberung der Allmende, NVwZ 2000, 361 (365). So wohl auch F. Rachor in: Lisken/Denninger (Hrsg.), Handbuch des Polizeirechts, 2007, F 789. W. Cremer, Aufenthaltsverbote und offene Drogenszene, NVwZ 2001, 1218 (1221), stellt fest, dass gute Gründe für eine Verortung der Problematik beim Bestimmtheitsgebot sprechen, untersucht sie jedoch im Rahmen des Parlamentsvorbehaltes.

550 Mit weiteren Nachweisen H. Butzer, VerwArch 2002, 506 (521).

551 F. Rachor in: Lisken/Denninger (Hrsg.), Handbuch des Polizeirechts, 2007, F 789.

552 Vgl. H. Wißmann, Generalklauseln, 2008, S. 303.

Praxis neuen Herausforderungen zu begegnen.[553] Die Verwaltung muss als Rechtsfolge selbstverständlich ein angemessenes Mittel wählen. Es handelt sich daher nicht um eine Frage der Bestimmtheit, sondern vielmehr um eine Frage der Verhältnismäßigkeit im Einzelfall.[554] Die Rechtmäßigkeit kann im Einzelfall am Übermaßverbot scheitern, nicht jedoch an der fehlenden Bestimmtheit der Norm.

bbb) Wesentlichkeitstheorie und zweistufige Prüfung nach Intensität und Typik

Anders kann es sich dagegen bezüglich des Parlamentsvorbehalts und der vom Bundesverfassungsgericht aus dem Rechtsstaats- und dem Demokratieprinzip entwickelten Wesentlichkeitstheorie verhalten.[555] Das Bundesverfassungsgericht hat festgestellt, dass der Vorbehalt des Gesetzes, der sich aus Art. 20 Abs. 3 GG ergibt, beinhalte, *„dass der Gesetzgeber verpflichtet ist, – losgelöst vom Merkmal des ‚Eingriffs' – in grundlegenden normativen Bereichen, zumal im Bereich der Grundrechtsausübung, soweit diese staatlicher Regelung zugänglich ist, alle wesentlichen Entscheidungen selbst zu treffen"*.[556] Dieses Merkmal der „Wesentlichkeit" ist zwar schwer greifbar[557], jedoch ergibt sich aus der Formulierung bereits, dass es insbesondere auf die Grundrechtsrelevanz ankommt.

Diskutiert werden in diesem Zusammenhang zwei Ansätze, die die Anwendbarkeit der polizeilichen Generalklausel einschränken. Der erste Ansatz stellt auf die Intensität, der zweite auf die Typik der Maßnahme ab.[558]

Stellt man auf die Eingriffsintensität ab, sollen diejenigen Eingriffe, die eine gewisse Schwelle überschreiten und damit im Sinne der Wesentlichkeitstheorie vom Gesetzgeber zu regeln sind, nicht durch die Generalklausel gedeckt sein.[559]

---

553 Dazu ausführlich B. Pieroth/B. Schlink/M. Kniesel, Polizei- und Ordnungsrecht, 2010, § 7 Rn. 11ff. H. Butzer, VerwArch 2002, 506 (518), warnt jedoch vor begrifflichen Missverständnissen, da Auffangregelung nicht bedeute, dass die Generalklausel stets neben Standardermächtigungen anwendbar sei.

554 So wie hier: F. Schoch, Polizei- und Ordnungsrecht, in: Schmidt-Aßmann/ders. (Hrsg.), Besonderes Verwaltungsrecht, 2008, Rn. 63; anders: R. Schmidt, Bremisches Polizeigesetz, 2006, § 14, Rn. 11.

555 So auch: H. Butzer, VerwArch 2002, 506 (522). Anders: F. Rachor in: Lisken/Denninger (Hrsg.), Handbuch des Polizeirechts, 2007, F 789, der auch schon die Bestimmtheit bei grundrechtsintensiven Eingriffen ablehnt.

556 BVerfGE 49, 89 (126), Beschluss vom 8.8.1978. Zuvor auch schon BVerfGE 34, 165 (192f.), Urteil vom 6.12.1972.

557 M. Sachs in: ders. (Hrsg.), Grundgesetz, 2009, Art. 20, Rn. 116, spricht von einem recht vagen Abgrenzungskriterium. Kritisch auch R. Herzog, Gesetzgebung und Einzelfallgerechtigkeit, NJW 1999, 25 (26), „einer der unbestimmtesten Begriffe [..], die man sich überhaupt ausdenken kann".

558 Vgl. mit weiteren Nachweisen B. Pieroth/B. Schlink/M. Kniesel, Polizei- und Ordnungsrecht, 2010, § 7 Rn. 16ff., sowie H. Wißmann, Generalklauseln, 2008, S. 210ff.

559 F. Schoch, Polizei- und Ordnungsrecht, in: Schmidt-Aßmann/ders. (Hrsg.), Besonderes Verwaltungsrecht, 2008, Rn. 56, unter Hinweis auf BVerwGE 129, 142 (149), Urteil vom 25.7.2007.

Nach dieser Ansicht würde jedoch der Zweck der Generalklausel, die öffentliche Sicherheit und Ordnung zu gewährleisten, ausgehöhlt.[560] Zudem besteht mit der Generalklausel eine Norm, die dem Gesetzesvorbehalt genügt. Diese Argumentation würde sich wieder auf die oben bereits diskutierte Kritik an der Bestimmtheit der Generalklausel beziehen. Es ist daher möglich, auch grundrechtsintensive Eingriffe – selbstverständlich unter Beachtung des Grundsatzes der Verhältnismäßigkeit – auf die Generalklausel zu stützen.

Hebt man dagegen auf die Typik ab, dann soll die Generalklausel immer dann, wenn eine Maßnahme typisierbar ist, nicht mehr angewandt werden dürfen.[561] Typisierbar bedeutet, dass eine Maßnahme der Regelung zugänglich ist. Diese Ansicht führte jedoch dazu, dass sämtliche auch noch so marginalen Grundrechtseingriffe gesondert geregelt werden müssten, was eine inhaltliche Überfrachtung des Gesetzes und damit eine Normflut zur Folge hätte.[562] Kritisiert wird auch, dass dieses als *„Überdehnung des grundrechtlichen Parlamentsvorbehalts"* beschriebene Problem nicht zu mehr Rechtsstaatlichkeit führe, da die entsprechenden Standardermächtigungen lediglich die Voraussetzungen der Generalklausel wiederholen.[563]

Richtigerweise sind bei der Anwendung der Generalklausel beide Kriterien zu kombinieren[564], um der effektiven Gefahrenabwehr und der Wesentlichkeitstheorie im Sinne der praktischen Konkordanz Rechung zu tragen.[565] Demnach ist neben der Typisierbarkeit auch die Intensität des Eingriffs zu beachten.[566] Es bietet sich eine zweistufige Prüfung an, die zunächst die Typisierbarkeit der Maßnahme klärt. Wenn die Maßnahme nicht typisierbar ist, handelt es sich um den klassischen Anwendungsbereich der Generalklausel.[567] Hier sind im Rahmen der Verhältnismäßigkeit auch grundrechtsintensive Maßnahmen möglich.[568] Ist die Maßnahme dagegen typisierbar, muss in einem zweiten Schritt die Eingriffsintensität der Maßnahme geklärt werden. Überschreitet diese die Schwelle der Wesentlichkeit, so ist der Gesetzgeber gefordert, tätig zu werden.[569] Unterlässt er dies, scheidet eine An-

560 Ebenfalls ablehnend: H. Wißmann, Generalklauseln, 2008, S. 210f.

561 B. Pieroth/B. Schlink/M. Kniesel, Polizei- und Ordnungsrecht, 2010, § 7, Rn. 20; F. Schoch, Polizei- und Ordnungsrecht, in: Schmidt-Aßmann/ders. (Hrsg.), Besonderes Verwaltungsrecht, 2008, Rn. 54; H. Butzer, VerwArch 2002, 506 (524ff.).

562 So aber C. Arzt, Die Polizei 2006, 156 (158).

563 W.-R. Schenke, Polizei- und Ordnungsrecht, 2009, Rn. 49.

564 H. Butzer, VerwArch 2002, 506 (523).

565 Vgl. zur praktischen Konkordanz K. Hesse, Grundzüge des Verfassungsrechts der Bundesrepublik Deutschland, 1995, Rn. 72.

566 Grundsätzlich ablehnend H. Wißmann, Generalklauseln, 2008, S. 213, der aber einräumt, dass eine solche Kombination konsequent sei, wenn man die Generalklausel als Ausnahme einer eigentlich regelmäßig erforderlichen bestimmteren Regelung begreife.

567 Vgl. auch BVerwGE 115, 189 (194ff.), Beschluss vom 24.10.2001.

568 So wie hier A. Lambiris, Klassische Standardbefugnisse im Polizeirecht, 2002, S. 45f.

569 W.-R. Schenke, Polizei- und Ordnungsrecht, 2009, Rn. 49, nimmt dies nur für besonders schwerwiegende Grundrechtseingriffe an und lässt es ausreichen, dass dem Gesetzgeber die Heranziehung der Generalklausel als Grundlage für bestimmte Grundrechtseingriffe be-

wendung der Generalklausel aus und es liegt keine taugliche Ermächtigungsgrundlage vor. Diese zweistufige Prüfung wird sowohl der Aufgabe der Polizei, die öffentliche Sicherheit zu gewährleisten, als auch dem Rechtsgedanken der Wesentlichkeitstheorie gerecht.

dd) Auswirkungen des Ergebnisses auf die Gefährderansprache

Vor diesem Hintergrund ist die Ansicht[570] zu bewerten, die eine Anwendung der Generalklausel als Ermächtigungsgrundlage für die Gefährderansprache ausschließt. Sie folgt einem Ansatz, der nur auf die Typisierbarkeit der entsprechenden Maßnahme abstellt. Aus den oben genannten Gründen kann dem nicht gefolgt werden.

Die Gefährderansprache ist zwar mittlerweile typisierbar, da sie aber nur eine geringe Grundrechtsintensität aufweist, fällt sie nicht unter den Wesentlichkeitsvorbehalt. Dies gilt auch, wenn die Gefährderansprache in das Standardrepertoire der Polizei aufgenommen wird. Es besteht vor diesem Hintergrund kein Bedarf, dass der Gesetzgeber die Gefährderansprache als Standardmaßnahme regelt, da die Generalklausel bereits eine ausreichende Ermächtigungsgrundlage darstellt.

b) Meldeauflage und Aufenthaltsverbot

Die polizeiliche Meldeauflage beinhaltet die Pflicht eines potenziellen Störers, sich für die Dauer eines bestimmten Zeitraums zu festen Zeiten bei einer Polizeidienststelle zu melden. Damit soll verhindert werden, dass der potenzielle Störer anlässlich einer Sportveranstaltung die öffentliche Sicherheit gefährdet. Bei Sportgroßveranstaltungen im Ausland finden zusätzlich § 7 Abs. 1 Nr. 1 und § 8 PaßG[571] Anwendung[572], die es ermöglichen, potenziellen Gewalttätern die Ausreise zu verweigern.[573] Zumeist ergeht eine Meldeauflage in Kombination mit einem Aufenthaltsverbot, das nunmehr in § 27a Abs. 2 PolG als eigene Standardmaßnahme kodifiziert ist.[574]

---

kannt ist. So wie hier B. Pieroth/B. Schlink/M. Kniesel, Polizei- und Ordnungsrecht, 2010, § 8 Rn. 20.

570 C. Arzt, Die Polizei 2006, 156 (158).

571 Paßgesetz vom 19.4.1986 (BGBl. I S. 537), zuletzt geändert durch Art. 4 Abs. 2 G zur Verfolgung der Vorbereitung von schweren staatsgefährdenden Gewalttaten vom 30.7.2009 (BGBl. I S. 2437).

572 Vgl. hierzu OVG Bremen, Urteil vom 2.9.2008, NordÖR 2009, 42.

573 Vgl. auch VG Stuttgart, Beschluss vom 28.9.2005, NJW 2006, 1017 (1017), das dies nicht nur im Hinblick auf das Auftreten deutscher Hooligans bei Spielen der deutschen Fußballnationalmannschaft im Ausland für rechtmäßig hält, sondern auch bei Spielen von Vereinsmannschaften.

574 Vgl. LT-Drs. 14 / 3553, S. 8.

aa) Betroffene Grundrechte

Die Frage, in welche Grundrechte bei einem Aufenthaltsverbot und bei einer Meldeauflage eingegriffen wird, ist umstritten.[575] Bezüglich des Aufenthaltsverbots ist dabei grundsätzlich nach der Art des Aufenthaltsverbots zu unterscheiden.

aaa) Aufenthaltsverbot als Eingriff in Art. 11 Abs. 1 GG

Art. 11 Abs. 1 GG schützt die Freizügigkeit, die das Bundesverfassungsgericht als *„das Recht, unbehindert durch die deutsche Staatsgewalt an jedem Ort innerhalb des Bundesgebietes Aufenthalt [...] zu nehmen"*, definiert hat.[576] Die Aufenthaltsfreiheit umfasst die Freiheit, an einem Ort vorübergehend oder längerfristig zu verweilen, ohne einen Wohnsitz zu begründen, wobei in Abgrenzung zu Art. 2 Abs. 2 Satz 2 GG strittig ist, ob der Begriff „Aufenthalt" eine gewisse Dauer voraussetzt.[577]

Neben der zeitlichen Dauer des Aufenthalts ist auch umstritten, wie der Begriff „Ortswechsel" zu definieren ist und welchem Zwecke der Aufenthaltswechsel dienen muss. Es wird überwiegend vertreten, es sei eine Gesamtschau dieser drei Kriterien vorzunehmen und anhand dieser abzugrenzen.[578] Auch wenn es dieser Abgrenzung an Genauigkeit fehlt, kann sie vorliegend ausreichend sein, da die in Frage kommenden Sachverhalte nach jeder Variante unter Art. 11 Abs. 1 GG subsumiert werden können. Insgesamt ist sie zudem vorzugswürdig, weil jede andere Definition zu statisch wäre und der weiten Bandbreite möglicher Fälle nicht gerecht würde.

Zieht sich die Veranstaltung über mehrere Tage oder gar Wochen hin, ist nach allgemeiner Auffassung in zeitlicher Hinsicht Art. 11 Abs. 1 GG betroffen. Doch auch bei eintägigen Veranstaltungen ist regelmäßig von einer für Art. 11 Abs. 1 GG ausreichenden mehrstündigen Dauer des Aufenthaltsverbots auszugehen, da auch vor und nach der Veranstaltung Straftaten verhindert werden sollen. Aufenthaltsverbote bei Sportgroßveranstaltungen haben somit eine zeitliche Signifikanz.[579]

Beim Merkmal des Ortswechsels wird unterschieden zwischen interterritorialer Freizügigkeit (Ortswechsel zwischen einzelnen Bundesländern), interkommunaler Freizügigkeit (Wechsel zwischen verschiedenen Gemeinden) und interlokaler Freizügigkeit (Ortswechsel innerhalb einer Gemeinde).[580]

---

575 Ausführlich hierzu C. Neuner, Zulässigkeit und Grenzen polizeilicher Verwaltungsmaßnahmen, 2003, S. 42ff.

576 Ständige Rechtsprechung seit BVerfGE 2, 266 (273), Urteil vom 7.5.1953.

577 M. Pagenkopf in: Sachs (Hrsg.), Grundgesetz, 2009, Art. 11, Rn. 16.

578 K. Hailbronner, § 152 Freizügigkeit, in: HStR VII, 2009, Rn. 41.

579 Anderer Ansicht F.-P. Stümper, Die Gewährleistung der öffentlichen Sicherheit und Ordnung bei Großsportveranstaltungen, 2001, S. 147, der einem Platzverweis/Aufenthaltsverbot im Zusammenhang mit Fußballspielen jegliche Eingriffsqualität absprechen will.

580 M. Pagenkopf in: Sachs (Hrsg.), Grundgesetz, 2009, Art. 11, Rn. 17.

Bei Sportgroßveranstaltungen ist eine Einschränkung auf jeder der drei Ebenen denkbar. Die Frage, ob bei einem Aufenthaltsverbot Art. 11 Abs. 1 GG betroffen ist, richtet sich also danach, ob man alle drei Ausprägungen der Freizügigkeit unter Art. 11 Abs. 1 GG subsumieren kann. Dies ist bei der interlokalen Freizügigkeit in Abgrenzung zur bloßen Bewegungsfreiheit umstritten. Mit Hinweis auf die historische Entwicklung des Freizügigkeitsrechts wird ein Schutz nach Art. 11 Abs. 1 GG teilweise abgelehnt.[581] Jedoch ist ein solcher Ausschluss angesichts der unterschiedlichen Größe von Kommunen und der Willkür dieses Kriteriums überholt.[582] Ein anderer Ansatz wäre, lediglich Bewegungen innerhalb des Lebenskreises des Bürgers vom Schutzbereich des Art. 11 Abs. 1 GG auszuschließen.[583] Der Lebenskreis soll dabei den Weg zur Arbeit und zum Einkauf sowie sonstige alltägliche Bewegungen umfassen. Eine solche Konstellation ist aber bei Sportgroßveranstaltungen kaum denkbar, da diese regelmäßig nicht in den Lebenskreis des Bürgers fallen.

Die Ansicht, Art. 11 Abs. 1 GG umfasse nur den freien Zug zu einem bestimmten Zweck[584], wird heute zu Recht nicht mehr vertreten. Auch unvernünftige oder sozial schädliche Ortswechsel fallen daher in den Schutzbereich.[585]

Im Ergebnis fallen Aufenthaltsverbote, die im Zusammenhang mit Sportgroßveranstaltungen ausgesprochen werden, regelmäßig in den Schutzbereich des Art. 11 Abs. 1 GG.[586] Es ist daher der qualifizierte Gesetzesvorbehalt des Art. 11 Abs. 2 GG und das Zitiergebot des Art. 19 Abs. 1 S. 2 GG zu beachten.

bbb) Meldeauflage als Eingriff in Art. 2 Abs. 1 GG beziehungsweise Art. 11 Abs. 1 GG

Die grundrechtliche Einordnung einer Meldeauflage lässt sich nicht pauschal bestimmen, sondern hängt davon ab, wie die Meldeauflage ausgestaltet ist. Grundsätzlich ist die Meldeauflage als intensiver Eingriff in die allgemeine Handlungsfreiheit gemäß Art. 2 Abs. 1 GG zu qualifizieren. Im Einzelfall kann sie jedoch so

581 So noch G. Dürig in: Maunz/ders. (Hrsg.), Kommentar zum GG, 2010 (Lfg. 60), Art. 11, Rn. 23, 28.

582 So wie hier K. Hailbronner, § 152 Freizügigkeit, in: HStR VII, 2009, Rn. 45; auch: W. Cremer, NVwZ 2001, 1218 (1222).

583 T. Würtenberger/D. Heckmann, Polizeirecht in Baden-Württemberg, 2005, Rn. 308; J. Deger, Platzverweise und Betretungsverbote gegen Mitglieder der Drogenszene und anderer offener Szenen, VBlBW 1996, 90 (92f.), der nur Art. 2 Abs. 1 GG für einschlägig hält.

584 Vgl. BVerwGE 3, 308 (312), Urteil vom 29.5.1956 unter Hinweis auf G. Dürig in Neumann/Nipperdey/Scheuner (Hrsg.), Die Grundrechte, 1954, S. 511ff.

585 K. Hailbronner, § 152 Freizügigkeit, in: HStR VII, 2009, Rn. 47.

586 So nunmehr wohl auch K.-H. Ruder/S. Schmitt, Polizeirecht Baden-Württemberg, 2011, Rn. 567c, die in der Vorauflage (Rn. 302a), nur dann einen Eingriff in Art. 11 GG gegeben sahen, wenn das Aufenthaltsverbot ein Wegzugs- oder Zuzugsverbot darstellt. So wie hier: F. Schoch, Polizei- und Ordnungsrecht, in: Schmidt-Aßmann/ders. (Hrsg.), Besonderes Verwaltungsrecht, 2008, Rn. 214.

gefasst sein, dass sie auch in den Schutzbereich des Art. 11 Abs. 1 GG eingreift.[587] Dies gilt insbesondere dann, wenn die Intervalle, in denen sich der Betroffene melden soll, so eng sind, dass sie de facto die Freizügigkeit einschränken. Dann muss sich die Meldeauflage – wie auch schon das oben beschriebene Aufenthaltsverbot – am Maßstab des Art. 11 Abs. 2 GG messen lassen.[588] Kompetenzrechtlich steht Art. 73 Nr. 3 GG nicht entgegen, da dieser nur die interterritoriale Freizügigkeit betrifft.[589]

bb) Anwendbarkeit der Generalklausel

In Baden-Württemberg war lange Zeit das Aufenthaltsverbot nicht sondergesetzlich oder in Form einer Standardmaßnahme geregelt und wurde bis Ende 2008 auf die polizeiliche Generalklausel gestützt. Erst mit der Einführung des neu geschaffenen § 27a Abs. 2 PolG wurde das Aufenthaltsverbot als Standardmaßnahme in das PolG aufgenommen. Es stellt eine räumliche und zeitliche Steigerung zu dem ebenfalls neu eingeführten Platzverweis gemäß § 27a Abs. 1 PolG dar, erfordert aber, dass es der Verhütung von Straftaten dient. Mit dieser Gesetzesänderung wurde den rechtsstaatlichen Bedenken Rechnung getragen, die zu Recht gegen die Anwendung des Aufenthaltsverbots auf Grundlage der Generalklausel erhoben wurden. Für die Meldeauflage gelten diese Bedenken weiterhin, da mit dem Gesetz zur Änderung des Polizeigesetzes[590] die Meldeauflage nicht als Standardmaßnahme aufgenommen wurde.

Beide Maßnahmen stellen mittlerweile typische Maßnahmen aus dem polizeitaktischen Standardrepertoire dar.[591] Dies wird bereits daran deutlich, dass Meldeauflage und Aufenthaltsverbot wesentliche Bestandteile des Sicherheitskonzepts zur Fußballweltmeisterschaft 2006 waren.[592] Dieses Konzept war selbstverständlich auch dem Landesgesetzgeber bekannt. Es wäre ihm also möglich gewesen, in die-

---

587 BVerwGE 129, 142 (150), Urteil vom 25.7.2007: „Eine Meldeauflage [greift] nicht unerheblich in die allgemeine Handlungsfreiheit (Art. 2 Abs. 1 GG) des Adressaten ein [...] und ist zudem regelmäßig mit einer Beschränkung der Freizügigkeit (Art. 11 Abs. 1 GG) verbunden."

588 Vgl. BVerwGE 129, 142 (154), Urteil vom 25.7.2007, differenziert auch im Hinblick darauf, ob sich der Adressat einer Meldeauflage an einer bestimmten Polizeidienststelle melden muss.

589 T. Würtenberger/D. Heckmann, Polizeirecht in Baden-Württemberg, 2005, Rn. 308; F. Schoch, Polizei- und Ordnungsrecht, in: Schmidt-Aßmann/ders. (Hrsg.), Besonderes Verwaltungsrecht, 2008, Rn. 214.

590 LT-Drs. 14 / 3553.

591 K.-H. Ruder, Platz- bzw. Hausverweis, Betretungs- und Rückkehrverbot für gewalttätige Ehepartner?, VBlBW 2002, 11 (14), stellt fest, dass das Aufenthaltsverbot Art. 11 GG einschränke und mittlerweile zum Alltagsgeschäft gehöre; trotzdem hielt er §§ 1, 3 PolG für ausreichend und sah keinen Bedarf für eine Standardmaßnahme. Zur Meldeauflage vgl. BVerwGE 129, 142 (150), Urteil vom 25.7.2007: „das von der Polizei in den Jahren seit 1990 mit zunehmender Häufigkeit verwendete Eingriffsinstrument der Meldeauflage."

592 Vgl. M. Breucker, NJW 2006, 1233 (1236).

sem Bereich eine Regelung zu treffen. Hinzu kommt, dass gerade das Aufenthaltsverbot schon vor 2006 Gegenstand intensiver Diskussion in der Literatur[593] war und auch die Gerichte[594] beschäftigte.[595] Es handelt sich also um eine regelbare Materie, was sich auch daran zeigt, dass sie zum Zeitpunkt der Änderung des Polizeigesetzes in anderen Bundesländern bereits kodifiziert war.[596] Meldeauflage und Aufenthaltsverbot sind also typisierbar.[597] Doch führt diese Feststellung – wie oben dargelegt – nicht automatisch zu einem Ausschluss der Anwendbarkeit der Generalklausel.

Vielmehr ist in einem zweiten Schritt die Frage der Grundrechtsintensität der Maßnahmen zu klären. Beide Maßnahmen sind mit erheblichen Eingriffen in die Grundrechte verbunden. Die Betroffenen sind in ihrer Grundrechtsausübung dadurch tangiert, dass sie gezwungen werden, sich an einem bestimmten Ort einzufinden beziehungsweise diesem fern zu bleiben. Die Maßnahmen sind daher in der Regel als wesentlich einzustufen.[598]

Hinzu kommt die Schrankenregelung des Art. 11 Abs. 2 GG. Es wäre zwar möglich, die polizeiliche Generalklausel in diesen Fällen entsprechend Art. 11 Abs. 2 GG auszulegen[599], doch würde dadurch der Wesentlichkeitsvorbehalt unterlaufen.

Trotzdem hielten die Verwaltungsgerichte in Baden-Württemberg[600] die polizeiliche Generalklausel für ausreichend.[601] Bei der baden-württembergischen

593 W. Cremer, NVwZ 2001, 1218 (1220); H. Butzer, VerwArch 2002, 506 (537).

594 Vgl. nur im Zusammenhang mit einem Aufenthaltsverbot während der Fußballweltmeisterschaft 2006: VG Stuttgart, VBlBW 2007, 67.

595 Auch wenn dieses Argument nicht automatisch für die Wesentlichkeit spricht, vgl. W. Cremer, NVwZ 2001, 1218 (1222), mit Hinweis auf BVerfGE 98, 218 (251), Urteil vom 14.7.1998.

596 Vgl. nur Art. 16 BayPAG.

597 So auch in Bezug auf die Meldeauflage B. Pieroth/B. Schlink/M. Kniesel, Polizei- und Ordnungsrecht, 2010, § 7 Rn. 21. Aufenthaltsverbot: F. Schoch, Polizei- und Ordnungsrecht, in: Schmidt-Aßmann/ders. (Hrsg.), Besonderes Verwaltungsrecht, 2008, Rn. 215.

598 So wie hier, allerdings in einem versammlungsrechtlichen Kontext: M. Kniesel, Versammlungs- und Demonstrationsfreiheit, NJW 2000, 2857 (2863).

599 So beispielsweise VG Stuttgart, Beschluss vom 9.6.2006, SpuRt 2007, 80 (82).

600 Zum Aufenthaltsverbot vgl. VG Stuttgart, Beschluss vom 6.12.1995, NVwZ-RR 1996, 390 (391); VGH Mannheim, Beschluss vom 8.7.1997, NVwZ-RR 1998, 428 (428). Zustimmend soweit es sich um erhebliche Gefahren handelt auch T. Würtenberger/D. Heckmann, Polizeirecht in Baden-Württemberg, 2005, Rn. 307. Zur Meldeauflage vgl. VGH Baden-Württemberg, Beschluss vom 14.6.2000, 1 S 1271/00.

601 Da bereits damals in allen anderen Ländern der Platzverweis durch eine Standardmaßnahme geregelt war, waren Urteile aus den übrigen Bundesländern nicht auf die Rechtslage in Baden-Württemberg anwendbar. Sie befassten sich zumeist mit der Frage, ob die Regelung zum Platzverweis abschließend ist und sich daher ein Rückgriff auf die Generalklausel bei Aufenthaltsverboten verbietet. Für die Annahme einer abschließenden Regelung VGH Kassel, Beschluss vom 28.1.2003, NVwZ 2003, 1400; ablehnend OVG Bremen, Urteil vom 24.3.1998, NVwZ 1999, 314. W. Hecker, Neue Rechtsprechung zu Aufenthaltsverboten im

Rechtsprechung ist jedoch zu beachten, dass das Instrument des Aufenthaltsverbots erst seit der ersten Hälfte der 1990er Jahre eingesetzt wurde.[602] Zu dem Zeitpunkt der ersten Entscheidungen handelte es sich somit um neue Instrumente, die noch nicht zum Standardrepertoire der Polizei gehörten und folglich nicht zwingend als typisierbar eingestuft werden mussten. Diese Rechtsprechung wurde dennoch beibehalten, ohne die oben genannten Aspekte zu berücksichtigen.[603]

Die polizeiliche Generalklausel stellt daher für das Aufenthaltsverbot und die Meldeauflage[604] keine taugliche Ermächtigungsrundlage mehr dar, so dass beide gesetzlich zu regeln gewesen wären.[605] Der Gesetzesbegründung von 2008, in der es ausdrücklich heißt, dass *„andere Maßnahmen, wie zum Beispiel Meldeauflagen (BVerwGE 129, 142 ff.) oder sogenannte grundrechtsrelevante Gefährderansprachen (Niedersächsisches Oberverwaltungsgericht, NJW 2006, 391 ff.) auf die polizeiliche Generalklausel zu stützen“*[606] seien, ist insoweit entgegenzutreten.

§ 27a Abs. 2 PolG, mit dem das Aufenthaltsverbot als Standardmaßnahme geregelt wurde, wird den Voraussetzungen des Art. 11 Abs. 2 GG gerecht, da die Regelung zur Vorbeugung von strafbaren Handlungen erforderlich ist. Seine Einführung war unter rechtsstaatlichen Gesichtspunkten dringend geboten, um weiterhin Aufenthaltsverbote zu erlassen. Der damalige Rechtszustand, in dem die Verwaltungsgerichte sich über die rechtsstaatlichen Probleme hinwegsetzten, führte lediglich zur Verunsicherung.[607]

Diese Unsicherheit besteht weiterhin hinsichtlich der nicht geregelten Meldeauflage, die wie dargelegt ebenfalls einen typisierbaren, zum Standardrepertoire gehörenden intensiven Eingriff in die Grundrechte darstellt, was eine Anwendung der Generalklausel ausschließt. Weder herrscht auf Seite der betroffenen Bürger Rechtsklarheit bezüglich ihnen gegenüber getroffenen Maßnahmen noch kann der

---

Polizei- und Ordnungsrecht, NVwZ 2003, 1334 (1334f.), versteht das Urteil des VGH Kassel jedoch grundsätzlicher: „Unter dem Gesichtspunkt des Demokratiegebots besteht die Notwendigkeit einer speziellen Entscheidung dieser Frage [Ermächtigung zu einem Aufenthaltsverbot] durch den Gesetzgeber.“

602 F. Rachor in: Lisken/Denninger (Hrsg.), Handbuch des Polizeirechts, 2007, F 494.

603 Vgl. nur VGH Manheim, Beschluss vom 4.10.2002, NVwZ 2003, 115 (116); VGH Mannheim, Urteil vom 22.7.2004, NJW 2005, 88 (88); VG Stuttgart, Beschluss vom 9.6.2006, SpuRt 2007, 80 (80).

604 Anderer Ansicht BVerwGE 129, 142 (150), Urteil vom 25.7.2007, trotz der in FN 188 dieses Kapitels getroffenen Feststellungen. OVG Lüneburg, Beschluss vom 14.6.2006, NJW-RR 2006, 613 (614), wendet die polizeiliche Generalklausel ohne weitere Begründung an, ebenso OVG Bremen, Urteil vom 2.9.2008, NordÖR 2009, 42 (46).

605 Vgl. hierzu auch A. Lambiris, Klassische Standardbefugnisse im Polizeirecht, 2002, S. 84f., der für den Platzverweis aber eine Standardermächtigung nicht für notwendig erachtet.

606 LT-Drs. 14/3165, S. 66.

607 Problematisch waren dabei auch die unterschiedlichen Maßstäbe, die bezüglich der Dauer von Aufenthaltsverboten angelegt wurden. 6 Monate: OVG Bremen, Urteil vom 24.3.1998, NVwZ 1999, 314 (317); 3 Monate: VG Leipzig, Beschluss vom 4.12.2000, NVwZ 2001, 1317 (1319).

einzelne Vollzugsbeamte sein Handeln auf eine sichere Ermächtigungsgrundlage stützen. Dabei handelt es sich bei der Meldeauflage durchaus um eine in der Praxis wirksame Maßnahme, so dass eine gesetzliche Regelung wünschenswert ist.[608]

cc) Zitiergebot

In einigen Bundesländern wurde in der Vergangenheit ein Rückgriff auf die Generalklausel unter Hinweis auf das Zitiergebot gemäß Art. 19 Abs. 1 Satz 2 GG ausgeschlossen.[609] Die Meldeauflage greift in Art. 2 Abs. 1 GG sowie unter bestimmten Umständen in Art. 11 Abs. 1 GG und das Aufenthaltsverbot in Art. 11 Abs. 1 GG ein. Da Art. 11 GG in § 4 Nr. 3 PolG jedoch ausdrücklich Erwähnung findet, ist dem Zitiergebot in Baden-Württemberg genüge getan. Art. 2 Abs. 1 GG muss wegen seines umfassenden und subsidiären Anwendungsbereichs dagegen nicht zitiert werden[610], da eine Zitierung wegen des umfassenden Anwendungsbereiches des Art. 2 Abs. 1 GG eine bloße Förmelei wäre.

dd) Normenkonkurrenz: Abschließende Regelung des § 27 Abs. 1 PolG

Einer Anwendung der Generalklausel bei der Meldauflage begegnen auch aus systematischen Gründen Bedenken. Soweit nämlich eine abschließende gesetzliche Regelung für einen Bereich vorliegt, verbietet sich grundsätzlich der Rückgriff auf die Generalklausel.[611] Es stellt sich hier das Problem, in welchem Verhältnis Generalklauseln und Spezialermächtigungen zueinander stehen.[612]

Bei der Frage, ob die Generalklausel anwendbar ist oder Standardmaßnahmen vorgehen, handelt es sich im Polizeirecht zumeist um ein Problem der Normenkonkurrenz[613], weil der Wortlaut der Generalklausel sämtliche Fälle der Sondergesetze und Standardmaßnahmen umfasst. Auch letztere dienen der Aufrechterhaltung der öffentlichen Sicherheit. Soweit Normenkonkurrenz vorliegt, handelt es sich um konsumtive Normenkonkurrenz, was bedeutet, dass eine Bestimmung für die von ihr geregelten Fälle gegenüber der anderen Bestimmung den Vorrang hat. Sie verdrängt also diese andere Bestimmung, wenn sie gewisse Fälle in besonderer Weise

608 So mittlerweile geschehen in Rheinland-Pfalz mit Gesetz vom 15.02.2011 (GVBl. Nr. 2/2011 vom 22.2.2011, S. 26 ff.). Der neu eingefügte § 12a RpfPOG lautet: „Die Polizei kann gegenüber einer Person anordnen, sich an bestimmten Tagen zu bestimmten Zeiten bei einer bestimmten Polizeidienststelle zu melden (Meldeauflage), wenn Tatsachen die Annahme rechtfertigen, dass die Person eine Straftat begehen wird und die Meldeauflage zur vorbeugenden Bekämpfung der Straftat erforderlich ist.“

609 Zur Gesetzeslage in den anderen Bundesländern W. Cremer, NVwZ 2001, 1218 (1219), und L. Micker, Die Anwendung ordnungsrechtlicher Generalklauseln auf Aufenthaltsverbote zur Bekämpfung von Drogenszenen, VR 2003, 89 (89ff.).

610 M. Sachs in: ders. (Hrsg.), Grundgesetz, 2009, Art. 19, Rn. 29.

611 F. Rachor in: Lisken/Denninger (Hrsg.), Handbuch des Polizeirechts, 2007, Rn. F 782, 838.

612 Vgl. hierzu insbesondere H. Butzer, VerwArch 2002, 506. Instruktiv zu der Konkurrenz von Rechtsnormen R. Zippelius, Juristische Methodenlehre, 2006, S. 37ff.

613 Das heißt, dass ein Lebenssachverhalt unter mehrere gesetzliche Bestimmungen subsumiert werden kann, H. Butzer, VerwArch 2002, 506 (513, 519).

ordnet.[614] Sobald eine Standardmaßnahme einen Bereich abschließend regelt, verbietet sich somit ein Rückgriff auf die Generalklausel. Ob eine Standardmaßnahme tatsächlich abschließend wirkt, ist dabei durch Auslegung zu ermitteln.[615]

Die vorliegend relevante Norm ist § 27 Abs. 1 PolG, der die Voraussetzungen, unter denen eine Person vorgeladen werden kann, regelt. Die Vorladung kann erfolgen, wenn Tatsachen die Annahme rechtfertigen, dass eine Person sachdienliche Angaben machen kann, die zur Wahrnehmung polizeilicher Aufgaben erforderlich sind (Nr. 1), oder eine Vorladung zur Durchführung erkennungsdienstlicher Maßnahmen erforderlich ist (Nr. 2). Der Begriff „Vorladung" bezeichnet das Gebot an eine Person, zu einer bestimmten Zeit an einem bestimmten Ort zu erscheinen und bis zur Erledigung der bezeichneten Angelegenheit dort zu verweilen.[616]

Auch eine Meldeauflage hat diesen Inhalt[617] und unterscheidet sich damit nicht von einer Vorladung. § 27 Abs. 1 PolG umfasst jedoch nicht die Möglichkeit, eine Person vorzuladen, um zu verhindern, dass diese sich nicht an bestimmten anderen Orten aufhält.[618] Die unterschiedliche Terminologie („Vorladung" und „Meldeauflage") ist dabei irrelevant, da es nur darauf ankommt, dass inhaltlich der gleiche Bereich betroffen ist.

Wenn der Gesetzgeber regelt, dass die Polizei die Möglichkeit haben soll, Personen unter bestimmten Voraussetzungen zur Dienststelle vorzuladen, dann kann dies nur in diesen Fällen geschehen. Die Standardmaßnahmen sind diesbezüglich abschließend und ein Rückgriff auf die Generalklausel somit unzulässig, da ansonsten die speziellen Voraussetzungen der Standardbefugnisse umgangen werden.[619] Auch aus der Gesetzesbegründung geht eindeutig hervor, dass mit der Regelung des § 27 Abs. 1 PolG die Vorladung abschließend geregelt ist.[620] Die Anwendung der Generalklausel als Ermächtigungsgrundlage für Meldeauflagen ist somit eine Missachtung des Grundsatzes „lex specialis derogat legi generali".[621]

---

614 Ebd., (515).

615 Vgl. nur F. Schoch, Polizei- und Ordnungsrecht, in: Schmidt-Aßmann/ders. (Hrsg.), Besonderes Verwaltungsrecht, 2008, Rn. 54.

616 T. Würtenberger/D. Heckmann, Polizeirecht in Baden-Württemberg, 2005, Rn. 351, bezugnehmend auf OVG Münster, Beschluss vom 16.11.1981, DVBl. 1982, 658.

617 Irrelevant ist es dabei, ob dem Betroffenen mehrere Dienststellen zur Auswahl gegeben sind.

618 So wie hier: F. Rachor in: Lisken/Denninger (Hrsg.), Handbuch des Polizeirechts, 2007, F 838: „Erscheinenmüssen auf der Dienststelle zum Zweck der Effektuierung und Kontrolle anderer Verhaltenspflichten".

619 F. Schoch, Polizei- und Ordnungsrecht, in: Schmidt-Aßmann/ders. (Hrsg.), Besonderes Verwaltungsrecht, 2008, Rn. 56.

620 Vgl. LT-Drs. 10/5230, S. 44.

621 Es gibt zwar auch die Figur der nicht abschließenden lex specialis, diese ist jedoch nur in wenigen Fällen anerkannt. So sind Normen, die keine oder eine inadäquate Rechtsfolgenanordnung beinhalten (sogenannte „lex imperfecta"), nicht abschließend und die Generalklausel kann als Befugnisnorm herangezogen werden. Dies ist hier aber gerade nicht der Fall, so

Trotzdem sehen einige Gerichte[622] und Teile der Literatur[623] in der polizeilichen Generalklausel der §§ 1, 3 PolG eine taugliche Ermächtigungsgrundlage. Auf die hier dargelegten Einwände wird dabei ohne nachvollziehbare Gründe nicht eingegangen.[624] Als Argument wird angeführt, bei der Vorladung handele es sich lediglich um eine Hilfsmaßnahme, die den Betroffenen verpflichte, zur Vorbereitung anderer Maßnahmen sachdienliche Angaben zu machen oder sich erkennungsdienstlich behandeln zu lassen und die Meldeauflage selbst sei die eigentliche Präventivmaßnahme.[625] Die Unterscheidung zwischen „Hilfsmaßnahme" und „eigentlicher Präventivmaßnahme" ändert aber nichts an der abschließenden Regelung und erscheint willkürlich. Wollte man dem folgen, wären alle Standardmaßnahmen Hilfsmaßnahmen zur Aufrechterhaltung der öffentlichen Sicherheit und Ordnung. Die Frage, ob eine Regelung abschließend ist, würde ausschließlich mit Blick auf den Zweck der Maßnahme beantwortet. Verkannt wird dabei, dass es auch auf die Eingriffsrichtung ankommt und diese in der Regel für den betroffenen Bürger die größere Relevanz hat.

ee) Meldeauflage als Minusmaßnahme zum Präventivgewahrsam

Eine Rechtsgrundlage für die Meldeauflage wäre noch denkbar, wenn man diese als milderes Mittel zum Präventivgewahrsam gemäß § 28 Abs. 1 Nr. 1 PolG ansehen könnte. Es würde sich dann um eine sogenannte Minus-Maßnahme handeln[626], die unter den Voraussetzungen der weitergehenden Ermächtigung ergriffen werden könnte. Der Präventivgewahrsam ist ein eingriffsintensives Mittel, das in Baden-Württemberg als Standardmaßnahme geregelt ist (§ 28 Abs. 1 Nr. 1 PolG). Voraussetzung für diesen ist, dass eine unmittelbar bevorstehende erhebliche Störung der öffentlichen Sicherheit und Ordnung nicht auf andere Weise verhindert werden kann. Der Gewahrsam steht im Sinne des Art. 104 Abs. 2 Satz 1, 2 GG gemäß § 28 Abs. 3 Satz 3 PolG unter einem Richtervorbehalt.

Eine Minus-Maßnahme betrifft jedoch nur die Rechtsfolgenseite. Die Tatbestandsvoraussetzungen müssen trotzdem vorliegen. Nur eine unmittelbar bevorstehende erhebliche Störung der öffentlichen Sicherheit und Ordnung kann daher als Vorsaussetzung für eine Meldeauflage genügen. Selbstverständlich muss dabei auch der Richtervorbehalt beachtet werden. Dies zeigt die Unpraktikabilität dieser

---

dass der Rückgriff auf die Generalklausel nicht möglich ist. Vgl. hierzu H. Butzer, VerwArch 2002, 506 (527ff.).

622 VGH Mannheim, Beschluss vom 14.6.2000, NJW 2000, 3658.

623 Zustimmend: F. Schoch, Polizei- und Ordnungsrecht, in: Schmidt-Aßmann/ders. (Hrsg.), Besonderes Verwaltungsrecht, 2008, Rn. 58; M. Knape/J.-M. Klös, Die Polizei 2007, 241 (246); M. Breucker, SpuRt 2005, 133 (134).

624 Dies erkennt auch F. Rachor in: Lisken/Denninger (Hrsg.), Handbuch des Polizeirechts, 2007, F 838.

625 M. Breucker, SpuRt 2005, 133 (134).

626 Vgl. hierzu ebenfalls H. Butzer, VerwArch 2002, 506 (538).

Lösung und ist ein weiteres Argument für ein gesetzgeberisches Tätigwerden in diesem Bereich.

ff) Formulierungsvorschlag

Eine gesetzliche Regelung könnte in Ergänzung des § 27 PolG folgendermaßen formuliert werden:

> Die Polizei kann eine Person vorladen, wenn
>
> [...]
>
> 3. dies zur Durchsetzung eines Aufenthaltsverbots (§ 27a Abs. 2 PolG) erforderlich ist (Meldeauflage).

c) Präventivgewahrsam

Unter den gesetzlichen Voraussetzungen kann der Präventivgewahrsam gemäß § 28 Abs. 1 Nr. 1 PolG als intensivste Maßnahme gegenüber möglichen Störern bei Sportgroßveranstaltungen angewandt werden. Es ist hierbei insbesondere auf die höheren Anforderungen an die Intensität der möglichen Störung und die zeitliche Verschärfung, die ein unmittelbares Bevorstehen vorsieht, zu achten.

d) Spielverbot

Liegt eine gesicherte Gefahrenprognose vor, aus der hervorgeht, dass mit gewalttätigen Ausschreitungen zu rechnen ist, kann die Polizei auch ein Spielverbot anordnen. Ob der Veranstalter als Störer oder Nichtstörer in Anspruch genommen werden kann, hängt von den Umständen des Einzelfalls ab.[627]

Dies betrifft insbesondere sogenannte Risikospiele, bei denen Tatsachen für eine erhebliche Störung der öffentlichen Sicherheit sprechen.[628] Im Falle eines maroden Stadions kann ein solches Verbot sogar auf unbestimmte Zeit beziehungsweise bis zur Behebung des Mangels erfolgen. Es handelt sich hierbei um eine atypische Maßnahme, so dass die polizeiliche Generalklausel hierfür eine taugliche Ermächtigungsgrundlage ist.[629] Derartige Spielverbote stellen eine absolute Ausnahme dar und können nicht zum Standardrepertoire der Polizei gerechnet werden. Die Polizei muss insbesondere die gesellschaftliche Bedeutung von Sportgroßveranstaltungen und die hohe Eingriffsintensität eines Spielverbots in ihre Ermessenserwägungen miteinbeziehen.

---

627 Dazu ausführlich in § 11 der Untersuchung.

628 M. Knape/J.-M. Klös, Die Polizei 2007, 241 (245f.), nennen unter anderem marode, unzulänglich gesicherte Stadien, Vereine, die sich nicht eindeutig von sogenannten „Gewalttätern Sport" distanzieren, oder Aufrufe in der Fanszene als mögliche Gründe.

629 So auch: ebd., (246).

3) Ordnungsrechtliche Optionen während Sportgroßveranstaltungen

Das Polizeigesetz ermöglicht der Polizei, während der Veranstaltung Maßnahmen gegen potenzielle Störer zu treffen. Aufklärungsgespräche[630] oder Gefährderansprachen[631] können auch zu diesem Zeitpunkt durchgeführt werden. Sie stellen das mildeste Mittel dar, erreichen mögliche Täter jedoch nicht immer, da sich gerade die problematischen Fans der Kategorie C dadurch charakterisieren, dass sie bewusst die Auseinandersetzung mit der Polizei suchen.

Zu den ordnungsrechtlichen Instrumenten gehören auch Beobachtungen, die Einrichtung von Kontrollstellen und die sogenannte einschließende Begleitung.

a) Beobachtungen

Allgemeine Beobachtungen des Geschehens sind, soweit man hier eine Ermächtigungsgrundlage für nötig hält, nach §§ 1, 3 PolG rechtlich zulässig, da es sich hierbei noch nicht um eine Datenerhebung handelt.[632]

Erst wenn einzelne Personen zielgerichtet beobachtet werden, liegt eine Datenerhebung im Sinne von § 48 PolG iVm § 3 Abs. 2 Satz 2 Nr. 1 LDSG[633] vor. Datenerhebung ist danach das Beschaffen von personenbezogenen Daten über den Betroffenen. Personenbezogene Daten sind gemäß § 3 Abs. 1 LDSG *„Einzelangaben über persönliche oder sachliche Verhältnisse einer bestimmten oder bestimmbaren natürlichen Person"*. Dabei reicht es aus, dass die beobachtende Person den Beobachteten zu einem späteren Zeitpunkt identifizieren kann. Nicht notwendig ist es, dass beispielsweise der Name des Beobachteten bereits bekannt ist. Davon geht auch § 3 Abs. 1 LDSG aus, der zwischen bestimmten und bestimmbaren Personen unterscheidet. Diese Auslegung des Begriffs Datenerhebung wird teilweise als zu weit angesehen. Es liege kein Eingriff in das Recht auf informationelle Selbstbestimmung gem. Art. 2 Abs. 1 iVm Art. 1 Abs. 1 GG vor, solange die betreffende Person nicht identifiziert sei.[634] Diese Auffassung verkennt, dass das Recht auf informationelle Selbstbestimmung umfassend ist und Schutz gegen die Erhebung jeglicher persönlicher Daten beinhaltet und es in diesem Sinne auch keine belanglosen Daten gibt.[635] Sie führte zudem dazu, dass das polizeiliche Handeln erst nachträg-

630 M. Nolte, NVwZ 2001, 147 (150).

631 M. Breucker, NJW 2006, 1233 (1236).

632 F.-P. Stümper, Die Gewährleistung der öffentlichen Sicherheit und Ordnung bei Großsportveranstaltungen, 2001, S. 119.

633 Gesetz zum Schutz personenbezogener Daten (Landesdatenschutzgesetz Baden-Württemberg), in der Fassung vom 18.9.2000 (GBl. S. 648), zuletzt geändert durch Art. 1 ÄndG vom 7.2.2011 (GBl. S. 43).

634 F.-P. Stümper, Die Gewährleistung der öffentlichen Sicherheit und Ordnung bei Großsportveranstaltungen, 2001, S. 120.

635 BVerfGE 65, 1 (43, 45), Urteil vom 15.12.1983.

lich zum Eingriff würde. Dies spricht dafür, den Eingriff nicht erst in der Feststellung der Identität, sondern bereits in der Erhebung der Daten zu sehen.[636]

Wird die Beobachtung der Person planmäßig durchgeführt, so liegt eine Observation vor.[637] Kurzfristige Observationen sind im Rahmen von §§ 19, 20 PolG möglich[638], wobei § 20 Abs. 2-5 PolG eine sogenannte bereichsspezifische Generalklausel darstellt. Dauert die Observation innerhalb einer Woche länger als 24 Stunden oder geht sie über den Zeitraum von einer Woche hinaus, so handelt es sich gemäß § 22 Abs. 1 Nr. 1 PolG um eine längerfristige Observation.[639] Der Polizei sind wegen der Intensität des Eingriffs in diesem Bereich enge Grenzen gesetzt.

Fertigt die Polizei offen Bild- und Tonaufzeichnungen an, findet sich hierfür unter den dort beschriebenen Bedingungen die Ermächtigungsgrundlage in § 21 PolG, da es sich bei einer Sportgroßveranstaltung regelmäßig um eine öffentliche Veranstaltung handelt.[640] Die Neufassung des § 21 Abs. 1 PolG hebt auf ein *„besonderes Gefährdungsrisiko"* der Veranstaltung ab, das gegeben sei, wenn eine aktuelle Gefährdungsanalyse terroristische Anschläge vermuten lässt (Nr. 1) oder *„auf Grund der Art und Größe der Veranstaltungen und Ansammlungen erfahrungsgemäß erhebliche Gefahren für die öffentliche Sicherheit entstehen können"* (Nr. 2). Der Tatbestand des § 21 Abs. 1 Nr. 2 PolG dürfte bei Fußballspielen regelmäßig vorliegen. Dennoch bedarf es selbstverständlich in jedem Einzelfall einer genauen Verhältnismäßigkeitsprüfung, die insbesondere dem allgemeinen lichkeitsrecht der Beteiligten besondere Beachtung beimessen muss. Neben der präventiven Wirkung erleichtert die Videobeobachtung auch die Strafverfolgung ganz erheblich. Bei allen rechtsstaatlichen Bedenken im Zusammenhang mit der Anfertigung von derartigen Aufzeichnungen können diese in der Praxis Tatverdächtige auch entlasten, wenn Bildaufzeichnungen erkennen lassen, dass zum fraglichen Zeitpunkt kein strafwürdiges Verhalten zu beobachten ist. Aufgrund der Unübersichtlichkeit der Menschenmassen, die womöglich noch gleichartige Kleidung tragen, vermögen Zeugen häufig nicht, das genaue Geschehen wiederzugeben, so dass ein Nachweis der Tat oftmals erschwert wird. Darüber hinaus ist es in der Vergangenheit auch zu unverhältnismäßigen Übergriffen durch Beamte des Poli-

---

636 In diese Richtung wohl auch T. Petri in: Lisken/Denninger (Hrsg.), Handbuch des Polizeirechts, 2007, H 18.

637 Vgl. LT-Drs. 10/5230, S. 40.

638 T. Würtenberger/D. Heckmann, Polizeirecht in Baden-Württemberg, 2005, Rn. 610, mit Hinweis auf LT-Drs. 10/5230, S. 40. Kritisch dazu T. Petri in: Lisken/Denninger (Hrsg.), Handbuch des Polizeirechts, 2007, H 226, der eine konkrete Gefahr als Voraussetzung fordert.

639 F.-P. Stümper, Die Gewährleistung der öffentlichen Sicherheit und Ordnung bei Großsportveranstaltungen, 2001, S. 121f., nennt als konkretes Beispiel Hooligans, die bei länger andauernden Sportveranstaltungen wie der Fußballweltmeisterschaft immer wieder Straftaten begehen.

640 Vgl. hierzu H. Wolf/U. Stephan/J. Deger, Polizeigesetz für Baden-Württemberg, 2009, § 21, Rn. 4, die explizit Sportwettkämpfe als Beispiel nennen.

zeivollzugsdienstes gekommen, die auch die Staatsanwaltschaften vermehrt beschäftigten.[641] Die Anfertigung von Bildaufzeichnungen kann auch diesbezüglich einen präventiven Effekt haben und zu Schulungszwecken eingesetzt werden.

Offene Bild- und Tonaufzeichnungen bedeuten in diesem Zusammenhang, dass das Verhalten von der Allgemeinheit ohne weiteres als polizeiliches Handeln erkennbar ist.[642] Während außerhalb der Sportstätten im öffentlichen Raum sogenannte „Beobachtungs- und Dokumentationsteams" der Polizei gegebenenfalls unter Zuhilfenahme technischer Hilfsmittel Beobachtungen vornehmen, kann die Polizei für das Geschehen innerhalb der Sportstätten die Veranstalter in die Pflicht nehmen. Die DFB-Sicherheitsrichtlinien sehen die Installation von Kameras vor, deren Bilder an die Polizei übermittelt werden, um schnell reagieren zu können.[643] Es ist also nicht vorgesehen, dass die Polizei diese Kameras installiert, sondern sie lediglich die Möglichkeit beziehungsweise die Befugnis zum Zugriff auf die Aufzeichnungen hat. Die Polizei nutzt so die von den Privaten zur Verfügung gestellte Infrastruktur, um mit den ihr zustehenden Befugnissen die öffentliche Sicherheit effektiv zu schützen.[644]

b) Kontrollstellen

Mit dem polizeitaktischen Mittel der Kontrollstelle[645] lassen sich verschiedene Standardmaßnahmen verbinden. Dabei geht es insbesondere darum, gewaltbereite Zuschauer von der Veranstaltung fernzuhalten. Unter den Voraussetzungen der §§ 29ff. PolG dürfen Personen und Sachen durchsucht werden. Gemäß § 33 PolG können Gegenstände beschlagnahmt werden, wenn dies erforderlich ist, um eine Gefahr für die öffentliche Sicherheit zu verhindern.[646] Gegenstände, die nur im

---

641 Vgl. nur http://www.tagesspiegel.de/berlin/polizei-justiz/pruegel-attacke-polizisten-werden-versetzt/1599220.html (Stand 1.2.2012).

642 H. Wolf/U. Stephan/J. Deger, Polizeigesetz für Baden-Württemberg, 2009 § 21, Rn. 14, exemplifizieren dies anhand des Polizeibeamten in Uniform, der bei einem Bundesliga--Fußballspiel vom Stadiondach aus den Fanblock filmt. Unerheblich sei dabei, ob jeder Gefilmte davon Kenntnis nehme.

643 § 10 Nr. 5: „Innerhalb der Platzanlage mit Blick auf den Umgriff, die Zuschauerwege und auf die Zuschauerplätze sowie in den Außenbereichen vor den Eingängen sind Video-Kameras mit Zoom-Einrichtungen zu installieren. Die Anlage sollte von der Befehlsstelle der Polizei zu bedienen, an die Polizeimonitore angeschlossen sein und die Möglichkeit der Standbildaufnahme zur Identifikation von Personen bieten."

644 Selbstverständlich muss dabei dem Maßstab des § 6b BDSG genügt werden, der die Videoüberwachung in öffentlich zugänglichen Räumen regelt. Hierzu gehören trotz Einlasskontrolle auch Fußballstadien, vgl. W. Kilian/B. Heussen, Computerrecht, 2010, Teil 13 Rn. 87.

645 Vgl. hierzu ebenfalls M. Nolte, NVwZ 2001, 147 (151).

646 Problematisch ist dies bei Fahnenstangen, da diese typisch für Sportveranstaltungen sind, aber auch als Waffe eingesetzt werden können, vgl. hierzu F.-P. Stümper, Die Gewährleistung der öffentlichen Sicherheit und Ordnung bei Großsportveranstaltungen, 2001, S. 141. M. Nolte, NVwZ 2001, 147 (152), nennt Pressluftfanfaren, die als Flammenwerfer eingesetzt werden können, als typisches Beispiel.

konkreten Zusammenhang eine Gefahr darstellen, sind nach Beendigung dieser Gefahr wieder auszuhändigen, vgl. § 33 Abs. 4 Satz 1 PolG.

Unter bestimmten Umständen darf die Identität von Personen festgestellt werden, vgl. § 26 PolG. Dies kann jedoch nur in den in § 26 Abs. 1 Nr. 1-6 PolG genannten Fällen geschehen. Nicht mit dem Recht auf informationelle Selbstbestimmung vereinbar ist es daher, wenn die Polizei an Kontrollstellen die Daten sämtlicher Personen ohne entsprechende Anhaltspunkte überprüft. Liegen bei Personen konkrete Anhaltspunkte für Straftaten vor, so kann die Polizei umfangreiche Maßnahmen treffen, um die Identität der Person festzustellen. § 26 PolG erlaubt es, Personen zur Dienststelle zu verbringen, und § 36 PolG regelt erkennungsdienstliche Maßnahmen.

c) Einschließende Begleitung

Ein weiteres von der Polizei praktiziertes Instrument ist die sogenannte einschließende Begleitung, bei der als problematisch eingestufte Zuschauer, insbesondere solche der Kategorien B und C, vom Ankunftsort zu der Sportstätte innerhalb einer von Polizisten gebildeten Kette geführt werden (sogenanntes „Kettenprinzip") .[647] Diese Begleitung kann auch zu anderen Sammelpunkten und auf dem Rückweg erfolgen.[648] Bei der intensivsten Variante werden die problematischen Fans direkt vor den Zuschauerblock gefahren und gelangen dann abgeschirmt durch eine durchgehende Polizeikette in ihren Block.

aa) Eingriffsqualität

Auch bei der einschließenden Begleitung ist umstritten, inwieweit diese Maßnahme einen Eingriff darstellt. Die Diskussion leidet darunter, dass nicht immer deutlich gemacht wird, welcher Sachverhalt den Ausführungen zugrunde liegt. Es sind hier nämlich verschiedene Varianten zu unterscheiden, wobei es insbesondere darauf ankommt, ob es sich um eine geschlossene Kette handelt. Bei einer nicht geschlossenen Kette wäre ein Eingriff eher fernliegend. Dagegen ist bei geschlossenen Polizeiketten in der Regel von einem Eingriff auszugehen.

Ein Eingriff wird teilweise mit dem Hinweis abgelehnt, dass die Personen lediglich zu einem beliebigen Ort begleitet werden und sie, so sie denn wollten, sich auch an andere Orte begeben können.[649] Dieser Ansicht kann nur gefolgt werden, wenn die Personen den Weg frei bestimmen können und die Begleitung diesem Weg folgt. Man muss in vielen Fällen jedoch davon ausgehen, dass durch die geschlossene Polizeikette bereits eine abschreckende Wirkung erzielt wird, so dass

---

647 Vgl. aus polizeipraktischer Sicht: J. Roos, Fußball und Recht, Kriminalistik 1994, 674 (675), sowie die rechtliche Darstellung bei: M. Nolte, NVwZ 2001, 147 (153). Zur einschließenden Begleitung bei Demonstrationen, vgl. H. Krüger/O. van der Schoot, Eingekesselte Versammlungsfreiheit, NordÖR 2007, 276ff.

648 L. Markert/W. Schmidbauer, Polizeirechtliche Probleme bei Sportgroßveranstaltungen, BayVBl. 1993, 517 (521).

649 F. Deusch, Die Polizei 2006, 145 (150).

der Einzelne nicht eine andere Richtung einschlägt und zumindest die allgemeine Handlungsfreiheit im Sinne des Art. 2 Abs. 1 GG betroffen ist. Sobald ein bestimmter Weg durch das Verhalten der Polizei vorgegeben wird, ist zudem ein Eingriff in die körperliche Bewegungsfreiheit gemäß Art. 2 Abs. 2 GG zu bejahen.[650] Unter bestimmten Umständen ist an einen Eingriff in das allgemeine Persönlichkeitsrecht der Begleiteten im Sinne des Art. 2 Abs. 1 GG iVm Art. 1 Abs. 1 GG zu denken.[651] Dies ist immer dann der Fall, wenn für Außenstehende der Eindruck entsteht, dass es sich bei den beteiligten Personen um potenzielle Gewalttäter handelt.[652]

Zusammenfassend lässt sich sagen, dass im Regelfall ein Grundrechtseingriff zu bejahen ist. Betroffen ist insbesondere die allgemeine Handlungsfreiheit und das allgemeine Persönlichkeitsrecht sowie unter bestimmten Umständen die körperliche Bewegungsfreiheit im Sinne des Art. 2 Abs. 2 GG.

bb) Ermächtigungsgrundlage

Als Ermächtigungsgrundlage für den Eingriff wird auch in diesem Zusammenhang die polizeiliche Generalklausel herangezogen. Nach dem oben herausgearbeiteten Prüfungsschema ist zunächst die Frage zu klären, ob die Maßnahme einer Regelung zugänglich ist. Dies ist vor dem Hintergrund, dass die einschließende Begleitung insbesondere bei Fußballspielen mittlerweile zum Standardrepertoire der Polizei gehört, zu bejahen.[653] Diese polizeitaktische Maßnahme wird schon seit längerer Zeit praktiziert.[654] Sie ist somit nicht mehr als atypische Maßnahme zu qualifizieren.[655] Wollte man der Ansicht folgen, dass allein auf die Typik abzustellen ist, könnte die einschließende Begleitung nicht auf die Generalklausel gestützt werden.

Nach der hier vertretenen Ansicht richtet sich die Anwendung der Generalklausel jedoch zusätzlich nach der Intensität des Grundrechtseingriffs. Zieht man die diesbezüglich oben angestellten Überlegungen in Betracht, so ist festzustellen, dass sich die Frage, ob hier ein grundrechtsintensiver Eingriff vorliegt, der vom Gesetzgeber zu regeln ist, nicht pauschal beantworten lässt. Für die bloße Begleitung zu

650 So wohl auch M. Kniesel/R. Poscher in: Lisken/Denninger (Hrsg.), Handbuch des Polizeirechts, 2007, J 181. Im Ergebnis auch: F.-P. Stümper, Die Gewährleistung der öffentlichen Sicherheit und Ordnung bei Großsportveranstaltungen, 2001, S. 144.

651 Vgl. auch H. Krüger/O. van der Schoot, NordÖR 2007, 276 (279 Fn. 51).

652 F. Deusch, Die Polizei 2006, 145 (150), der jedoch anführt, dass der Eingriff weniger intensiv ist als bei der Gefährderansprache, da der Einzelne nur „als anonymer Teil einer Menschenmenge“ begleitet werde.

653 Unklar in Bezug auf Demonstrationen: H. Krüger/O. van der Schoot, NordÖR 2007, 276, die einerseits schreiben, dass die einschließende Begleitung zum Standardrepertoire der Polizei gehöre (276, 280), andererseits jedoch ausführen, dass es sich rechtlich um eine atypische Maßnahme handele (279).

654 L. Markert/W. Schmidbauer, BayVBl. 1993, 517 (521), sprechen bereits 1993 von einer “bei vielen Einsätzen praktizierten Taktik“.

655 Ablehnend M. Nolte, NVwZ 2001, 147 (153), der eine atypische Maßnahme auf Grundlage der polizeilichen Generalklausel gegeben sieht.

der Sportstätte ist dies wohl eher zu verneinen, solange die Betroffenen lediglich eskortiert und nicht gehindert werden, sich an einen anderen Ort zu begeben. Dies gilt sowohl hinsichtlich der allgemeinen Handlungsfreiheit, als auch bezüglich der möglichen Verletzung der Ehre wegen der Brandmarkung als potenzielle Gewalttäter.[656]

Anders ist die Situation zu bewerten, wenn sich Einzelne aus der Gruppe entfernen wollen und daran gehindert werden. In diesem Fall liegt ein als wesentlich zu betrachtender Eingriff in die Bewegungsfreiheit vor. Für derartige polizeiliche Maßnahmen reicht die polizeiliche Generalklausel nicht aus. Fraglich ist dabei, ob aus polizeitaktischer Sicht ein solches Hindern sinnvoll ist. Das polizeitaktische Grundziel der einschließenden Begleitung, ein Handeln aus der Gruppe heraus zu verhindern, wird durch sich einzeln aus der Gruppe entfernende Personen nicht tangiert oder gar gefährdet. Es lässt sich somit festhalten, dass die einschließende Begleitung auf die polizeiliche Generalklausel gestützt werden kann, solange die betroffenen Personen nicht daran gehindert werden, die Gruppe zu verlassen.

cc) Verhältnis zum Gewahrsam

Bei der rechtlichen Beurteilung der einschließenden Begleitung ergeben sich Abgrenzungsfragen zur Ingewahrsamnahme im Sinne des § 28 PolG, die wegen der besonderen Voraussetzungen des § 28 PolG von Relevanz sind. Unter Gewahrsam versteht man gemeinhin ein mit hoheitlicher Gewalt hergestelltes Rechtsverhältnis, kraft dessen einer Person die Freiheit dergestalt entzogen wird, dass sie in einer dem polizeilichen Zweck entsprechenden Weise verwahrt und gehindert wird, sich fortzubewegen.[657] Der Gewahrsam muss nicht in einer spezifischen, dauerhaften Gewahrsamseinrichtung erfolgen.[658] Das bedeutet insbesondere, dass auch eine Einschließung im Freien durch einen sogenannten Polizeikessel eine Ingewahrsamnahme darstellen kann.[659]

Solange die Begleitung so gestaltet wird, dass die Betroffenen jederzeit die Möglichkeit haben auszuscheren, fehlt es bereits am Element des Festhaltens. Trotzdem lassen sich bei einem Vergleich der einschließenden Begleitung mit der Einkesselung Parallelen feststellen, weshalb diese Maßnahme auch als „mobiler Kessel“ bezeichnet wird.[660] Man könne den eng umgrenzten Bereich als „mobilen

656 Unerheblich ist, ob jeder Betroffene eine derartige einschließende Begleitung überhaupt als diskriminierend wahrnimmt. So mag dieses Vorgehen durchaus dem Selbstverständnis gewisser Gruppierungen entsprechen. Diese Ansicht würde aber verkennen, dass oftmals auch Personen aus der überwiegenden Mehrheit friedlicher Besucher davon betroffen sind.

657 OVG Münster, Urteil vom 7.6.1978, NJW 1980, 138.

658 F. Rachor in: Lisken/Denninger (Hrsg.), Handbuch des Polizeirechts, 2007, F 552, unter Hinweis auf OVG Münster, NJW 1980, 138.

659 Vgl. nur LG Hamburg, Urteil vom 6.3.1987, NVwZ 1987, 833 (834) („Hamburger Kessel“) und VG Berlin, Urteil vom 7.7.1989, NVwZ-RR 1990, 188 („Berliner Kessel“).

660 Vgl. mit weiteren Nachweisen H. Krüger/O. van der Schoot, NordÖR 2007, 276 (276).

umgrenzten Raum" sehen.[661] Andere halten dieses Merkmal jedoch für fraglich, da die Betroffenen gerade nicht an einem bestimmten Ort festgehalten, sondern zu einem anderen Ort begleitet würden.[662] Ob das Element des eng umgrenzten Bereichs erfüllt ist, kann dahingestellt bleiben. Richtigerweise ist allein auf die Fortbewegungsfreiheit abzustellen. Diese soll gerade nicht eingeschränkt werden, vielmehr ist es Zweck der Maßnahme, dass die Personen sich geordnet fortbewegen.[663] Parallelen können hier zum sogenannten „Verbringungsgewahrsam" gezogen werden.[664] Auch bei diesem wird richtigerweise darauf verwiesen, dass die Standardmaßnahme des Gewahrsams nicht greife, da auf die Fortbewegungsfreiheit abzustellen und diese nicht betroffen sei, wenn die Fortbewegung das eigentliche Ziel der Maßnahme darstelle.[665]

Möglicherweise anders zu beurteilen ist die Situation, wenn der Zug zum Stehen kommt, um beispielsweise dem Zusammentreffen mehrerer Gruppen vorzubeugen, und dabei einzelne Personen daran gehindert werden, den Bereich zu verlassen. In diesem Fall könnte eine Gewahrsamnahme gegeben sein und es müssten die Voraussetzungen des § 28 Abs. 1 PolG vorliegen, insbesondere also eine unmittelbar bevorstehende Gefahr für die öffentliche Sicherheit und Ordnung.

dd) Betroffensein von Nichtstörern

Im Zusammenhang mit der einschließenden Begleitung ergibt sich des weiteren das Problem, dass auch friedliche Besucher einer Sportgroßveranstaltung betroffen sein können, die Nichtstörer im Sinne des § 9 PolG sind.[666] Diesem Einwand wird mit dem Argument entgegen getreten, die Maßnahme sei angesichts drohender Gefahr verhältnismäßig.[667] Diese Aussage kann so pauschal aber nicht getroffen werden. Es ist hier von Seiten der Polizei eine genaue Analyse der Situation notwendig, die zum Ergebnis haben muss, dass auf andere Weise eine unmittelbar bevorstehende Störung der öffentlichen Sicherheit und Ordnung nicht verhindert werden kann. Dieser Maßstab des § 9 PolG ist heranzuziehen. Die einschließende Begleitung ist daher weder als routinemäßiges Standardmittel, noch als präventives Mittel mög-

661 So ebd. (279).

662 M. Nolte, NVwZ 2001, 147 (153); F.-P. Stümper, Die Gewährleistung der öffentlichen Sicherheit und Ordnung bei Großsportveranstaltungen, 2001, S. 144f.; M. Breucker, SpuRt 2005, 133 (135).

663 So auch H. Krüger/O. van der Schoot, NordÖR 2007, 276 (279).

664 Hierbei geht es darum, zur Durchsetzung eines Platzverweises Personen an einen entfernten Ort (beispielsweise an den Stadtrand) zu verbringen, in der Hoffnung, dass diese an den Ort, auf den sich der Platzverweis bezieht, nicht zurückkehren.

665 Vgl. mit weiteren Nachweisen, insbesondere unter Verweis auf LG Hamburg, Beschluss vom 14.6.1996, NVwZ-RR 1997, 537, R. Leggereit, Verbringungsgewahrsam – ein generell rechtswidriges Instrumentarium der Vollzugspolizei?, NVwZ 1999, 263 (264).

666 Dieses Problem diskutiert auch J. Roos, Kriminalistik 1994, 674 (675f.).

667 So M. Nolte, NVwZ 2001, 147 (153), der postuliert, dass diese Maßnahmen „angesichts drohender Sachbeschädigungen, Entglasungsaktionen, Massenschlägereien bis hin zu Raub und Plündereien" verhältnismäßig seien.

lich, sondern bedarf im Hinblick auf die Einbeziehung von Nichtstörern stets einer genauen Verhältnismäßigkeitsprüfung.[668]

4) Maßnahmen nach der Veranstaltung (Abmarschverzögerung)

Nach der Veranstaltung beginnt die letzte kritische Phase für die Polizei, da hier Emotionen, die sich während der Veranstaltung aufgestaut haben, zu einer Eskalation der Situation führen können.[669]

Um ein Zusammentreffen von verfeindeten Gruppen zu vermeiden, werden insbesondere Anhänger der Gästemannschaft oftmals für eine bestimmte Zeit am Verlassen des Zuschauerblocks gehindert. Diese sogenannte Abmarschverzögerung wird mittlerweile ebenfalls routinemäßig angewandt.[670] Dabei werden die Personen im Gegensatz zur einschließenden Begleitung an einem festen Ort gegen ihren Willen festgehalten. Diese Maßnahme richtet sich damit unmittelbar gegen die Fortbewegungsfreiheit.[671] Es handelt sich nach dem oben Gesagten folglich um eine Ingewahrsamnahme im Sinne des § 28 PolG. Da § 28 PolG eine abschließende Regelung enthält, ist ein Rückgriff auf die polizeiliche Generalklausel ausgeschlossen. Gegenüber Störern ist eine solche Maßnahme im Sinne des § 28 Abs. 1 Nr. 1 PolG möglich. Es müssen dabei die Voraussetzungen des Präventivgewahrsams vorliegen. Der Herbeiführung einer richterlichen Entscheidung bedarf es im Normalfall nicht, da im Sinne des § 28 Abs. 3 Satz 4 PolG in der Regel anzunehmen ist, dass die Entscheidung erst nach Wegfall des Grundes des Gewahrsams ergehen würde.

Problematisch ist, dass sich innerhalb eines Zuschauerblocks regelmäßig sowohl friedliche als auch gewaltbereite Zuschauer befinden. Die Maßnahme betrifft somit auch Nichtstörer im Sinne des § 9 PolG. Diesen gegenüber wollen einige Autoren einen Schutzgewahrsam annehmen.[672] Ziel der Maßnahme wäre danach, die friedlichen Zuschauer vor Angriffen zu schützen. Das PolG sieht jedoch eine solche Art des Schutzgewahrsams nicht vor, da § 28 Abs. 1 Nr. 2 a)-c) PolG den Schutzgewahrsam abschließend regelt.[673] Der Wortlaut des § 13 Abs. 1 Nr. 1 Musterentwurf eines einheitlichen Polizeigesetzes (MEPolG), der eine offene Formulierung (*„insbesondere“*) enthält, wurde in Baden-Württemberg auch bei der 2008

668 So auch F.-P. Stümper, Die Gewährleistung der öffentlichen Sicherheit und Ordnung bei Großsportveranstaltungen, 2001, S. 146.

669 Umgangssprachlich wird diese Phase verharmlosend auch als „Dritte Halbzeit“ bezeichnet.

670 Zu Problemen kam es hierbei beispielsweise am 25.9.2010 anlässlich des Fußballbundesligaspiels zwischen Werder Bremen und dem Hamburger Sportverein, bei dem es auch zu Verletzten kam.

671 J. Roos, Kriminalistik 1994, 674 (676).

672 M. Nolte, NVwZ 2001, 147 (153); M. Breucker, SpuRt 2005, 133 (136), nennt als Rechtsgrundlage § 13 Abs. 1 Nr. 2 MEPolG (Musterentwurf eines einheitlichen Polizeigesetzes), der aber nicht mit dem Wortlaut des § 28 Abs. 1 Nr. 2 a)-c) PolG übereinstimmt.

673. H. Wolf/U. Stephan/J. Deger, Polizeigesetz für Baden-Württemberg, 2009, § 28, Rn. 19.

erfolgten Neufassung nicht übernommen. Es gibt für das Festhalten der Zuschauer zu ihrem eigenen Schutz damit keine taugliche Ermächtigungsgrundlage.[674]

5) Zwischenergebnis

Im Ergebnis lässt sich festhalten, dass die polizeiliche Gefahrenabwehr bei Sportgroßveranstaltungen keinesfalls auf der rechtlich sicheren Grundlage steht, die einige Autoren und Teile der Rechtsprechung suggerieren wollen.

Das von der Polizei entwickelte Instrumentarium, welches unter anderem für eine weitgehend friedliche Fußballweltmeisterschaft 2006 gesorgt hat, fand seinerzeit in Baden-Württemberg nicht immer eine ausreichende Grundlage im Polizeigesetz und auch bis dato besteht nicht für alle Maßnahmen eine taugliche Ermächtigungsgrundlage. Die Untätigkeit des Gesetzgebers hatte in Baden-Württemberg dazu geführt, dass die Polizeibehörden in die polizeiliche Generalklausel flüchten mussten. So ist in den letzten Jahren eine Diskrepanz zwischen den Entwicklungen in der Polizeitaktik und der Gesetzgebung entstanden. Auf diese Entwicklung ist von Seiten des Gesetzgebers in Baden-Württemberg lange nicht reagiert worden. Hinsichtlich der Meldeauflage besteht dieses Defizit weiterhin.

Der Landesgesetzgeber ist 2008 aber zumindest teilweise seiner Verpflichtung nachgekommen und insoweit seiner Gewährleistungsverantwortung für die Sicherheit von Sportgroßveranstaltungen beispielsweise im Hinblick auf das Aufenthaltsverbot gerecht geworden. Damit wurden Unsicherheiten auf Seiten der Behörden ebenso wie auf Seiten der betroffenen Bürger beseitigt. Unverständlich ist dagegen, warum nicht alle oben diskutierten Maßnahmen einer Regelung zugeführt wurden. Die Generalklausel ist dafür keine Dauerlösung, unabhängig davon, ob man ihr eine „Lückenbüßerfunktion“[675], „Reservefunktion“[676] oder Auffangfunktion zugesteht.

Was den Bundesgesetzgeber anbelangt, ist hinzuzufügen, dass die fehlende Bestimmtheit im Fall der Datei „Gewalttäter Sport“ dazu führt, dass dieses an sich wirksame Mittel nicht effizient eingesetzt werden kann. Hier könnte insbesondere auf die Regelungen für das Verkehrszentralregister und die damit gemachten Erfahrungen mit Ertrag zurückgegriffen werden.

---

674 Mit diesem Ergebnis übereinstimmend F.-P. Stümper, Die Gewährleistung der öffentlichen Sicherheit und Ordnung bei Großsportveranstaltungen, 2001, S. 148, der vorschlägt, eine Ermächtigungsgrundlage in Form einer Polizeiverordnung zu schaffen. Da es sich jedoch bei den Zuschauern um Nichtstörer handelt, sieht er zudem eine Ausnahme von der Störerheranziehung als gegeben. Begründet wird dies mit der spezifischen Gefahr der Durchmischung von friedlichen und gewaltbereiten Zuschauern. Anderer Ansicht mit Verweis auf § 13 Abs. 1 Nr. 1 MEPolG: F. Deusch, Polizeiliche Gefahrenabwehr bei Sportgroßveranstaltungen, 2005, S. 198.

675 T. Würtenberger/D. Heckmann, Polizeirecht in Baden-Württemberg, 2005, Rn. 252.

676 R. Belz/E. Mußmann, Polizeigesetz für Baden-Württemberg, 2009, § 3, Rn. 2.

Hinsichtlich der staatlichen Gewährleistungsverantwortung ist somit festzustellen, dass von legislativer Seite bei der Aufgabe, sportfreundliche Rahmenbedingungen zu schaffen, weiterhin Defizite zu beobachten sind.[677] Die hier besprochenen Maßnahmen liegen zumeist im originär staatlichen Bereich, so dass der Veranstalter nicht tätig werden kann. Es liegt am Staat zu gewährleisten, dass von der Polizei im Bereich der öffentlichen Sicherheit alle notwendigen Maßnahmen ergriffen werden können, um geeignete Rahmenbedingungen für die Ausrichtung von Sportgroßveranstaltungen zu schaffen.

III. Die Rolle des Veranstalters bei der Gewährleistung der öffentlichen Sicherheit

Im bisherigen Verlauf dieses Abschnitts wurde der Fokus auf Instrumente gelegt, mit denen der Staat selbst tätig wird, um die Sicherheit und damit auch die Durchführung von Sportgroßveranstaltungen zu gewährleisten. Die Rolle des Veranstalters wurde nur am Rande, soweit es sich um bauliche Maßnahmen und Stadionverbote handelt, erwähnt. Darüber hinaus ergeben sich aber auch für die Veranstalter weitere Möglichkeiten, eigene Beiträge zur Sicherheit von Sportgroßveranstaltungen zu leisten.

Eine Schlüsselrolle kommt dabei den Sportverbänden zu, da sie durch die Handlungsmöglichkeiten, die sich ihnen im Rahmen der Verbandsautonomie bieten, eine Multiplikatorenrolle einnehmen können. Insbesondere haben sie die Option, den ausrichtenden Vereinen konkrete Vorgaben beispielsweise im Bezug auf Sicherheitsmaßnahmen zu machen. Durch eine auf Gemeinwohlaspekte und die Sicherheit der Veranstaltungen abzielende rechtliche Umhegung, kann dieses Potenzial effizient genutzt werden.

Grundsätzlich sind drei Phasen denkbar, in denen die Veranstalter eigene Beiträge leisten können. In der Planungsphase der jeweiligen Veranstaltungen, in der eigentlichen Veranstaltungsphase sowie in der Nachbereitungsphase im Rahmen eines Prozesses der Evaluation und des Lernens im Hinblick auf zukünftige Veranstaltungen.

1) Planungsphase

Neben den erwähnten baulichen Maßnahmen findet die Unterstützung durch die Veranstalter auch im Rahmen der Beobachtung der Fanszene oder durch den Einsatz von Fanbetreuern statt, die dazu beitragen können, Gefahren bereits im Vorfeld zu vermeiden. Auch mit privatrechtlichen Mitteln, beispielsweise durch die Ausgestaltung der Allgemeinen Geschäftsbedingungen beim Ticketkauf, die es unter-

677 Vgl. zur Frage der „verfassungsimmanenten Pflicht" zur Schaffung von Standardbefugnissen A. Lambiris, Klassische Standardbefugnisse im Polizeirecht, 2002, S. 80ff.

sagen, Tickets an mit einem Stadionverbot belegte Personen weiterzugeben oder der Stadionordnung, die es untersagt, Feuerwerkskörper anzuzünden, kann zur Erhöhung der Sicherheit von Sportgroßveranstaltungen beigetragen werden.

2) Veranstaltungsphase

In der eigentlichen Veranstaltungsphase bedienen sich die Ausrichter zumeist privater Sicherheitsdienste, da sie in der Regel keinen eigenen Ordnungsdienst beschäftigen. An diesem Einsatz privater Sicherheitsdienste kann im Sinne des Gewährleistungsverwaltungsrechts gut exemplifiziert werden, wie der Staat Rahmenbedingungen schafft, die es einerseits Veranstaltern ermöglichen, selbständig zur Sicherheit beizutragen, und andererseits den Staat in die Lage versetzen, den sportgroßveranstaltungsspezifischen Belangen unter Einbeziehung der Veranstalter Rechnung zu tragen.

a) Einsatzfelder privater Sicherheitskräfte bei Sportgroßveranstaltungen

Privaten Sicherheitsdiensten kommt eine zentrale Rolle bei der Umsetzung von Sicherheitskonzepten zu. Sie werden bei Sportgroßveranstaltungen in vielfältiger Weise eingesetzt[678] und zumeist innerhalb des Veranstaltungsgeländes tätig.[679] Der Einsatz umfasst die Zugangskontrolle an der Umfriedung des Stadions, die das Zurückweisen von Personen ohne Ticket, Betrunkenen oder Personen mit Stadionverbot beinhaltet, sowie das Überprüfen und Durchsuchen von Stadionbesuchern einschließlich der Wegnahme gefährlicher Gegenstände. Innerhalb des Stadions gehört es zu den Aufgaben der Sicherheitsdienste, die Stadionordnung durchzusetzen, wozu auch die Einhaltung des für Sportgroßveranstaltungen typischen „Blockzwangs" sowie das Freihalten der Fluchtwege zählen.[680]

b) Umstrittene Grenzen der Privatisierung im Bereich öffentliche Sicherheit

Die genaue Abgrenzung der Kompetenzen zwischen Polizei und privaten Sicherheitsdiensten ist weiterhin umstritten, da sich hier in einem besonders sensiblen Bereich die Frage der rechtlichen Grenzen der Privatisierung öffentlicher Aufgaben stellt.[681] Auf die umfangreiche Literatur und die Diskussion zu diesem Thema[682]

---

678 Eine ausführliche Aufzählung findet sich bei R. Ochs, Fußball-WM 2006, Die Polizei 2006, 129 (130).

679 Sogenannte „Innenschutzmaßnahmen", vgl. R. Pitschas, Polizei und Sicherheitsgewerbe, 2000, S. 163. Vgl. auch die Aufzählung bei M. Nolte, Staatliche Verantwortung im Bereich Sport, 2004, S. 361, sowie A. Piastowski, Gemeinsam für die Sicherheit, DPolBl. 2007, 2 (2).

680 R. Ochs, Die Polizei 2006, 129 (130).

681 Vgl. zu den Grenzen der Privatisierung: H. Schulze-Fielitz, § 12 Grundmodi der Aufgabenwahrnehmung, in: Hoffmann-Riem/Schmidt-Aßmann/Voßkuhle (Hrsg.), GVwR I, 2006, Rn. 95f.; sowie speziell im hier diskutierten Zusammenhang: R. Pitschas, Polizei und Sicherheitsgewerbe, 2000, S. 164.

soll hier lediglich hingewiesen werden, da eine intensive Befassung mit dieser Einzelfrage der Schwerpunktsetzung dieser Arbeit nicht gerecht würde. Die Ausführungen zur Wahrnehmung von Aufgaben in diesem Bereich durch den Veranstalter sind aber stets vor dem Hintergrund dieser Problematik zu sehen.

c) Die Sicherheit bei Sportgroßveranstaltungen als Spannungsfeld von Interessen

Im Verhältnis zwischen Staat, Veranstalter und privaten Sicherheitsdiensten ist ein Spannungsfeld verschiedener Interessen zu beobachten, da die gesellschaftliche Relevanz von Sportgroßveranstaltungen, wie bereits erwähnt, vielfältige „Begehrlichkeiten" hervorruft und damit auch Interessenkonflikte zwischen den Beteiligten verursacht.[683]

aa) Staatliche Interessen

Auf der einen Seite steht der Staat, dessen Aufgabe es ist, die öffentliche Sicherheit zu gewährleisten, der gleichzeitig aber auch ein Interesse daran hat, seinen Aufwand und seine Kosten möglichst gering zu halten, indem er beispielsweise gewisse Bereiche auf dem Gebiet der öffentlichen Sicherheit den Veranstaltern überträgt, die sich ihrerseits privater Sicherheitsdienste bedienen.[684]

bb) Interessen des Veranstalters

Die Veranstalter haben das Interesse, die eigenen Kosten für private Sicherheitsdienste möglichst gering zu halten[685], was dadurch erreicht werden kann, dass der Einsatzbereich privater Sicherheitsdienste eingeschränkt bleibt und der Staat möglichst große Bereiche bei der Gewährleistung der öffentlichen Sicherheit wahrnimmt.

---

682 Verwiesen sei diesbezüglich nur auf M. Burgi, Privatisierung öffentlicher Aufgaben - Gestaltungsmöglichkeiten, Grenzen, Regelungsbedarf, (Beilage), NJW 21/2008, 17 (17), und R. Stober, Privatisierung öffentlicher Aufgaben. Phantomdiskussion oder Gestaltungsoption in einer verantwortungsgeteilten, offenen Wirtschafts-, Sozial- und Sicherheitsverfassung?, NJW 2008, 2301 (2301) („inflationäre Literaturflut"); sowie speziell zu Sicherheitsdiensten auf F. Schnekenburger, Rechtsstellung und Aufgaben des privaten Sicherheitsgewerbes, 1999, S. 7, mit zahlreichen weiteren Nachweisen.

683 Vgl. zu den „Motiven zur Einbeziehung privater Sicherheitsdienstleister" mit zahlreichen weiteren Nachweisen M. Nolte, Staatliche Verantwortung im Bereich Sport, 2004, S. 361.

684 Vgl. hierzu auch R. Stober, Für ein aufgabenadäquates Sicherheitsvergaberecht – Verfassungsrechtliche und rechtspolitische Anforderungen an die Auftragsvergabe bei Sicherheitsdienstleistungen, NJW 2007, 2008.

685 Bei der Fußballweltmeisterschaft 2006 wurden 20.000 private Sicherheitskräfte und 15.000 freiwillige Helfer eingesetzt, vgl. T. Feltes, Zusammenarbeit zwischen privater und staatlicher Polizei bei der FIFA WM 2006TM, ZRP 2007, 243 (243).

cc) Interessen privater Sicherheitsdienste

Das Interesse der privaten Sicherheitsdienste liegt in der Erweiterung ihres Tätigkeitsfelds[686], um Aufgaben, die bisher durch den Staat wahrgenommen wurden, übertragen zu bekommen.[687] Der Gesamtjahresumsatz der Branche beträgt derzeit über vier Mrd. Euro bei ca. 150 000 Beschäftigten.[688] Auch im Bereich der Sportgroßveranstaltungen haben die Sicherheitsdienste in den letzten Jahren immer größere Bedeutung bekommen und sogar einen ihrer Tätigkeitsschwerpunkte gefunden.[689]

---

686 In den letzten Jahrzehnten hat das private Sicherheitsgewerbe, ausgehend von seinem ursprünglichen Betätigungsfeld bei den Wach- und Schließgesellschaften (ausführlich dazu: F. Schnekenburger, Rechtsstellung und Aufgaben des privaten Sicherheitsgewerbes, 1999, S. 11ff., vgl. zur historischen Entwicklung auch die Darstellung bei: R. Wackerhagen/H. Olschok, Deutschland, in: Ottens/Olschok/Landrock (Hrsg.), Recht und Organisation privater Sicherheitsdienste in Europa, 1999, S. 178f.), immer neue Betätigungsfelder für sich erschlossen. Das private Sicherheitsgewerbe hat auf diese Weise einen enormen Aufschwung erfahren und sich zu einem der am schnellsten wachsenden Gewerbezweige entwickelt. P. Tettinger/R. Wank, Gewerbeordnung, 2004, § 34a, Rn.1, bezeichnen dies als einen „Boom". In den letzten fünfzig Jahren hat sich dabei die Zahl der Unternehmen mehr als verfünffacht. Von ca. 600 Unternehmen 1950 auf mehr als 3.000 Unternehmen 2007 (vgl. S. Rixen, Vom Polizeirecht über das Gewerberecht zurück zum Policeyrecht?, Die Polizei 2007, 168 (170)).

687 Vgl. im Hinblick auf damit verbundene Bedenken bereits die Begründung zur Änderung der GewO und zur Einführung des § 34a GewO, RT-Drucks. IV. 24/26 Nr. 2685 v. 19.11.1926 (A. 3744): „Schon seit Jahren wird über die Mißstände im Geschäftsbetrieb der Wach- und Schließunternehmungen Klage geführt [...].", sowie C. Gusy, Polizeirecht, 2009, Rn. 163: „Hier erlangt insbesondere das Auftreten privater ‚Securities' in Gruppen, in einheitlicher oder gar uniformähnlicher Kleidung, mit Schuss- oder sonstigen Waffen und in Begleitung von Wachhunden nicht nur sicherheitsfördernde Bedeutung. Es kann vielmehr sehr wohl zur Verunsicherung Dritter beitragen [...]. Ein solches Verhalten privater Ordnungsdienste gegenüber Dritten ist umso überwachungsbedürftiger, je weiter es in den öffentlichen Raum [...] hineinragt."

688 Vgl. nur die Zahlen bei T. Feltes, ZRP 2007, 243 (244). Dabei ist die Zahl der Beschäftigten von deutlich unter 30 000 (Stand 1950) auf den jetzigen Stand angewachsen, vgl. zu dieser Entwicklung W. Hoffmann-Riem, Übergang der Polizeigewalt auf Private?, ZRP 1977, 277 (277); R. Ochs, Zusammenarbeit zwischen Polizei und privaten Sicherheitsdiensten, Die Polizei 2005, 69 (71); S. Rixen, Die Polizei 2007, 168 (170); T. Würtenberger/D. Heckmann, Polizeirecht in Baden-Württemberg, 2005, Rn. 32. Die Zahlen variieren zwischen 121 000 und 170 000, je nachdem, ob man Teilzeit- und Hilfskräfte dazu rechnet oder nicht, vgl. auch den Überblick bei H. Lisken/E. Denninger in: dies. (Hrsg.), Handbuch des Polizeirechts, 2007, C 174. Die Anwerbung von solchen Kräften wurde insbesondere während der Fußballweltmeisterschaft 2006 notwendig.

689 Vgl. R. Pitschas, Polizei und Sicherheitsgewerbe, 2000, S. 163.

d) Kritik am Einsatz privater Sicherheitsdienste

Die Bewertungen dieser Entwicklung sind nicht einheitlich.[690] So sehen einige Autoren das private Sicherheitsgewerbe als unentbehrlichen Garanten privater Sicherheit für Einzelpersonen, Haushalte und Unternehmen. Weiterhin stelle seine Tätigkeit einen wichtigen Bestandteil der inneren Sicherheit und der Kriminalprävention dar, da es das Rechtsgut Sicherheit *„im Visier"* habe.[691] Für die Gewährleistung der öffentlichen Sicherheit sei das private Sicherheitsgewerbe in Deutschland mittlerweile zu einer festen und unverzichtbaren Größe geworden.[692] Da die öffentliche Sicherheit auch private Rechtsgüter umfasse, sei hier ein zusätzlicher Schutz gegeben.[693]

Die zentrale Fragestellung ist jedoch, ob die privaten Anbieter wirklich ein Mehr an öffentlicher Sicherheit bewirken oder ob durch den Rückzug der Polizei aus bestimmten Bereichen insgesamt ein Absinken des Standards der öffentlichen Sicherheit eintritt.[694] Durch die unterschiedliche Zielrichtung des privaten Sicherheitsgewerbes besteht die Gefahr, dass zwar die Sicherheit der Auftraggeber gesteigert wird, die Defizite bei der Gewährleistung der öffentlichen Sicherheit insgesamt dagegen gleich bleiben, da lediglich ein Verdrängungseffekt der Kriminalität

---

690 Erwähnt seien in diesem Zusammenhang die Bedenken von B. Pieroth/B. Schlink/M. Kniesel, Polizei- und Ordnungsrecht, 2010, § 5 Rn. 62, die folgenden Verdacht äußern: „Die großen Unternehmen, die Sicherheit als Dienstleistung entdeckt haben und in großem Stil vermarkten, lancieren auch in großem Stil eine juristische Publizistik, die die Anforderungen an die besondere Rechtfertigung [für die Beleihung privater Sicherheitsdienste] herunterschrauben will." Vgl. hierzu beispielsweise die Darstellung bei R. Wackerhagen/H. Olschok, Deutschland, in: Ottens/Olschok/Landrock (Hrsg.), Recht und Organisation privater Sicherheitsdienste in Europa, 1999, S. 171ff. und S. 192, in der zunächst ein drastisches Bild der „gegenwärtig angespannte[n] Sicherheitslage" beschrieben wird („Schwer kontrollierbar erscheinende Entwicklungen zumindest in einigen Kriminalitätsfeldern verweisen auf eine mögliche Gefährdung der gesamten ‚Lage Innere Sicherheit'"; „Dennoch ist nicht hinnehmbar, dass z. B. immer mehr Bürger bestimmte Orte nur noch mit unguten Gefühlen betreten oder gänzlich meiden, oder dass gar manche – vor allem ältere – Bürger ihre Wohnung aus Angst kaum noch verlassen"), während die Haushaltslage gleichzeitig immer angespannter sei und „der Staat [..] sich heute gravierenden Finanzierungsproblemen gegenüber [sehe]". Darauf basierend werden private Sicherheitsdienste, die auch auf öffentlichen Plätzen eine „erwägenswerte Maßnahme" seien, als „kreativer" und „kostengünstiger" beschrieben.

691 Vgl. mit weiteren Nachweisen nur R. Stober, Private Sicherheitsdienste als Dienstleister für die öffentliche Sicherheit?, ZRP 2001, 260 (260).

692 Mit weiteren Nachweisen F. Schoch, Polizei- und Ordnungsrecht, in: Schmidt-Aßmann/ders. (Hrsg.), Besonderes Verwaltungsrecht, 2008, Rn. 24.

693 M. Möller, Allgemeines Polizei- und Ordnungsrecht, 2003, Rn. 58; kritisch im Hinblick auf den unterschiedlichen Auftrag von Polizei und privaten Sicherheitsdiensten: C. Gusy, Polizeirecht, 2009, Rn. 160.

694 So schon W. Hoffmann-Riem, ZRP 1977, 277 (280), der hier das Sozialstaatsprinzip verletzt sieht.

entsteht. Es wird daher zu Recht angeführt, dass der Auftrag der Polizei einerseits und privater Sicherheitsdienste andererseits rechtlich unterschiedlich sei.[695]

Ein solcher Verdrängungseffekt ist auch bei Sportgroßveranstaltungen zu beobachten, wenn Gewalttätigkeiten in Folge entsprechender Sicherheitsmaßnahmen nicht mehr in den Stadien, sondern vor diesen ausgetragen werden. Damit ist jedoch nicht gesagt, dass sich diese Verdrängung aus den Stadien negativ auf das Gesamtniveau der öffentlichen Sicherheit auswirkt. Für die rechtliche Bewertung muss das allgemeine Sicherheitsniveau der zentrale Maßstab sein. Positiv zu bewerten ist, dass durch die Tätigkeit der Sicherheitsdienste auf Seiten der Polizei Personal freigesetzt wird, das diese in anderen Bereichen einsetzen kann.

e) Gesetzliche Rahmenbedingungen für das Handeln der Sicherheitsdienste; § 34a GewO und die Bewachungsverordnung (BewachV)[696]

Die zentrale Norm für die Befugnisse des privaten Sicherheitsgewerbes[697] ist § 34a GewO. Der Anwendungsbereich dieser Norm beinhaltet grundsätzlich auch

---

695 C. Gusy, Polizeirecht, 2009, Rn. 160, daher sei die Sicherheit des einen nicht nur die Sicherheit des anderen, sondern könne auch dessen Unsicherheit vergrößern (Rn. 163).

696 Bewachungsverordnung in der Fassung der Bekanntmachung vom 10.7.2003 (BGBl. I S. 1378), zuletzt geändert durch Art. 5 G zur Verbesserung der Feststellung und Anerkennung im Ausland erworbener Berufsqualifikationen vom 6.12.2011 (BGBl. I S. 2515).

697 Das private Sicherheitsgewerbe erfährt einen grundrechtlichen Schutz durch Art. 12 Abs. 1 Satz 1 GG. § 34a GewO ist daher am Maßstab des Art. 12 Abs. 1 S. 2 GG zu messen und an der vom Bundesverfassungsgericht entwickelten sogenannten Drei-Stufen-Theorie. In deren Terminologie stellt § 34a GewO eine subjektive Berufswahlbeschränkung dar. Sie genügt dem Verhältnismäßigkeitsgrundsatz, da sie dem Schutz überragender Gemeinschaftsgüter dient, indem sie die Öffentlichkeit in diesem sensiblen Bereich vor unseriösen Anbietern schützt. § 34a Abs. 1 Satz 3 GewO gibt dann aber auch einen Rechtsanspruch auf Erteilung einer Erlaubnis. Das Führen einer Schusswaffe ist den Angehörigen eines Sicherheitsunternehmens dagegen nur im Rahmen des § 28 WaffG gestattet. Ein Bedürfnis, Waffen zu tragen, ist nicht schon darin zu sehen, dass die Angestellten des Sicherheitsgewerbes generell einer erhöhten Gefahr ausgesetzt sind, vgl. auch C. Gusy, Polizeirecht, 2009, Rn. 162. Vielmehr müssen sie im Sinne des § 28 Abs. 1 S. 1 WaffG glaubhaft machen, dass Personen geschützt werden sollen, die selbst im Rahmen des § 19 WaffG zum Tragen von Waffen berechtigt wären oder das Waffen Tragen zum Schutz eines gefährdeten Objekts erforderlich ist. Ein Verstoß ist nach § 52 Abs. 3 Nr. 5 WaffG strafbar. Bei Sportgroßveranstaltungen sind solche Situationen nur schwer vorstellbar, da es beim Einsatz privater Sicherheitsunternehmen in diesem Bereich nicht um den Schutz einzelner hochgefährdeter Personen, sondern um die Sicherheit der gesamten Veranstaltung geht. Zudem ist § 28 Abs. 3 WaffG zu beachten, der vorsieht, dass die entsprechenden Personen zum Tragen von Waffen einer Zustimmung durch die zuständige Behörde bedürfen. Auch dann darf die Schusswaffe nur bei der tatsächlichen Durchführung eines konkreten Auftrags mitgeführt werden, vgl. § 28 Abs. 2 WaffG. Grundsätzlich lässt sich somit sagen, dass Angehörige der privaten Sicherheitsdienste bei Sportgroßveranstaltungen keine Schusswaffen mit sich führen dürfen.

die Übernahme von Ordnungsdiensten durch Dritte bei Sportgroßveranstaltungen, findet jedoch keine Anwendung, wenn die Ordner Angestellte des Veranstalters sind.[698] Ergänzt wird § 34a GewO durch die BewachV, in der Unterrichtungsverfahren, Sachkundeprüfungen und sonstige Verpflichtungen bei der Ausübung des Gewerbes vorgesehen sind. § 34a GewO und die BewachV sind ein weiterer Baustein zur Gewährleistung der Sicherheit von Sportgroßveranstaltungen, da sie dem Veranstalter die Möglichkeit bieten, auf qualifiziertes Personal zurückzugreifen.

§ 34a GewO stellt allerdings auch klar, dass das Bewachungsgewerbe nur die Rechte, die jedermann im Falle einer Notwehr, eines Notstands oder einer Selbsthilfe zustehen, ausüben darf.[699] Es ist dabei wichtig festzuhalten, dass die Befugnisse der Sicherheitsdienste nicht über die Rechte des Beschützten hinausgehen.[700] Das bedeutet auch, dass durch diese Vorschrift keine hoheitlichen Befugnisse gegenüber den Bürgern übertragen werden.[701]

f) Die organisierte Wahrnehmung der Notrechte als Rechtsmissbrauch?

Problematisch[702] ist in diesem Zusammenhang die organisierte Wahrnehmung der Notrechte durch das Sicherheitsgewerbe, da das private Sicherheitsgewerbe gewissermaßen professionell auf die schneidigen Notrechte – insbesondere § 32 StGB – zurückgreift und dies einen Missbrauch darstellen könnte.[703]

---

698 P. Tettinger/R. Wank, Gewerbeordnung, 2004, § 34a, Rn. 9.

699 Das heißt, dass die §§ 32, 34, 35 StGB sowie die §§ 227ff., 904 BGB das Handeln der privaten Sicherheitsdienste rechtfertigen. Zu den ausübbaren Rechten dürfte auch das Recht der vorläufigen Festnahme gemäß § 127 Abs. 1 StPO gehören. Dieses wird zwar nicht erwähnt, § 34a GewO hat jedoch eine reine Klarstellungsfunktion, so dass wegen des Telos der Vorschrift auch die vorläufige Festnahme erfasst ist, ebd., § 34a, Rn. 1; W.-R. Schenke, Polizei- und Ordnungsrecht, 2009, Rn. 473. Die Feststellung des § 34a GewO, dass die Notrechte sich auf das Erforderliche beschränken müssen, bringt keine neuen Erkenntnisse, da sich dies bereits aus den Notrechten selbst ergibt, vgl. P. Tettinger/R. Wank, Gewerbeordnung, 2004, § 34a, Rn. 23b, die anmerken, dass diese Regelung daher auch Verwirrung stiften kann. Für eine Streichung R. Stober, Zur Qualifizierung der privaten Sicherheitsdienste, GewArch 2002, 129 (135).

700 M. Möller, Allgemeines Polizei- und Ordnungsrecht, 2003, Rn. 58; C. Gusy, Polizeirecht, 2009, Rn. 161.

701 F. Schoch, Polizei- und Ordnungsrecht, in: Schmidt-Aßmann/ders. (Hrsg.), Besonderes Verwaltungsrecht, 2008, Rn. 27.

702 So wie hier mit weiteren Nachweisen B. Pieroth/B. Schlink/M. Kniesel, Polizei- und Ordnungsrecht, 2010, § 5 Rn. 64. Als unbegründet weist diese Bedenken zurück: V. Götz, Allgemeines Polizei- und Ordnungsrecht, 2008, § 16 Rn. 36 Fn. 400.

703 Diesbezüglich ist hervorzuheben, dass die Notrechte Verbotsausnahmen darstellen, die gerade deshalb besonders schneidig ausgestaltet sind, weil der Bürger in der Regel in einer unvorhergesehen, meist hilflosen Lage auf sie zurückgreift. W. Hoffmann-Riem, ZRP 1977, 277 (283).

Die Notrechte sind als Ausnahmeregelung zum staatlichen Gewaltmonopol geschaffen worden[704], um dem Einzelnen ein Selbstverteidigungsrecht in den Fällen zuzugestehen, in denen der Staat ihm nicht beistehen kann.[705] Kritisch im vorliegenden Kontext ist, dass die Notrechte nicht den rechtsstaatlichen Restriktionen unterliegen, die für das staatliche Handeln gelten.[706] Die Notrechte unterliegen zwar teilweise auch dem Verhältnismäßigkeitsgrundsatz, für die Ausübung des Notwehrrechts gemäß § 32 StGB gilt aber grundsätzlich lediglich die Erforderlichkeitsschwelle, die mit der Bindung der Polizei an das Verhältnismäßigkeitsprinzip nicht vergleichbar ist[707], da sie gerade keine Güterabwägung verlangt.[708]

Die professionelle Nothilfe, wie sie das private Sicherheitsgewerbe vornimmt, ist wesensverwandt mit der Arbeit der Polizei, weshalb der in § 34a Abs. 1 Satz 1 GewO normierte Erforderlichkeitsgrundsatz[709] restriktiv auszulegen ist. Auch bei der Anwendung des § 32 StGB gibt es verschiedene Konstellationen, in denen insbesondere rechtsmissbräuchliches Verhalten des Täters ausnahmsweise zu einer Einschränkung des Notwehrrechts führt.[710] Man kann den Angehörigen des privaten Sicherheitsgewerbes wegen der planmäßigen Inanspruchnahme der Notrechte zwar nicht Rechtsmissbräuchlichkeit unterstellen, allerdings muss wegen ihres überlegenen Wissens und ihrer ständigen Bereitschaft zur Notwehr bereits bei der Erforderlichkeit ein strengerer Maßstab angelegt werden.

---

704 Aus diesem Grund habe es „ein staatliches Monopol legitimer Gewaltausübung" eigentlich nie gegeben, F. Hammer, Private Sicherheitsdienste, staatliches Gewaltmonopol, Rechtsstaatsprinzip und "schlanker Staat", DÖV 2000, 613 (615).

705 B. Jeand'Heur, Von der Gefahrenabwehr als staatlicher Angelegenheit zum Einsatz privater Sicherheitskräfte, AöR 119 (1994), 107 (115): „Dort, wo der starke Arm des Staates nicht den gesellschaftlichen Rechtsfrieden aufrechtzuerhalten vermag, soll der Bürger zu dessen Wiederherstellung sowie zum Schutz seiner Rechte selbst Hand anlegen dürfen."

706 Der „Disziplinierung" der öffentlichen Verwaltung dienen beispielsweise die Begrenzung von Eingriffsbefugnissen, Beachtung von Form und Verfahren und das Übermaßverbot, F. Schoch, Polizei- und Ordnungsrecht, in: Schmidt-Aßmann/ders. (Hrsg.), Besonderes Verwaltungsrecht, 2008, Rn. 22.

707 Bei dem Notwehrrecht des § 32 StGB sind daher nur wenige Ausnahmen im Sinne einer Verhältnismäßigkeitsprüfung anerkannt, da das Verhältnismäßigkeitsprinzip grundsätzlich nicht zwischen Privaten gilt. Anerkannt sind Einschränkungen bei der sogenannten Unfugabwehr, bei einem groben Missverhältnis sowie bei Angriffen von erkennbar Irrenden oder Kindern, vgl. W. Perron in: Schönke/Schröder (Hrsg.), Strafgesetzbuch, 2010, § 32, Rn. 48ff.

708 M. Winkler, Private Wachdienste als Horch- und Guckposten der Polizei?, NWVBl. 2000, 287 (296).

709 § 34a Abs, 1 Satz 1 GewO: „Die Erlaubnis kann mit Auflagen verbunden werden, soweit dies zum Schutze der Allgemeinheit oder der Auftraggeber erforderlich ist."

710 Genannt sei hier nur die sogenannte Notwehrprovokation, vgl. hierzu W. Perron in: Schönke/Schröder (Hrsg.), Strafgesetzbuch, 2010, § 32, Rn. 54ff.

Insbesondere dürfen die Sicherheitsdienste sich im Sinne des § 32 StGB nur gegen gegenwärtige rechtswidrige Angriffe schützen[711] und somit nicht im Bereich der Gefahrenprävention tätig werden. Dies beinhaltet konkret, dass sie zum Beispiel weder Identitätskontrollen vornehmen, noch Passanten vor den von ihnen bewachten Grundstücken zum Weitergehen auffordern dürfen.[712] Damit ist auch bezüglich Sportgroßveranstaltungen der Einsatzbereich der Sicherheitsdienste dahingehend räumlich eingegrenzt, dass diese nur auf dem Veranstaltungsgelände tätig werden dürfen, was die Grundlage für eine koordinierte Aufgabenteilung zwischen Staat und Veranstalter darstellt.

g) Gewährleistungspflicht des Staates für qualifizierte Sicherheitsdienste und die Notwendigkeit sportgroßveranstaltungsspezifischer Qualifikation

Das Tätigwerden privater Sicherheitsdienste bedeutet allerdings keinen vollständigen Rückzug des Staates aus diesem Bereich. Die Gewährleistungspflicht des Staates beinhaltet vielmehr, dafür zu sorgen, dass die Angestellten des privaten Sicherheitsgewerbes die für ihre Tätigkeit notwendigen Qualifikationen aufweisen. Diese Aufgabe ist gemäß § 2 BewachV den Industrie- und Handelskammern übertragen worden. Der Staat muss jedoch die Möglichkeit behalten, diese Tätigkeiten zu kontrollieren[713] und gegebenenfalls einzugreifen, damit sein eigenes Gewaltmonopol nicht unterlaufen und in der Bevölkerung der Eindruck vermieden wird, das private Sicherheitsgewerbe übe eine hoheitliche Funktion aus.[714] Das Ziel muss dabei sein, das rechtsstaatliche Niveau sowie das Niveau der öffentlichen Sicherheit auch beim Einsatz privater Sicherheitsdienste zu erhalten.[715]

Indem der Staat den rechtlichen Rahmen für den Einsatz privater Sicherheitsdienste schafft, gewährleistet er, dass der Veranstalter zuverlässige Personen anstellt, um so seinen Eigensicherungspflichten und den Pflichten gegenüber Teilnehmern und Zuschauern nachzukommen.

---

711 Vgl. zu den notwehrfähigen Gütern ebd., § 32, Rn. 4ff..

712 Eine Überschreitung stellt deshalb strafrechtlich eine Nötigung im Sinne des § 240 StGB und zivilrechtlich eine unerlaubte Handlung im Sinne des § 823 BGB dar, vgl. M. Möller, Allgemeines Polizei- und Ordnungsrecht, 2003, Rn. 58. Mit weiteren Beispielen und Nachweisen C. Gusy, Polizeirecht, 2009, Rn. 161.

713 Vgl. hierzu jedoch die Bewertung der Ergebnisse eines an der Ruhr-Universität Bochum durchgeführten Projekts zum Verhalten von Fans, Polizei und privaten Sicherheitskräften während der WM von T. Feltes, ZRP 2007, 243 (244): „Die Ergebnisse zeigen, dass beide Seiten mit den Ergebnissen zufrieden waren, dass jedoch die Gewerbeaufsicht im Bereich des Sicherheits- und Bewachungsgewerbes intensiviert werden muss, da es zu häufig zu Verstößen gegen rechtliche Rahmenbedingungen kommt."

714 Seiner grundrechtlichen Pflicht zum Schutz des einzelnen Bürgers kommt er unter anderem nach, wenn er private Sicherheitsdienste einer Kontrolle und einer Zulassung unterstellt. Vgl. hierzu OLG Düsseldorf, Beschluss vom 20.1.1998, GewArch 1998, 199.

715 Vgl. hierzu auch R. Pitschas, Polizei und Sicherheitsgewerbe, 2000, S. 168, der einen besseren Informationsaustausch anmahnt und richtigerweise in diesem Zusammenhang auch auf die Gewährleistungsfunktion der Polizei hinweist.

Die Qualifikation privater Sicherheitsdienste sollte auch sportgroßveranstaltungsspezifische Schulungen beinhalten, die von zuvor zertifizierten Privaten durchgeführt werden können, was im Ergebnis eine zusätzliche Qualifikation privater Akteure wäre. Hier sind die privaten Ordner mit den typischen Gefahren von Sportgroßveranstaltungen vertraut zu machen und es ist ein Bewusstsein für die Gemeinwohlrelevanz von Sportgroßveranstaltungen zu vermitteln. Bei den Schulungen ist das Expertenwissen der Veranstalter nutzbar zu machen. Die Sportverbände sind in der Regel in dieser Hinsicht besser informiert als die Verwaltung und deshalb in der Lage, derartige Schulungen effizienter wahrzunehmen. In Kenntnis aktueller Entwicklungen können sie flexibler als die Verwaltung auf diese reagieren.[716] Die Sportverbände haben zudem die Möglichkeit, diese Aufgaben durch kleinere Einheiten – in concreto die Sportvereine – wahrnehmen zu lassen. Diese können mit ihrem Spezialwissen über ihren Verein und dessen Anhänger eine optimale Schulung der Sicherheitsdienste garantieren.[717] Erneut kann dies anhand der Regelungen der DFB-Sicherheitsrichtlinien exemplifiziert werden, die auch detaillierte Vorgaben für Ordnungsmaßnahmen bei Fußballspielen festlegen. Diese betreffen die Aufgaben des Ordnungsdienstes, insbesondere ist aber auch die Zuverlässigkeit des Personals Inhalt der Regelungen. Hinzu kommt, dass eine Schulung durch den Verband in den Richtlinien vorgesehen ist.[718]

h) Rechtliche Umhegung durch Ergänzung der Bewachungsverordnung

Um eine sportgroßveranstaltungsspezifische Schulung privater Sicherheitskräfte dauerhaft zu gewährleisten und nicht von der freiwilligen Kooperationsbereitschaft der ausrichtenden Verbände abhängig zu machen, erscheint es angezeigt, die BewachV dahingehend zu ergänzen, dass auch sportgroßveranstaltungsspezifische Aspekte darin Berücksichtigung finden. Idealerweise sind die Verbände für eine derartige Qualifikation privater Sicherheitsdienste heranzuziehen.

---

716 Zu beachten ist dabei jedoch auch, dass neben der Polizei vor allem im Fußballsport auch die großen Verbände Teil des Feindbilds gewisser Fangruppierungen, insbesondere der Kategorie C, sind. Diese Tatsache, kombiniert mit der mangelnden Kooperationsbereitschaft dieser Gruppierungen, erschwert die Arbeit von Polizei und Verbänden gleichermaßen. Vgl. dazu mit Darstellungen aus der Praxis: U. Grzella, DPolBl. 2007, 11 (12f.).

717 Vgl. auch die Einschätzung bei T. Feltes, ZRP 2007, 243 (244): „Die WM hat gezeigt, dass mit einer informellen (d.h. nicht offensiv publik gemachten), aber verlässlichen Abstimmung zwischen privaten und staatlichen Sicherheitskräften optimale Ergebnisse erzielt werden können. Solche Kooperationen können also in Zukunft vertieft werden."

718 § 26 Nr. 6 der DFB-Sicherheitsrichtlinien: „Als geeignet gelten Mitarbeiterinnen und Mitarbeiter des Ordnungsdienstes nur, wenn sie vor ihrem Einsatz an/in einer Platzanlage aus Anlass einer Fußballveranstaltung ausreichend über ihre Rechte, Pflichten sowie Aufgaben, Abläufe und die wesentlichen Problemfelder während eines Fußballeinsatzes unterrichtet worden sind und ihre Eignung durch eine fachkundige Person festgestellt worden ist." Aus- und Fortbildung für Ordnungsdienste findet auch im Rahmen des „Nationalen Konzepts Sport und Sicherheit" in Zusammenarbeit von Staat und Verbänden statt, vgl hierzu A. Piastowski, DPolBl. 2007, 2 (2).

So sollte in § 4 BewachV ein Abs. 3 folgenden Inhalts eingefügt werden:

> „Die Unterrichtung umfasst für Tätigkeiten des Bewachungsgewerbes bei Sportgroßveranstaltungen auch veranstaltungsspezifische Aspekte, die den besonderen Gefahrenlagen und der Gemeinwohlrelevanz derartiger Veranstaltungen Rechnung tragen."

§ 2 BewachV ist dann entsprechend um einen folgendermaßen lautenden Satz 3 zu ergänzen:

> „Die Unterrichtung für Tätigkeiten nach § 4 Abs. 3 BewachV erfolgt durch die Sportverbände."

Eine Ergänzung des § 3 BewachV hinsichtlich des Verfahrens kann sich an den Sicherheitsrichtlinien des DFB orientieren.

3) Nachbereitungsphase

In der Nachbereitungsphase kommt es darauf an, in einem Prozess der Evaluation und des Lernens Erkenntnisse aus der Veranstaltung zu ziehen. Ziel muss es sein, die praktischen Erfahrungen hinsichtlich des taktischen Vorgehens, aber auch bezüglich einzelner problematischer Gruppierungen und deren Verhalten, in zukünftige Konzepte zu integrieren.

Insbesondere im Zusammenhang mit der Fußballweltmeisterschaft 2006 sind in diesem Bereich wichtige Schritte eingeleitet worden.[719] In der Praxis findet ein derartiger Austausch mittlerweile routinemäßig zwischen den Vereinen und den staatlichen Sicherheitskräften statt, um für künftige Ereignisse relevante Erkenntnisse zu gewinnen. Eine kritische Nachbereitung ist die Grundlage für eine effektive Vorbereitung oder, um es beim Fußball bleibend verkürzt mit einem dem ehemaligen Fußballbundestrainer *Sepp Herberger* zugeschriebenen Satz auszudrücken: *„Nach dem Spiel ist vor dem Spiel"*.

§ 11 Kostentragung für Polizeieinsätze bei Sportgroßveranstaltungen

Die rechtspolitisch hochumstrittene Frage der Kostentragungspflicht für Polizeieinsätze bei Sportgroßveranstaltungen lässt wohl wie keine andere Problematik in diesem Kontext die unterschiedlichen Interessen der Beteiligten offen zu Tage treten. Offensichtlich gilt in diesem Zusammenhang: *„In Geldfragen hört die*

---

719 Vgl. auch die Zusammenarbeit zwischen staatlichen Stellen und DFB im Rahmen der DFB-Tagungen für Sicherheits- und Ordnungskräfte und den „Runden Tisch" des Bundesministerium des Innern und verschiedener privater Akteure für eine gemeinsame Strategie gegen Gewalt im Zusammenhang mit Fußballspielen, BMI (Hrsg.), 12. Sportbericht der Bundesregierung (BT-Drs. 17/2880), 2010, S. 75, 109.

keit auf.“[720] Gleichzeitig zeigen sich hier die engen Interessenverknüpfungen zwischen Sport und Politik, die sich insgesamt als wenig förderlich für die Debatte erweisen.[721] Anhand der oben erarbeiteten Grundsätze sollen die Problematik strukturiert und die unterschiedlichen Interessen zum Ausgleich bringende Lösungen aufgezeigt werden.

Nach einer kurzen Einführung in die Problematik [I.] und Darstellung des kostenrechtlichen Hintergrunds [II.-III.] wird zunächst untersucht, ob die Rechtslage de lege lata eine Kostenüberwälzung auf den Veranstalter ermöglicht [IV.]. Es schließt sich die Prüfung an, welche Auswirkungen das oben herausgearbeitete Verhältnis von Staat und Veranstalter auf diesen Bereich hat, wobei auch dargestellt wird, was bei einer Kostenerhebung de lege ferenda zu beachten wäre [V.]. Ein solcher Ausgestaltungsvorschlag wird am Ende dieses Kapitels vorgestellt [VI.].

I. Einführung in die Problematik

Die großen Menschenmengen bei Sportgroßveranstaltungen haben einen überdurchschnittlichen Personal- und Sachaufwand auf Seiten der Polizei und dementsprechend hohe Kosten für die öffentliche Hand zur Folge.[722] Der Mehraufwand ist allerdings nicht nur aufgrund der Menschenmenge selbst nötig, sondern auch weil insbesondere Fußball- und Eishockeyspiele als Anlass für Gewalt- und Zerstörungsexzesse gewählt werden.[723] In Baden-Württemberg belief sich beispielsweise in der Saison 2004/2005 der Umfang der Polizeieinsätze bei den 51 Heimspielen der Vereine SC Freiburg, Karlsruher SC und VfB Stuttgart in der ersten und zweiten Bundesliga auf 47 000 Einsatzstunden.[724] Dies gibt Anlass zu beleuchten, ob und gegebenenfalls wie eine Kostenübernahme durch den Veranstalter möglich ist.

---

720 Zitat aus der Rede des damaligen preußischen Abgeordneten und Finanzministers David Hansemann am 8.6.1847 im Vereinigten Preußischen Landtag, „Der erste Preußische Landtag in Berlin“, Berlin 1847, 2. Abteil., 13. Heft, S. 1507.

721 E. Röper, Anmerkung zu dem Urteil des VGH Baden-Württemberg vom 15.9.1980, DVBl. 1981, 780 (781), merkte hierzu schon an, dass Verursacher und Inanspruchnehmer für die Begleitung von Geldtransporten, aber auch bestimmte Sportveranstalter, zur Kostenerstattung herangezogen werden und die rechtspolitische Zurückhaltung erst beim Fußball beginne.

722 Ein anschauliches Szenario für ein typisches Fußballbundesligaspiel beschreibt J. Lege, Polizeieinsätze bei Fußball-Bundesligaspielen, VerwArch 1998, 71 (74).

723 Gewalttätigkeiten sind jedoch nicht auf diese Sportarten beschränkt, wie die Ausschreitungen während der Australian Open im Januar 2007 zeigen, nach denen über 150 Hausverbote ausgesprochen wurden.

724 Dies geht aus einer kleinen Anfrage des Abgeordneten T. Oelmayer (Grüne) an die badenwürttembergische Landesregierung hervor, LT-Drs. 13/4354, S.2. Die Einsätze in den unteren Ligen werden nicht erfasst. Vgl. auch zuletzt aus der Praxis J. Schubert, Europa – Fuß-

II. Entwicklung der Kostentragungspflicht bei Sportgroßveranstaltungen

1) Erste Diskussionen in den 1970er Jahren

Die Diskussion um eine Kostentragungspflicht bei Großveranstaltungen kam Mitte der 1970er Jahre in Deutschland auf. Sie erreichte Anfang der 1980er Jahre ihren Höhepunkt, als die Problematik 1983 auch zum Thema auf dem 7. Deutschen Verwaltungsrichtertag wurde. Anlass hierfür war einerseits die immer angespanntere Haushaltslage des Bundes und der Länder[725] und andererseits die zunehmende Kommerzialisierung von Sportveranstaltungen[726], bei denen sich vor allem im Bereich des Fußballs zudem eine steigende Gewaltbereitschaft entwickelte, die erhöhte Polizeipräsenz erforderte.

Bei dieser Diskussion ging es im Kern um das grundsätzliche Verhältnis des Staates zum Bürger und darum, wie weit Private staatliche Leistungen in Anspruch nehmen können.[727] Die Diskussion stieß insbesondere bei den Vereinen der Fußball-Bundesliga auf Widerstand.[728] Was das Ergebnis der damaligen Diskussion anbelangt, wurde in der Literatur festgestellt, dass sie zu keiner juristischen Klärung der Problematik geführt habe, sondern lediglich politisch entschieden und ad acta gelegt worden sei.[729]

2) § 81 Abs. 2 Satz 1 PolG aF als scheinbare Lösung

Bis 1991 gab es in Baden-Württemberg eine Regelung, die eine Kostentragung durch den Veranstalter vorsah. § 81 Abs. 2 Satz 1 PolG aF lautete:

---

ball – Einsatzgeschehen – Belastungen und die Bereitschaftspolizeien mittendrin, Die Polizei 2008, 198 (199ff.).

725 W.-R. Schenke, Erstattung der Kosten von Polizeieinsätzen, NJW 1983, 1882 (1882): „Not macht erfinderisch." D. Majer, Die Kostenerstattungspflicht für Polizeieinsätze aus Anlaß von privaten Veranstaltungen, VerwArch 1982, 167 (171), stellt fest, dass die Praxis die Frage der Kostentragung primär als Finanzproblem sieht.

726 Zu dieser Einschätzung gelangt auch S. Broß, Zur Erstattung der Kosten von Einsätzen der Polizei, VerwArch 1983, 388 (388), der feststellt, dass die Rechtsprechung sich etwa seit 1976 damit befasst.

727 So explizit auch D. Majer, VerwArch 1982, 167 (168ff.).

728 Dieser zeigte sich unter anderem in der Form, dass die Vereine die für die Kostenübertragung und die damit verbundene Erhöhung der Eintrittspreise verantwortlichen Politiker an den Toren der Stadien „steckbrieflich bekannt" machen wollten, vgl. W.-R. Schenke, NJW 1983, 1882 (1882).

729 So J. Lege, VerwArch 1998, 71 (72).

> „Für die Kosten polizeilicher Maßnahmen bei privaten Veranstaltungen kann von dem Veranstalter Ersatz verlangt werden, soweit sie dadurch entstehen, daß weitere als die im üblichen örtlichen Dienst eingesetzten Polizisten herangezogen werden müssen.“[730]

§ 81 Abs. 2 Satz 1 PolG aF stand unter der Prämisse, dass gewissermaßen eine „Grundversorgung“ mit polizeilichem Schutz auch den Veranstaltern von Großveranstaltungen zustand und eine zusätzliche Kostentragungspflicht nur dann entstand, wenn ein darüber hinausgehender Schutz notwendig wurde. Dies ist der Gedanke der „Sondernutzung“, der auch aus dem Straßenrecht bekannt ist.[731] Es lag hier also eine Verbindung von Gemeinlast- und Verursacherprinzip vor, auf die unten noch detailliert eingegangen werden soll. Dem § 81 Abs. 2 Satz 1 PolG aF ähnliche Regelungen gab es später auch in Bremen, Hessen und Niedersachsen.[732]

a) Anhaltende Diskussion um die Kostentragungspflicht

Trotz dieser Regelung fand die Diskussion um die Kostenübernahme aber auch in Baden-Württemberg statt, da über den Anwendungsbereich der Norm Unklarheit herrschte. Nichtkommerzielle Veranstaltungen, insbesondere Amateursportveranstaltungen, wurden beispielsweise durch Erlass des Innenministeriums ausgenommen.[733]

Kritik an der Regelung wurde hauptsächlich wegen der mangelnden Bestimmtheit des Begriffs der „privaten Veranstaltungen“ und fehlender Maßstäbe für die Ermessensausübung geäußert. Des Weiteren seien ländliche Gebiete, die weniger Polizeibeamte im örtlichen Dienst hätten, gegenüber großen Städten benachteiligt.[734]

Das Erfordernis des Heranziehens auswärtiger Kräfte richtete sich grundsätzlich nach der sachgerechten Prognose im Sinne des § 1 PolG. Als Maßstab wurde

---

730 GBl. 1968, S. 61 (73).

731 So auch S. Broß, VerwArch 1983, 388 (396).

732 Vgl. hierzu S. Wahlen, Polizeikostenerstattung kommerzieller Großveranstalter, 2008, S. 27ff., die auf § 1 PolGebVO Nds. aF (Polizeigebührenverordnung in Niedersachsen vom 14.12.1977 (GVBl. S. 647) idF vom 23.10.1979 (GVBl. S. 285)) und § 1 HessPolKoVo aF (Polizeikostenverordnung vom 13.7.1973 (GVBl. S. 273)) verweist. In Bremen ermöglicht auch das derzeitige Recht eine Geltendmachung von Kosten, vgl. § 1 InKostV (Kostenverordnung für die innere Verwaltung vom 20.8.2002 (Brem. GBl. S. 455), zuletzt geändert durch Art. 3 G zur Ausf. des PersonalausweisG und des PassG vom 1.3.2011 (Brem.GBl. S. 79) in Verbindung mit Nr. 120.1.6 des Bremischen Kostenverzeichnisses, das vorsieht, dass zur Überwachung von Veranstaltungen, soweit die Überwachung durch eine schriftliche Verfügung bestimmt worden ist oder der Berechtigte sie beantragt hat, Kosten erhoben werden dürfen. Soweit ersichtlich wird von dieser Regelung in Bezug auf Sportgroßveranstaltungen kein Gebrauch gemacht. J. Lege, VerwArch 1998, 71 (87), und K.-H. Ruder/ S. Schmitt, Polizeirecht Baden-Württemberg, 2011, Rn. 746, bezeichnen die baden-württembergische Regelung dagegen als bundesweit einzigartig.

733 Vgl. J. Lege, VerwArch 1998, 71 (87), mit weiteren Nachweisen.

734 T. Schmidt, Der Anspruch auf Ersatz von Polizeikosten bei Großveranstaltungen, ZRP 2007, 120 (120).

also eine ex-ante-Prognose herangezogen, bei der der tatsächliche Ablauf der Veranstaltung irrelevant war und allein auf den Sachstand zum Zeitpunkt der Einsatzplanung abgestellt wurde.[735] Das entsprechende Ermessen konnte dann lediglich im Rahmen des § 114 VwGO gerichtlich überprüft werden. Klagen waren damit nur begründet, wenn der Einsatz offensichtlich exzessiv war oder auf offensichtlich fehlerhaften rechtlichen oder taktischen Erwägungen beruhte.[736]

b) Schwächen der Regelung

Hier zeigen sich auch die Schwächen einer solchen Regelung, da es letztendlich keinen objektiven Maßstab für die Heranziehung zusätzlicher Einsatzkräfte gibt. Zudem ist es gerade bei Sportveranstaltungen schwierig, eine genaue Gefahrenprognose zu erstellen. Im Bereich des Fußballs werden auch eigentlich unbrisante Spiele scheinbar willkürlich von Hooligans als Anlass für Gewalttätigkeiten gewählt. Hinzu kommt, dass durch die erhöhte Polizeipräsenz viele potenzielle Unruhestifter abgeschreckt werden und so die ex-post Perspektive auch keine genaue Analyse zulässt, welche Polizeipräsenz nötig gewesen wäre oder, ob überhaupt zusätzliche Kräfte hätten angefordert werden müssen.[737] Die Prognose kann zudem erst kurz vor der jeweiligen Veranstaltung vorgenommen werden, so dass es dem Veranstalter an der notwendigen Planungssicherheit fehlt, was eine abschreckende Wirkung auf die Bereitschaft zur Durchführung von Veranstaltungen zur Folge haben kann.

c) Aufhebung des § 81 Abs. 2 Satz 1 PolG aF

Die Vorschrift wurde durch die Polizeigesetznovelle von 1991[738] ersatzlos aufgehoben. Begründet wurde dies damit, dass die meisten anderen Bundesländer keine entsprechenden Regelungen kannten, Sportveranstaltungen in Baden-Württemberg dadurch benachteiligt werden[739] und die Chancengleichheit unter den Austragungsorten auf diese Weise wieder hergestellt werden solle.[740]

3) Wiederaufleben der Debatte

Dies bedeutete aber kein endgültiges Ende der Debatte. Aus den gleichen Gründen wie in den 1980er Jahren, nämlich der Kommerzialisierung insbesondere der Fußballbundesliga sowie der enormen Kosten, die bei immer höherer Staatsverschuldung durch die Einsätze entstehen, wird nunmehr auf rechtspolitischer[741] und auf

735 VGH Mannheim, Urteil vom 15.9.1980, DVBl. 1981, 779.
736 Ebd., (779).
737 Mit der gleichen Einschätzung J. Lege, VerwArch 1998, 71 (88).
738 Gesetz zur Änderung des Polizeigesetzes vom 22.10.1991 (GBl. 1991 S. 625).
739 Vgl. auch LT-Drs. 13/4354, S. 4.
740 LT-Drs. 10/5230, S. 60f.
741 Vgl. nur Frankfurter Rundschau vom 3.11.2007, S. 28.

parlamentarischer Ebene[742] erneut über die Einführung entsprechender Kostenregelungen diskutiert. Zudem hat sich auch in unterklassigen Fußballligen eine erhöhte Sicherheitsgefährdung durch Randalierer entwickelt, die dazu führte, dass auch dort Großeinsätze der Polizei mit vielen Überstunden notwendig wurden.

III. Kostenrechtlicher Hintergrund

1) Kompetenzverteilung

Die Kosten, um die es vorliegend geht, entstehen durch die präventive Tätigkeit der Polizei im Bereich der Gefahrenabwehr.[743] Für die Gefahrenabwehr sind entsprechend der Kompetenzverteilung der Art. 70ff. GG die Länder zuständig. Die Entscheidung, Kosten für den Einsatz von Polizeikräften einzuführen, ist somit innerhalb der verfassungsmäßigen Grenzen dem jeweiligen Landesgesetzgeber überlassen.

2) Der Kostenbegriff des Polizeigesetzes

Gemäß § 82 Abs. 3 PolG sind polizeiliche Kosten „die unmittelbaren oder mittelbaren persönlichen und sächlichen Ausgaben für die allgemeinen Polizeibehörden und den Polizeivollzugsdienst". Von konkret entstandenen Kosten für Dritte, die zum Beispiel im Rahmen der Ersatzvornahme und der unmittelbaren Ausführung geltend gemacht werden können, sind pauschal berechnete Gebühren zu unterscheiden.[744] Im Sinne des § 2 Abs. 4 LGebG[745] sind Gebühren „öffentlich-rechtliche Geldleistungen, die aus Anlass individuell zurechenbarer öffentlicher Leistungen dem Gebührenschuldner auferlegt werden". Denkbar sind im hier diskutierten Zusammenhang sowohl Regelungen, die vorsehen, die individuellen Kosten geltend zu machen, als auch solche, die pauschal berechnete Gebühren vorsehen.

3) Prinzipien der Kostenverteilung

Die Verteilung der Kostenlast bewegt sich zwischen zwei Prinzipien: Entweder trägt der Staat die Kosten (Gemeinlastprinzip) oder der Veranstalter (Verursacherprinzip). Zudem gibt es natürlich auch die Möglichkeit, die beiden Prinzipien zu verbinden, wie dies beispielsweise bei § 81 Abs. 2 Satz 1 PolG aF der Fall war. Beide Prinzipien sollen als Grundlage für die weitere Diskussion kurz vorgestellt werden.

---

742 Vgl. nur LT-Drs. 13/4354, S. 4.

743 Die Kosten für die repressive Tätigkeit der Polizei können dagegen nach §§ 464ff. StPO geltend gemacht werden.

744 T. Würtenberger/D. Heckmann, Polizeirecht in Baden-Württemberg, 2005, Rn. 878.

745 Landesgebührengesetz Baden-Württemberg vom 14.12.2004 (GBl. S. 895).

a) Gemeinlastprinzip

Die für die Aufrechterhaltung der öffentlichen Sicherheit entstehenden Kosten sind grundsätzlich vom Staat zu tragen,[746] das heißt der einzelne Bürger muss nicht für die konkrete Inanspruchnahme der polizeilichen Dienste zahlen. Dies ist Konsequenz daraus, dass aufgrund des Gewaltmonopols des Staates der Bürger nicht über die gleichen Befugnisse wie die Polizei verfügt und er daher auch nicht in vollem Umfang seine eigene Sicherheit gewährleisten kann. Zwar ist es möglich, private Sicherheitsdienste in Anspruch zu nehmen, doch haben diese – wie oben[747] dargelegt – nicht mit staatlichen Behörden vergleichbare Kompetenzen.

Daher werden Polizeikosten grundsätzlich aus Steuermitteln finanziert, mithin also von der Allgemeinheit getragen. Dies ist das Wesen des Gemeinlastprinzips, wonach der Bürger Steuern zahlt, ohne dass dadurch eine konkrete Gegenleistung geschuldet wird, und umgekehrt der Staat Leistungen zur Verfügung stellt, ohne dass der Bürger dafür zusätzlich belastet wird.

b) Verursacherprinzip

Eine Ausnahme vom Gemeinlastprinzip stellt das Verursacherprinzip dar, auf dessen Grundlage Kosten in bestimmten Fällen vom Kostenverursacher zu erstatten sind. Dieses findet insbesondere Anwendung im Umweltrecht bei der Erhebung der Kosten für die Beseitigung von Umweltbelastungen. Die Anwendung des Verursacherprinzips auf diesem Gebiet ist direkte Konsequenz aus Art. 20a GG, da die Übernahme dieser Kosten durch die Allgemeinheit eine indirekte Subventionierung von Verursachern von Umweltbelastungen wäre.[748]

Im Polizeirecht kommt diese Ausnahme vor allem dann zur Anwendung, wenn ein Störer belangt werden soll oder wenn jemand durch eine polizeiliche Tätigkeit einen besonderen – vielfach wirtschaftlichen – Vorteil erlangt.[749] Die Veranstalter von Sportgroßveranstaltungen erzielen mit ihrer Tätigkeit zum Teil erhebliche finanzielle Gewinne.[750] Dies ist der Ansatzpunkt dafür, immer wieder eine Erhebung der Kosten vom Veranstalter zu fordern. Inwiefern dies rechtfertigt oder gar erfordert, eine Ausnahme vom Gemeinlastprinzip vorzunehmen, wird unten noch ausführlich zu beleuchten sein.

---

746 Statt aller: B. Pieroth/B. Schlink/M. Kniesel, Polizei- und Ordnungsrecht, 2010, § 25 Rn. 19.

747 Vgl. § 10 dieser Untersuchung

748 Vgl. D. Murswiek, Staatsziel Umweltschutz (Art. 20a GG), NVwZ 1996, 222 (225f.), der eine Anwendung des Gemeinlastprinzips in diesem Bereich nur dann für zulässig hält, wenn das Verursacherprinzips aus tatsächlichen Gründen nicht möglich oder nicht praktikabel sei.

749 T. Würtenberger/D. Heckmann, Polizeirecht in Baden-Württemberg, 2005, Rn. 881, die als Beispiel die polizeiliche Begleitung von Schwertransporten nennen.

750 Verwiesen sei hier nur auf die in § 3 dieser Untersuchung genannten Gewinne des WM-OK.

IV. Kostenregelung de lege lata

Im Folgenden soll zunächst untersucht werden, ob es auch mit den derzeit zur Verfügung stehenden Kostenregelungen möglich ist, die Kosten für Polizeieinsätze von Veranstaltern einzufordern. Ein Ersatz der Kosten von Dritten bedarf wegen des Vorbehaltes des Gesetzes einer ausdrücklichen gesetzlichen Ermächtigungsgrundlage.

1) Spezielle Kostenregelungen

Die derzeitige Rechtslage in Baden-Württemberg sieht nach Abschaffung des § 81 Abs. 2 Satz 1 PolG aF keine speziellen Vorschriften zur Kostenerhebung bei Veranstaltern vor. Es könnte daher nur auf das allgemeine Polizeirecht und die allgemeinen Kostenregelungen zurückgegriffen werden.

2) Allgemeine Kostenregelungen

Es finden sich verschiedene Tatbestände zur Kostenübernahme polizeilicher Tätigkeit. Erwähnt seien hier nur der Kostenersatz bei unmittelbarer Ausführung (§ 8 Abs. 2 Satz 1 PolG), der Ersatz für im Rahmen einer Einziehung entstehende Kosten (§ 34 Abs. 4 PolG) oder für Vollstreckungshandlungen über die Verweisungen der § 49 Abs. 1 und § 52 Abs. 4 PolG in das Landesverwaltungsvollstreckungsgesetz[751] und die dort zentrale Norm zur Kostenübernahme in § 31 LVwVG. Darüber hinaus ermöglichen das LGebG[752] und die GebVO[753] entstandene Kosten von Dritte ersetzen zu lassen. Hierbei handelt es sich um außerhalb des Abgabenrechts begründete öffentlich-rechtliche Geldleistungspflichten eigener Art.[754]

Für Sportgroßveranstaltungen kommt insbesondere die Übernahme von Kosten der unmittelbaren Ausführung einer Maßnahme nach § 8 Abs. 2 Satz 1 PolG oder im Rahmen einer Ersatzvornahme gemäß § 49 Abs. 1 PolG, §§ 25, 31 Abs. 4 LVwVG iVm §§ 6, 8 VollstrKostenO[755] in Betracht, wobei die Polizeipflichtigkeit jeweils zu den Tatbestandsvoraussetzungen gehört. Im vorliegenden Zusammenhang ist daher zunächst der Frage nachzugehen, unter welchen

---

751 Verwaltungsvollstreckungsgesetz für Baden-Württemberg vom 12.3.1974 (GBl. S. 93), zuletzt geändert durch Gesetz vom 14.12.2004 (GBl. S. 895).

752 Landesgebührengesetz vom 14.12.2004 (GBl. S. 895), zuletzt geändert durch Gesetz vom 14.10.2008 (GBl. S. 313).

753 Verordnung des Innenministeriums über die Festsetzung der Gebührensätze für öffentliche Leistungen der staatlichen Behörden für den Geschäftsbereich des Innenministeriums und des Landesbeauftragten für den Datenschutz im nichtöffentlichen Bereich vom 12.7.2011 (GBl. S. 404).

754 Vgl. nur V. Götz, Allgemeines Polizei- und Ordnungsrecht, 2008, § 14 Rn. 3.

755 Verordnung des Innenministeriums über die Erhebung von Kosten der Vollstreckung nach dem Verwaltungsvollstreckungsgesetz für Baden-Württemberg vom 29.7.2004 (GBl. S. 670).

Umständen der Veranstalter Störer sein kann. Davon ausgehend ist zu klären, ob sich aus einer möglichen Störereigenschaft rechtlich eine Kostentragungspflicht herleiten lässt.

a) Der Veranstalter als Störer

Gemäß § 8 Abs. 2 Satz 1 PolG ist der Störer im Sinne der §§ 6 und 7 PolG, also Verhaltens- und Zustandsstörer, verpflichtet, die Kosten, die durch die unmittelbare Ausführung einer Maßnahme entstehen, zu erstatten. Die Kostenregelungen knüpfen also unmittelbar an den polizeirechtlichen Störerbegriff an.

aa) Der Störerbegriff

Gemäß § 6 Abs. 1 PolG ist Handlungs- beziehungsweise Verhaltensstörer eine natürliche oder juristische Person, die durch ihr Verhalten oder Unterlassen eine Gefahr für die öffentliche Sicherheit verursacht. Bei der Qualifizierung als Störer wird grundsätzlich an die polizeirechtliche Verantwortlichkeit angeknüpft. Verantwortlich ist dabei im Sinne der conditio-sine-qua-non-Formel derjenige, der die Gefahr verursacht hat. Da dies aber zu Ergebnissen mit einer sehr weitgehenden Verantwortung führen würde[756], herrscht Einigkeit darüber, dass hier wie auch im Straf- und Zivilrecht Einschränkungen vorzunehmen sind.

bb) Die Theorie der unmittelbaren Verursachung

Das Preußische Oberverwaltungsgericht entwickelte hierzu die Theorie der unmittelbaren Verursachung, die bis heute in der Rechtsprechung herrschend ist.[757] Es wird dabei auf die sogenannte polizeiliche Gefahrenschwelle abgestellt. Störer sei, *„wer unter Einbeziehung aller Umstände des jeweiligen Einzelfalles die Gefahrengrenze überschritten und damit die unmittelbare Ursache für den Eintritt der Gefahr gesetzt“*[758] habe.

Kritik an diesem Ansatz zielt insbesondere darauf ab, dass es schwierig sei, präzise herauszuarbeiten, was eine Überschreitung der Gefahrenschwelle darstelle und diesbezüglich Probleme bei der Rechtssicherheit bestehen.[759] Solange jemand lediglich von seinen Rechten Gebrauch mache und sich damit im Einklang mit der Rechtsordnung befinde, solle die Gefahrenschwelle nicht überschritten sein, bei einem Verstoß gegen strafrechtliche oder öffentlich-rechtliche Verbots- und Gebotsnormen dagegen mit Sicherheit.[760] Dazwischen gebe es einen nicht klar defi-

756 R. Belz/E. Mußmann, Polizeigesetz für Baden-Württemberg, 2009, § 6, Rn. 11, nennen als Beispiel den Winzer, der andernfalls polizeirechtlich für das Verhalten des pöbelnden Betrunkenen verantwortlich wäre.

757 PrOVGE 31, 409 (410f.), Endurtheil vom 18.12.1896, und PrOVGE 103, 139 (141), Urteil vom 25.11.1937.

758 OVG Münster, Beschluss vom 10.1.1985, NVwZ 1985, 355 (356).

759 B. Pieroth/B. Schlink/M. Kniesel, Polizei- und Ordnungsrecht, 2010, § 9 Rn. 15, bemerken dazu, dass dies weder Rechtsprechung noch Literatur bisher gelungen sei.

760 T. Würtenberger/D. Heckmann, Polizeirecht in Baden-Württemberg, 2005, Rn. 444.

nierten Bereich, innerhalb dessen die Verantwortlichkeit anhand einer wertenden Betrachtung vorgenommen werden solle.[761]

Auch wenn die Theorie der unmittelbaren Verursachung nicht in jedem Aspekt befriedigend ist und die daran geübte Kritik teilweise berechtigt erscheint, soll sie hier die Grundlage der weiteren Diskussion bilden, zumal sie von der Rechtsprechung angewandt wird und auch in der Literatur als herrschend bezeichnet werden kann.[762]

cc) Der Veranstalter als Zweckveranlasser?

Es ist umstritten, inwiefern der Veranstalter auch dann als Störer zu qualifizieren ist, wenn er sich selbst rechtmäßig verhält, sein Verhalten aber Dritten Anlass gibt, als Störer zu agieren. Dies könnte dann der Fall sein, wenn der Veranstalter als sogenannter Zweckveranlasser[763] angesehen werden kann. Die Rechtsfigur des Zweckveranlassers stellt eine Ausnahme von der Theorie der unmittelbaren Verursachung dar.

Zweckveranlasser soll sein, wer durch sein Verhalten andere veranlasst, die öffentliche Sicherheit zu gefährden, oder dies zumindest billigend in Kauf nimmt.[764] Dies führt, wie sich auch bei der hier diskutierten Problematik zeigt, zu Wertungsfragen.[765] Es ist daher umstritten, ob der Veranstalter von Sportgroßveranstaltungen als Zweckveranlasser[766] qualifiziert werden kann.[767]

Dies wird teilweise mit der Argumentation abgelehnt, dass die polizeiliche Verantwortung nicht überdehnt werden dürfe, da der Veranstalter lediglich von sei-

761 Ebd., Rn. 445.

762 Einen anderen Ansatz stellt die Sozialadäquanzlehre dar, die darauf abhebt, dass derjenige Störer sei, der das allgemeine Lebensrisiko in sozialinadäquater Weise steigere. Dagegen ist nach der Rechtswidrigkeitslehre derjenige Störer, der eine rechtliche Handlungs- oder Unterlassungspflicht verletzt. Einen guten Überblick mit weiteren Nachweisen gibt W.-R. Schenke, Polizei- und Ordnungsrecht, 2009, Rn. 241ff.

763 Ausführlich hierzu: F. Widder, Die Polizeipflicht des Zweckveranlassers, 1997, sowie S. Wahlen, Polizeikostenerstattung kommerzieller Großveranstalter, 2008, S. 23ff.

764 R. Belz/E. Mußmann, Polizeigesetz für Baden-Württemberg, 2009, § 6, Rn. 12; T. Würtenberger/D. Heckmann, Polizeirecht in Baden-Württemberg, 2005, Rn. 448, die als Beispiel den bekannten Fall der provokanten Schaufensterwerbung nennen (PrOVGE 40, 216 (216ff.), Bescheid vom 28.10.1901). Vgl. auch PrOVGE 85, 270 (270ff.), Urteil vom 10.10.1929.

765 T. Würtenberger/D. Heckmann, Polizeirecht in Baden-Württemberg, 2005, Rn. 448.

766 Die Figur des Zweckveranlassers selbst ist bereits umstritten und wird von einigen Autoren abgelehnt, was im Rahmen dieser Arbeit aber nicht vertieft werden soll. Vgl. zum Beispiel B. Pieroth/B. Schlink/M. Kniesel, Polizei- und Ordnungsrecht, 2010, § 9 Rn. 27ff., oder S. Muckel, Abschied vom Zweckveranlasser, DÖV 1998, 18.

767 R. Belz/E. Mußmann, Polizeigesetz für Baden-Württemberg, 2009, § 6, Rn. 13.

nen Grundrechten Gebrauch mache.[768] Problematisch sei zudem die fehlende Rechtssicherheit für Polizei und Betroffene, da diese hier mit einer Zurechnungsproblematik konfrontiert seien, die sich nicht in das System des Polizeirechts einfüge.[769] Störer seien ausschließlich die Randalierer, denn das polizeiwidrige Verhalten werde vom Veranstalter weder beabsichtigt noch in Kauf genommen.[770] Der Veranstalter habe vielmehr ein Interesse daran, dass es nicht zu Ausschreitungen komme, weil dies Zuschauer abschrecke und die entsprechende Sportart an Ansehen verliere.[771]

Gegen das Argument, dass die Störung gerade nicht gewollt sei, steht jedoch der Einwand, dass es nicht darauf ankommen kann, ob die Störung gewollt ist, wenn sie sich zwangsläufig aus dem Verhalten des Veranstalters ergibt. Eine Gefahr für die öffentliche Sicherheit ist bereits durch die Menschenmenge sowie die daraus resultierenden Sicherheitsprobleme[772] gegeben und diese Menschenmenge ist gerade eine zwangsläufige Folge der Veranstaltung.

Das Preußische Oberverwaltungsgericht hat es ebenfalls nicht für erforderlich angesehen, dass die Störung durch Dritte gewollt war[773], solange das Verhalten zwangsläufig das polizeiwidrige Verhalten einer anderen Person herbeiführt.[774]

Einem weiteren Ansatz zufolge ist es für die Kostenerhebung von vornherein unerheblich, ob der Veranstalter Störer sei oder nicht, da das Polizeirecht ein Rechtsinstitut der Störer-Haftung nicht kenne.[775] Es sei *„polizeirechtlich ein angemessenes Ergebnis"*, den Veranstalter hinsichtlich aller Gefahren, die dem von der

768 So beispielsweise T. Würtenberger/D. Heckmann, Polizeirecht in Baden-Württemberg, 2005, Rn. 449. F. Widder, Die Polizeipflicht des Zweckveranlassers, 1997, S. 119, geht daher von einer Verfassungswidrigkeit der Figur des Zweckveranlassers aus.

769 F. Widder, Die Polizeipflicht des Zweckveranlassers, 1997, S. 118f.

770 Vgl. jedoch den differenzierenden Ansatz von F. Deusch, Polizeiliche Gefahrenabwehr bei Sportgroßveranstaltungen, 2005, S. 139ff., der unter Hinweis auf den sogenannten „Brokdorf-Beschluss" (BVerfGE 69, 315, Beschluss vom 14.5.1985) die vom Bundesverfassungsgericht im versammlungsrechtlichen Zusammenhang erarbeiteten Ergebnisse für Sportgroßveranstaltungen fruchtbar machen will.

771 T. Würtenberger/D. Heckmann, Polizeirecht in Baden-Württemberg, 2005, Rn. 449. Differenzierend ist die Ansicht, dass der Veranstalter grundsätzlich nicht herangezogen werden könne, solange er von seinen Grundrechten Gebrauch mache und sich in seinem Rechtskreis bewege und eine Ausnahme erst dann gelte, wenn das Publikum gewissermaßen „aufgeheizt" werde, so dass es zu Ausschreitungen komme. Dies gelte insbesondere für kampf- und körperbetonte Sportarten. Vgl. hierzu: W.-R. Schenke, NJW 1983, 1882 (1883).

772 Mit der gleichen Einschätzung J. Lege, VerwArch 1998, 71 (75). Welche Gefahren große Menschenmengen bergen, zeigte sich zuletzt 2010 anlässlich einer Massenpanik während der Love-Parade in Duisburg, in deren Folge 21 Menschen ums Leben kamen.

773 PrOVGE 40, 216 (216ff.), Bescheid vom 28.10.1901, und PrOVGE 85, 270 (270ff.), Urteil vom 10.10.1929. V. Götz, Kostenrecht der Polizei und Ordnungsverwaltung, DVBl. 1984, 14

774 Vgl. hierzu auch W.-R. Schenke, NJW 1983, 1882 (1883).

775 V. Götz, DVBl. 1984, 14 (17).

Veranstaltung angezogenen Publikum durch diese Veranstaltung drohen, als verantwortlich anzusehen.[776] Dies schließe auch die von den Besuchern ausgehenden Gefahren ein, da diese unmittelbar mit der Veranstaltung verbunden seien.[777] Hieran zu kritisieren ist bereits an dieser Stelle, dass der genaue Maßstab, was unter „polizeirechtlicher Angemessenheit" zu verstehen ist, unklar bleibt und sich Bedenken bezüglich der Bestimmtheit ergeben.

dd) Stellungnahme

Die dargestellte Diskussion leidet darunter, dass oftmals nicht exakt herausgearbeitet wird, welcher Lebenssachverhalt zugrunde gelegt wird. Im Kern der Diskussion geht es zum einen darum, ob die Figur des Zweckveranlassers an sich sinnvoll beziehungsweise notwendig ist.[778] Zum anderen stellt sich die Frage, ob man dabei einen objektiven oder einen subjektiven Maßstab anlegen soll.

Objektiver Maßstab hieße, es ausreichen zu lassen, dass die Veranstaltung dazu geeignet ist, Störungen zu verursachen. Subjektiver Maßstab würde dagegen bedeuten, darauf abzuheben, ob eine Störung erwünscht ist oder nicht.[779] Zieht man den Vergleich zu dem klassischen Fall des Zweckveranlassers, der provozierende Schaufensterwerbung ausstellt, so ist festzustellen, dass es dem Aussteller gerade darauf ankommt, möglichst viele Schaulustige vor dem Schaufenster zu versammeln. Die Störung ist zwar nicht die Intention des Geschäftsinhabers, sie resultiert jedoch zwangsläufig aus dem Ziel, möglichst viele Menschen anzuziehen.

Ähnlich verhält es sich bei der Sportgroßveranstaltung.[780] Auch hier ist der Besuch möglichst vieler Zuschauer Ziel des Veranstalters. Dies ist zumeist mit einer Störung oder zumindest einer Gefahr für die öffentliche Sicherheit verbunden. Einige Autoren legen dabei einen zu engen Sachverhalt zugrunde, wenn sie lediglich darauf abstellen, es sei vom Veranstalter unerwünscht, dass es beispielsweise zu Ausschreitungen kommt.[781] Störungen können schließlich auch durch die schlichte Anwesenheit vieler Menschen entstehen. Zu denken ist hier an ein erhöhtes Verkehrsaufkommen. Auch in diesem Fall ist die Störung nicht das Bestreben des Ver-

776 Ebd., (17).

777 V. Götz, Allgemeines Polizei- und Ordnungsrecht, 2008, § 9 Rn. 31.

778 B. Pieroth/B. Schlink, Staatsrecht II Grundrechte, 2010, § 9 Rn. 31, wollen den Veranstalter beispielsweise über die Figur des Nichtstörers in Anspruch nehmen.

779 So insbesondere F.-L. Knemeyer, Polizei- und Ordnungsrecht, 2007, Rn. 328.

780 Anders T. Würtenberger, Risiken des Sports – polizei- und ordnungsrechtliche Fragen, in: ders. (Hrsg.), Risikosportarten, 1991, S. 38f., der die Schaufensterwerbung als typischen Fall beschreibt, dann aber feststellt, dass der Veranstalter von Sportveranstaltungen Dritte nicht zu Störungen veranlasse.

781 Richtigerweise stellt M. Nolte, Staatliche Verantwortung im Bereich Sport, 2004, S. 367, daher fest: „Dass er [der Veranstalter] die Ausschreitungen missbilligt, kann dabei keine Rolle spielen, da die Feststellung der Verantwortlichkeiten von mitunter schwierigen Beweisfragen abhängen würde, die der Effizienz polizeilichen Handelns entgegen stehen würde."

anstalters, trotzdem ist sie mit seinem Ziel, viele Menschen anzuziehen, unweigerlich verbunden. Nach den dargelegten Maßstäben ist es möglich, den Veranstalter als Zweckveranlasser zu qualifizieren, da sich aus der Veranstaltung zwangsläufig objektiv eine Störung ergibt und der Veranstalter dies subjektiv auch will, da es sein Ziel ist, möglichst viele Menschen zum Besuch seiner Veranstaltung zu bewegen. Sowohl bei Anlegen eines objektiven als auch eines subjektiven Maßstabs gelangt man daher zu demselben Ergebnis. Im Vordergrund bei der Qualifikation als Störer steht die effektive Gefahrenabwehr, nicht aber, ob eine Störung erwünscht ist. Die Konsequenz daraus ist, dass die Polizei den Veranstalter als Störer in Anspruch nehmen kann und nicht wie bei einem Nichtstörer[782] lediglich unter den Voraussetzungen des § 9 Abs. 1 PolG.[783] Die Eigenschaft der Sportgroßveranstaltung als gemeinwohlrelevante Tätigkeit muss aber selbstverständlich im Rahmen der Verhältnismäßigkeit Beachtung finden und wird bei einem erhöhten Verkehrsaufkommen und großen Menschenmengen in der Regel dazu führen, dass die Polizei sich auf verkehrslenkende Maßnahmen und entsprechende Lenkung der Besucherströme beschränken muss.

Im Hinblick auf gewalttätige Ausschreitungen aus der Menge heraus spielt das Ermessen insbesondere bei der Frage der Störerauswahl eine Rolle. Eine Inanspruchnahme des Veranstalters wird in der Regel daran scheitern, dass die Polizei effektiver auf die eigentlichen Randalierer zurückgreifen kann.

b) Konsequenzen bezüglich des Kostenersatzes

Die Störereigenschaft führt aber nicht automatisch zu einer Kostentragungspflicht. Der VGH Mannheim geht entgegen dem Wortlaut des § 8 Abs. 2 Satz 1 PolG (*„sind [...] zu deren Ersatz verpflichtet"*) davon aus, dass es im Ermessen der Behörde stehe, ob der Störer zum Kostenersatz herangezogen werden könne.[784] Dies gebiete der Grundsatz der Verhältnismäßigkeit, denn nur so ließen sich Härten vermeiden, die sich aus der strengen Haftung des Polizeipflichtigen auf der Primärebene ergeben. Demnach müsse auf der Sekundärebene eine gesonderte Prüfung stattfinden, die Unbilligkeiten beim Erlass von Polizeiverfügungen begegne und in atypischen Fällen einen Ausgleich ermögliche.[785] Bei Sportgroßveranstaltungen kann dann auch deren Gemeinwohlcharakter und gesellschaftlichen Bedeutung im Rahmen des Ermessens Rechnung getragen werden.

aa) Kostenersatz im Rahmen der unmittelbaren Ausführung oder der Ersatzvornahme

Voraussetzung für eine Geltendmachung der Kosten im Rahmen einer Ersatzvornahme wäre zudem ein rechtmäßiger Grundverwaltungsakt. Ein derartiger Grund-

782 So aber R. Belz/E. Mußmann, Polizeigesetz für Baden-Württemberg, 2009, § 6, Rn. 13.

783 In diese Richtung auch J. Lege, VerwArch 1998, 71, (85).

784 VGH Mannheim, Urteil vom 17.9.1990, NJW 1991, 1698 (1698) und zuletzt VGH Mannheim, Urteil vom 30.11.2010, VBlBW 2011, 153 (155).

785 VGH Mannheim, Urteil vom 17.9.1990, NJW 1991, 1698 (1698).

verwaltungsakt kann aber nicht zum Inhalt haben, dass der Veranstalter die öffentliche Sicherheit aufrecht erhalten soll, indem er die in § 10 dieser Untersuchung beschriebenen Maßnahmen gegen Gewalttäter ergreift.[786] Auch verkehrsregelnde Maßnahmen und Ähnliches könnten nicht durch den Veranstalter durchgeführt werden[787], da es ihm hierzu ebenfalls an der rechtlichen Befugnis fehlt.[788] Es ist daher in der Praxis schwer vorstellbar, welche konkreten Maßnahmen in einem rechtmäßigen Grundverwaltungsakt angeordnet werden sollen, auf denen eine Androhung der Ersatzvornahme basieren könnte.

Da für eine Kostenerstattung im Rahmen der unmittelbaren Ausführung ebenfalls eine hypothetische Grundverfügung[789] vorliegen müsste, entfällt hier gleichermaßen aus den genannten Gründen die Möglichkeit einer Kostenerstattung.

bb) Einschränkung wegen der Aufhebung des § 81 Abs. 2 Satz 1 PolG aF

Unabhängig davon spricht derzeit gegen eine Heranziehung des Veranstalters zur Kostentragung die Aufhebung des § 81 Abs. 2 Satz 1 PolG aF im Jahre 1991.[790] Der baden-württembergische Gesetzgeber hat damit eine klare Entscheidung getroffen und es würde seinem erklärten Willen widersprechen, auf anderem Wege eine Kostenerstattung zu erreichen.

Dieser gesetzgeberische Wille wurde auch nach Außerkrafttreten der Kostenregelung durch die damalige Landesregierung bekräftigt. Sie befürchtet gravierende Wettbewerbs- und Standortnachteile, solange keine bundeseinheitliche Regelung gefunden werde.[791] Entsprechende Vorstöße in der Innenministerkonferenz seien bisher erfolglos geblieben.[792] Das bedeutet, dass nach jetziger Gesetzeslage ausdrücklich keine Kosten erhoben werden sollen und die Veranstalter diesbezüglich Vertrauensschutz genießen.[793]

3) Zwischenergebnis

Zusammenfassend lässt sich feststellen, dass unabhängig davon, ob man den Veranstalter als Zweckveranlasser ansieht, es derzeit keine Möglichkeit gibt, den sich

---

786 So bereits W.-R. Schenke, NJW 1983, 1882 (1883). Vgl. hierzu auch J. Lege, VerwArch 1998, 71 (87).

787 Vgl. V. Götz, DVBl. 1984, 14 (17).

788 W.-R. Schenke, NJW 1983, 1882 (1883).

789 T. Würtenberger/D. Heckmann, Polizeirecht in Baden-Württemberg, 2005, Rn. 798.

790 Ausführlich zu dieser Regelung S. Wahlen, Polizeikostenerstattung kommerzieller Großveranstalter, 2008, S. 28ff.

791 LT-Drs. 13/4354, S. 4.

792 Ebd., S. 4.

793 Nicht möglich sind daher auch Analogien zu den gesetzlichen Vorschriften über die Eigensicherungspflicht der Betreiber gefährdeter Anlagen wie beispielsweise § 7 Abs. 2 Nr. 5 AtomG und § 8 LuftSiG, da es bereits an einer planwidrigen Regelungslücke mangelt, vgl. T. Schmidt, ZRP 2007, 120 (121).

rechtmäßig verhaltenden Veranstalter zur Übernahme der durch die Veranstaltung verursachten Polizeikosten heranzuziehen.

Wie eine Regelung de lege ferenda unter besonderer Berücksichtigung der oben herausgearbeiteten Prinzipien gestaltet werden kann, soll in einem nächsten Schritt dargestellt werden.

V. Kostenregelung de lege ferenda

Grundsätzlich sind sowohl die Kostenerhebung für Leistungen des Staates als auch der Verzicht darauf mit dem Grundgesetz vereinbar.[794] So gewährt das Grundgesetz zum einen nach Art. 1 Abs. 1 Satz 1 und Art. 2 Abs. 1 GG den Anspruch auf individuelle Lebensgestaltung und darauf, dass staatliche Eingriffe möglichst gering gehalten werden. Dies beinhaltet zum anderen aber auch die Möglichkeit einer Entgeltpflichtigkeit für jede zusätzliche Leistung.[795] Andererseits besteht eine Verpflichtung des Staates, die Voraussetzungen zur Verwirklichung der Grundrechte zu schaffen und die Ausübung der Grundrechte zu fördern.[796] Darüber hinaus ist die oben beschriebene staatliche Gewährleistungsverantwortung für Sportgroßveranstaltungen zu beachten.

1) Kostenerhebung in grundrechts- und gemeinwohlrelevanten Bereichen

Der Staat erhebt auch in grundrechts- und gemeinwohlrelevanten Bereichen Gebühren.

Eine Gebührenregelung, die die Ausübung von Grundrechten tangiert, ist beispielsweise die Gebühr für die Ausstellung eines Passes.[797] Die Ausreisefreiheit, die als Ausfluss der allgemeinen Handlungsfreiheit nach Art. 2 Abs. 1 GG innerhalb der Schranken der verfassungsmäßigen Ordnung gewährleistet ist[798], wird dadurch erschwert. Gemäß § 1 Abs. 1 Satz 1 PaßG sind Deutsche, die aus dem Geltungsbereich des Paßgesetzes aus- oder in ihn einreisen, verpflichtet, einen gültigen

794 Ebd., (122), merkt dagegen an, dass sich aus unionsrechtlicher Sicht bezüglich einer Nichterhebung der Kosten in diesem Bereich Bedenken ergeben, da es sich um eine staatliche Beihilfe nach Art. 87 EGV (jetzt Art. 107 AEUV) handele.

795 D. Majer, VerwArch 1982, 167 (172), mit weiteren Nachweisen, insbesondere unter Hinweis auf BVerfGE 14, 312 (317), Beschluss vom 16.10.1962: „Wenn das Gemeinwesen in Erfüllung einer öffentlichen Aufgabe eine besondere Einrichtung zur Verfügung stellt, so soll derjenige, der daraus besonderen wirtschaftlichen Nutzen zieht, zu den Kosten ihrer Errichtung und Unterhaltung beitragen."

796 Ebd., (172), mit zahlreichen weiteren Nachweisen.

797 T. Würtenberger, NVwZ 1983, 192 (197) sieht in Passgebühren keine Einschränkung der Grundrechtsausübung.

798 Vgl. hierzu BVerwGE 3, 171 (176), Urteil vom 22.2.1956, und BVerfGE 6, 32 (42f.), Urteil vom 16.1.1957 („Elfes"-Urteil).

Pass mitzuführen. Für die Ausstellung eines Passes wird gemäß § 20 PaßG iVm der Passgebührenverordnung[799] eine Gebühr erhoben. Eine mäßige Gebühr ist gerechtfertigt, wenn sie keine abschreckende Wirkung entfaltet und unbillige Härten durch Regelungen zur Gebührenbefreiung[800] vermieden werden.

Nicht möglich ist dagegen ein Vergleich zu Rundfunkgebühren.[801] Zum einen verletzen diese die durch Art. 5 Abs. 1 Satz 1 GG geschützte Informationsfreiheit nur dann, wenn sie darauf zielen oder wegen ihrer Höhe objektiv dazu geeignet wären, nutzungswillige Interessenten von Informationen aus bestimmten Quellen fernzuhalten.[802] Zum anderen unterstützen gerade die Rundfunkgebühren die öffentlich-rechtlichen Rundfunkanstalten bei Wahrnehmung ihrer Aufgaben und damit auch bei der Ausübung ihrer Rundfunkfreiheit (Art. 5 Abs. 1 Satz 2 GG).[803] Vor diesem Hintergrund stellt sich die Ausgangslage für Rundfunkgebühren anders als für die Kostenerhebung bei Sportgroßveranstaltungen dar. Die Kostenerhebung für Polizeieinsätze kommt anderen Grundrechtsträgern nicht unmittelbar zu Gute.

2) Abgabenrechtliche Schranken

Gebühren sind Gegenleistungen für bestimmte staatliche Tätigkeiten und damit Entgelt für die Inanspruchnahme der öffentlichen Verwaltung.[804] Hierunter würde auch eine Regelung zur Kostentragung bei Sportgroßveranstaltungen fallen, der damit abgabenrechtliche Grenzen gesetzt sind.

a) Das Kostendeckungs- und das Äquivalenzprinzip

Zu beachten ist das Kostendeckungsprinzip, nach dem die Gebühren die entstandenen Gesamtkosten nicht überschreiten dürfen. Es verbietet also, Gebühren als zusätzliche Einnahmequelle des Staates zu missbrauchen. Das Äquivalenzprinzip dagegen ist eine gebührenrechtliche Ausprägung des Verhältnismäßigkeitsgrundsatzes[805] und regelt wie auch das Kostendeckungsprinzip die Gebührenhöhe. Es gilt

---

799 Gebührenverordnung zum Passgesetz (PassGebV) vom 3.12.2001 (BGBl. I S. 3274), zuletzt geändert durch Art. 4 Satz 2 VO zur Änderung passrechtlicher und anderer Vorschriften vom 19.10.2007 (BGBl. I S. 2386).

800 Vgl. beispielsweise § 3 PassGebV, der eine Gebührenermäßigung oder einen Gebührenerlass für bedürftige Personen vorsieht.

801 Vgl. hierzu T. Würtenberger, Erstattung von Polizeikosten, NVwZ 1983, 192 (197), der Pass- und Fernsprechgebühren als weitere Beispiele nennt.

802 BVerfG, Beschluss vom 6.9.1999, NJW 2000, 649 (649). So zuletzt auch BVerwG, Urteil vom 27.10.2010, NJW 2011, 946 (949), zur Erhebung einer Rundfunkgebühr für den Besitz eines internetfähigen PC.

803 Die Höhe der Kosten muss aber so ausgestaltet werden, dass das Recht auf Informationsfreiheit nicht verletzt wird. Dies geschieht auch in diesem Fall unter anderem durch die Gebührenbefreiung bei sozialen Härtefällen.

804 So die ständige Rechtsprechung des Bundesverfassungsgerichts, vgl. nur BVerfGE 18, 392 (396), Beschluss vom 3.3.1965.

805 BVerwG, Urteil vom 16.9.1981, NVwZ 1982, 622 (623).

im Gegensatz zum Kostendeckungsprinzip für die Höhe der Gebühr im Einzelfall. Diese muss in einem angemessenen Verhältnis zu dem Wert stehen, den die staatliche Leistung für den Abgabenpflichtigen hat.[806] Beide Prinzipien setzen somit der Höhe der Gebühr Grenzen. Für eine generelle Einschränkung der Kostenerhebung bieten sie dagegen keine Grundlage.[807]

b) Weiter Gestaltungsspielraum des Gesetzgebers bei der Gebührenerhebung

Der Gesetzgeber hat bei der Gebührenerhebung einen weiten Gestaltungsspielraum, der selbst durch die Schutzpflicht des Staates für Leben und körperliche Unversehrtheit nicht eingeschränkt wird.[808] Weitere inhaltliche Begrenzungen aus dem Abgabenrecht sind nicht ersichtlich.

3) Sportgroßveranstaltungsspezifische Aspekte einer Kostentragungspflicht

a) Kein generelles Verbot der Geltendmachung von Kosten

Wendet man die oben herausgearbeiteten Prinzipien zur rechtlichen Behandlung von Sportgroßveranstaltungen auf die Frage der Kostentragungspflicht an, so ist zunächst festzustellen, dass eine Regelung wie § 81 Abs. 2 Satz 1 PolG aF allgemein einen Antagonismus zu dem Staatsziel Sportförderung und im Speziellen zu der staatlichen Intention der Förderung von Sportgroßveranstaltungen darstellt. Schon die Unbestimmtheit der seinerzeitigen Regelung entfaltete eine abschreckende Wirkung, die sich negativ auf private Aktivitäten in diesem Bereich auswirkte.

Ein generelles Verbot der Geltendmachung von Kosten in diesem Bereich ergibt sich trotz der gemeinwohlrelevanten Funktion von Sportgroßveranstaltungen jedoch nicht.[809] Wegen des weiten Gestaltungsspielraums des Gesetzgebers bei der Förderung gemeinwohlrelevanter Belange sowie auch bei der Gebührenerhebung

806 BVerwGE 12, 162 (169), Urteil vom 24.3.1961.

807 K.-D. Albrecht, Probleme der Kostenerhebung für polizeiliche Maßnahmen, in: FS Samper, 1982, S. 178, führt weitere grundsätzliche Bedenken an, die sich auch daraus ergeben, dass in der zusätzlichen Gebührenforderung eine doppelte Deckung der Kosten zu sehen sein könne, die dem Rechtsstaatsprinzip widerspreche. Ausnahmen seien nur dann gegeben, wenn rein privatnütziges, nicht zum verfassungsrechtlich gebotenen Aufgabenrahmen gehörendes Handeln in Betracht stehe oder wegen Missbrauchs einer Staatseinrichtung eine Gebührenforderung auch vor dem Rechtsstaatsprinzip gerechtfertigt erscheine.

808 Mit weiteren Nachweisen C. Gramm, Ersatz von Polizeikosten, in: Sacksofsky/Wieland (Hrsg.), Vom Steuerstaat zum Gebührenstaat, 2000, S. 181, insbesondere unter Hinweis auf BVerfGE 50, 217 (225ff.), Beschluss vom 6.2.1979.

809 Anderer Ansicht M. Nolte, Staatliche Verantwortung im Bereich Sport, 2004, S. 370: „Auf diese Weise fungiert das öffentliche Interesse an der Durchführung der Veranstaltung als entscheidendes Abgrenzungsmerkmal zwischen privater Kostenpflicht und Gemeinlast."

kann die Konsequenz nicht sein, dass jegliche Möglichkeit der Kostenerhebung verwehrt bleibt.

b) Abschreckende Wirkung, Gleichheitsgrundsatz

Abschreckende Wirkung entfalten vor allem zu hohe Gebühren. Deshalb wären ähnlich wie im Passwesen nur mäßige Gebühren möglich. Regelungen, die ausschließlich die Kostentragung bei Sportgroßveranstaltern vorsähen und beispielsweise Unterhaltungsveranstaltungen ausklammerten, wären im Hinblick auf den Gleichheitsgrundsatz und das landesverfassungsrechtliche Staatsziel Sportförderung dagegen nicht denkbar.[810]

c) Argumente für und gegen eine Anwendung des Gemeinlastprinzips

Zwar mögen im Hinblick auf die Gemeinwohlrelevanz bessere Argumente für eine Anwendung des Gemeinwohlprinzips sprechen, welches Gewicht der Gesetzgeber den einzelnen Aspekten zubilligt, ist aber ihm selbst überlassen. Rechtspolitisch werden Argumente für eine Kostentragungspflicht zumeist mit den hohen Gewinnen der Veranstalter und der Mehrbelastung für die Einsatzkräfte der Polizei begründet. Zu bedenken ist dabei, dass die kommerzielle Ausrichtung mancher Veranstaltungen nichts an dem Inhalt der Veranstaltung ändert und auch die Staatszielbestimmungen sich nicht etwa nur auf den nicht kommerziellen Sport beziehen. Im Übrigen gilt es zu bedenken, dass kommerzielle Veranstaltungen zumeist die größte Beachtung finden, was bedeutet, dass diese Veranstaltungen in besonderem Maße dem Staatsziel Sport entsprechen. Aus finanzpolitischer Sicht kann man zudem anführen, dass kommerzielle Veranstaltungen für den Staat auch den größten finanziellen Nutzen in Form von Steuereinnahmen haben. Falsch wäre es dagegen, eine Kostenerhebung als Doppelbesteuerung anzusehen, da Steuern grundsätzlich nicht zweckgebunden erhoben werden.[811]

d) Das Kostenrecht als Steuerungsinstrument

Neben sportspezifischen und fiskalischen Überlegungen darf nicht verkannt werden, dass eine Kostenregelung auch als Steuerungsinstrument[812] herangezogen

810 Anderer Ansicht wohl F. Deusch, Polizeiliche Gefahrenabwehr bei Sportgroßveranstaltungen, 2005, S. 236, der einerseits ausführt, dass „die Entscheidung über die Kostentragung des Veranstalters bei Sportgroßveranstaltungen ausschließlich politischer Natur [sei]", andererseits aber anmahnt, eine entsprechende Kostenregelung müsse eine Ausnahmevorschrift für polizeiliche Leistungen bei Sportgroßveranstaltungen beinhalten, wenn das entsprechende Gebühren- oder Kostengesetz einen Befreiungstatbestand für Amtshandlungen im überwiegend öffentlichen Interesse vorsehe.

811 So aber immer wieder von Ausrichterseite in der rechtspolitischen Debatte angeführt, vgl. nur die Aussagen von DFB-Generalsekretär W. Niersbach, abzurufen unter http://www.n-tv.de/sport/DFB-soll-Polizisten-bezahlen-article14847.html (Stand 1.2.2012).

812 Vgl. zu diesem Begriff F. Reimer, § 9 Das Parlamentsgesetz als Steuerungsmittel und Kontrollmaßstab, in: Hoffmann-Riem/Schmidt-Aßmann/Voßkuhle (Hrsg.), GVwR I, 2006, Rn. 86.

werden kann. Wie bereits dargestellt ist das Verhältnis Staat-Veranstalter von einer gegenseitigen Abhängigkeit geprägt. Diese Abhängigkeit kann als Ansatzpunkt für eine gemeinwohlfördernde Durchführung von Sportgroßveranstaltungen genutzt werden. Gerade die in Frage kommenden wirtschaftlich potenten Veranstalter der Fußballbundesliga, an denen sich die Debatte immer wieder entzündet, sind nicht auf Subventionen angewiesen, und es ist der öffentlichen Hand nicht möglich, etwa durch Subventionsauflagen, das Verhalten in eine gemeinwohlfördernde Richtung zu steuern. Sicherheitsaspekte spielen dagegen gerade auch bei diesen umsatzstarken Veranstaltungen eine Rolle und eine Durchführung ohne Polizeikräfte ist nicht denkbar.

Dieses Abhängigkeitsverhältnis kann insbesondere zur Institutionalisierung und Stärkung der Kommunikations- und Kooperationsstrukturen genutzt werden. Diese sind von essentieller Bedeutung für die Sicherheit von Sportgroßveranstaltungen. Sie vermögen darüber hinaus, Kosten von Polizeieinsätzen zu reduzieren, da ein intensiver Informationsaustausch einen situativ angemessenen Umfang der Polizeieinsätze ermöglicht.

So wäre es beispielsweise sinnvoll, Fußballvereine, die es unterlassen, vorbeugend durch Beobachtung und Einwirken auf die gewaltbereite Fanszene oder durch angemessene Sicherheitsstandards in Stadien tätig zu werden und dadurch umfangreichere Polizeieinsätze notwendig machen, zur Kostentragung heranzuziehen.

Gleichzeitig muss man sich bewusst sein, dass eine derartige Kostenregelung nur einen Baustein in einer Reihe von Instrumenten darstellen kann. Nicht von der Hand zu weisen ist auch das in einer derartigen Regelung enthaltene pönale Element, da der Veranstalter für seine fehlende Kooperationsbereitschaft gewissermaßen bestraft wird. Im Vordergrund steht aber die legitime Schaffung eines Anreizes[813] zur Zusammenarbeit mit den Sicherheitsbehörden.

VI. Reformoption

In der Literatur entwickelte Vorschläge für die Ausgestaltung einer Kostenregelung in diesem Bereich gehen dahin, eine pauschale Gebühr zu erheben, anstatt die tatsächlich entstandenen Kosten geltend zu machen.[814]

Es sei zudem notwendig, Ausnahmeregelungen für die Geltendmachung von Kosten bei nicht kommerziellen Veranstaltungen vorzusehen.[815] Dies ergebe sich direkt aus Art. 3 Abs. 1 GG, da dieser nicht nur eine Differenzierung zwischen kommerziellen und nicht kommerziellen Veranstaltungen gestatte, sondern diese

813 Vgl. hierzu U. Sacksofsky, § 40 Anreize, in: Hoffmann-Riem/Schmidt-Aßmann/Voßkuhle (Hrsg.), GVwR II, 2008, Rn. 9ff.

814 So beispielsweise J. Lege, VerwArch 1998, 71 (90).

815 V. Götz, DVBl. 1984, 14 (17f.); J. Lege, VerwArch 1998, 71 (89), der dies leider nicht begründet; D. Majer, VerwArch 1982, 167 (185f.).

sogar fordere.[816] Dieses Argument vermag zu überzeugen, da eine differenzierte Behandlung kommerzieller und nicht gewinnorientierter Veranstalter wegen ihrer unterschiedlichen finanziellen Voraussetzungen zwingend notwendig ist. Die Heranziehung zur Kostentragung von Polizeieinsätzen bei nicht gewinnorientierten Veranstaltungen könnte dazu führen, dass die Ausrichter wegen des Kostenrisikos abgeschreckt werden, die Veranstaltung durchzuführen.[817]

J. Lege schlägt als mögliche Regelung vor, das Gebührenverzeichnis zum Landesgebührengesetz um den Tatbestand „Polizeieinsätze bei Sportveranstaltungen, die zugleich der Erzielung wirtschaftlichen Gewinns dienen" zu erweitern. Wegen der eingeschränkten Möglichkeit, genau festzustellen, welche Kosten entstanden sind, lehnt er eine Aufwendungsersatzregelung ab und schlägt stattdessen eine maßvolle Gebühr von 10 000 DM (5 112 Euro) vor.[818] Andere Vorschläge beinhalten ebenfalls eine pauschale Gebühr, die aber nicht erhoben werden solle, wenn dies dem öffentlichen Interesse entspreche oder unbillig sei.[819]

Eine explizite Kostenerhebung speziell von Sportveranstaltern wäre mit dem Staatsziel Sportförderung und den Gleichheitsrechten nicht vereinbar. Es ist nicht möglich, Sportgroßveranstalter ausdrücklich zur Zahlung von Polizeikosten zu verpflichten, obwohl diese ein Staatsziel fördern, und bei den Ausrichtern anderer Veranstaltungen von einer Heranziehung abzusehen. Für eine derartige Ungleichbehandlung ist kein sachlich einleuchtender Differenzierungsgrund ersichtlich.

Die Praktikabilität von Ausnahmeregelungen, die auf das öffentliche Interesse abstellen, ist problematisch, da unklar ist, woran die Ausnahmen anknüpfen sollen. Wie dargelegt wurde, ist die Ausrichtung von Sportgroßveranstaltungen grundsätzlich im öffentlichen Interesse, so dass kaum Platz für eine Gebührenerhebung bliebe. Unsicherheiten wie auch schon im Zusammenhang mit der Anwendung des § 81 Abs. 2 Satz 1 PolG aF wären die Folge. Eine entsprechende Regelung im

---

816 V. Götz, DVBl. 1984, 14 (17 Fn. 34).

817 M. Nolte, Staatliche Verantwortung im Bereich Sport, 2004, S. 368, hebt hervor, dass sich bei Sportgroßveranstaltungen die Geltendmachung der Kosten mittelbar auch auf die Abhaltung zukünftiger Sportereignisse auswirke.

818 Zu bedenken sind hierbei aber die Unterschiede bei den Zuschauerzahlen und die Tatsache, dass es offensichtlich in den verschiedenen Sportarten unterschiedliche Neigungen zur Gewalt gibt. Zu fragen wäre beispielsweise, ob ein Verein der 2. Fußball-Bundesliga für maximal 10 000-12 000 Zuschauer bei einer Zweitligapartie genauso viel zahlen soll wie der VfB Stuttgart für 58 000 Zuschauer bei einer Erstligapartie oder ob das Tennisturnier in Filderstadt am gleichen Maßstab gemessen werden soll wie Fußball- oder Eishockeyspiele.

819 T. Schmidt, ZRP 2007, 120 (122f.): „Für polizeiliche Maßnahmen bei kommerziellen Veranstaltungen soll von dem Veranstalter eine Gebühr erhoben werden. Die Höhe der Gebühr ist nach Art und Umfang der polizeilichen Maßnahmen zu bemessen und darf den aus der Veranstaltung zu erwartenden Gewinn nicht übersteigen. Von der Erhebung der Gebühr kann ganz oder teilweise abgesehen werden, wenn die Erhebung unbillig ist oder dem öffentlichen Interesse widerspricht. Das Innenministerium bestimmt im Einvernehmen mit dem Finanzministerium durch Rechtsverordnung die gebührenpflichtigen Maßnahmen und legt Höchstsätze der zu erhebenden Gebühren fest".

Schweizer Kanton Bern hatte zur Konsequenz, dass ausschließlich von der Ausnahmeregelung Gebrauch gemacht wurde.[820] Es gibt berechtigten Grund zur Annahme, dass ähnliche Defizite bei der Implementierung einer solchen Ausnahmeregelung auch in Deutschland als Konsequenz der politischen Dimension zu erwarten wären. Es steht zu befürchten, dass von Ausnahmeregelungen großzügig Gebrauch gemacht würde, um beispielsweise Wettbewerbsnachteile für Fußballvereine zu verhindern, wenn ein Bundesland Gebühren erhebt und ein anderes nicht.

Grundlage einer Regelung sollte daher die Prämisse sein, dass der Veranstalter von seinen Grundrechten in einem gemeinwohlrelevanten Bereich Gebrauch macht. Nur wenn dieser Grundrechtsgebrauch unter Missachtung eigener Pflichten ausgeübt wird, ist eine Heranziehung zu den zusätzlich entstandenen Kosten gerechtfertigt. Dies kann der Veranstalter verhindern, indem er seinen Informations- und Kooperationspflichten nachkommt.

Wegen der schwer zu berechnenden Höhe der Kosten ist es richtig, eine pauschale Gebühr zu erheben, die sich am zu erwartenden Gewinn orientiert. Die Höhe der Gebühr kann durch Rechtsverordnung festgesetzt werden.[821]

Eine Regelung könnte nach diesen Überlegungen folgendermaßen lauten:

> "Bei öffentlichen, mit Gewinnerzielungsabsicht durchgeführten Veranstaltungen ist für den Einsatz von Polizeikräften eine Gebühr zu erheben, soweit der Einsatz erforderlich wurde, weil der Veranstalter seinen Informations- und Kooperationspflichten nicht nachgekommen ist.
>
> Die Höhe der Gebühr bestimmt der Innenminister im Einvernehmen mit dem Finanzminister durch Rechtsverordnung, wobei der Aufwand für den Einsatz zu berücksichtigen ist. Die Gebühr soll den zu erwartenden Gewinn der Veranstaltung nicht überschreiten."

Diese Regelung kann als Steuerungsmittel dienen, damit Veranstalter ihre Informations- und Kooperationspflichten beachten. Hierzu können zum Beispiel Informationen über die baulichen Gegebenheiten ebenso gehören, wie Angaben über die Anzahl erwarteter Zuschauer und deren Gewaltpotenzial. Es handelt sich nicht um einen Ordnungswidrigkeitstatbestand, weil nicht ein bestimmtes Verhalten sanktioniert wird, sondern lediglich zusätzlich anfallende Kosten umgelegt werden.

Die hier vorgeschlagene Kostenregelung ist ein Instrument, das den Gemeinwohlcharakter von Sportgroßveranstaltungen, die öffentliche Sicherheit und fiskalische Aspekte in einen interessengerechten Ausgleich bringt. Wenn auch nicht damit zur rechnen ist, dass eine Gebührenerhebung nach dieser Vorschrift in einer

---

820 S. Leutert, Polizeikostentragung bei Grossveranstaltungen, 2005, S. 104.

821 Dahingehend kann der Vorschlag von T. Schmidt, ZRP 2007, 120 (123), übernommen werden: „Das Innenministerium bestimmt im Einvernehmen mit dem Finanzministerium durch Rechtsverordnung die gebührenpflichtigen Maßnahmen und legt Höchstsätze der zu erhebenden Gebühren fest.“

Vielzahl von Fällen erfolgt, wird allein das Bestehen dieser Vorschrift die Kooperationsbereitschaft auf Seiten der Veranstalter fördern und die Basis der Zusammenarbeit vom freiwilligen Handeln loslösen und diese stabilisieren.

§ 12 Organisationsstrukturen von Verwaltung und Veranstalter

I. Einführung in die Problematik

Die bisherigen Ausführungen belegen eine enge Verzahnung zwischen öffentlichem und privatem Handeln bei Sportgroßveranstaltungen. Die daraus resultierenden Berührungspunkte zwischen Staat und Veranstalter in unterschiedlichen Gebieten des Verwaltungsrechts – exemplarisch seien hier nur das Bauplanungs-, Bauordnungs- und das Umweltrecht beim Sportstättenbau sowie das Gewerbe- und Polizeirecht bei der Durchführung der Veranstaltungen genannt – lassen es angezeigt erscheinen, auch die Organisation der involvierten Verwaltungsbehörden auf die spezifischen Bedürfnisse der Sportgroßveranstalter einzustellen. Insofern kann auch die Behördenorganisation als ein Baustein zur Förderung der Ausrichtung von Sportgroßveranstaltungen im Rahmen der Gewährleistungsverantwortung des Staates gesehen werden. In den oben erwähnten Referenzgebieten des Gewährleistungsverwaltungsrechts[822], die durch Netzwirtschaft geprägt sind, wurde mit der Bundesnetzagentur eine eigene Behörde geschaffen, um der staatlichen Gewährleistungspflicht Rechnung zu tragen. Ein derart weitreichender Schritt ist im Falle von Sportgroßveranstaltungen jedoch nicht notwendig, da die Komplexität der Probleme sowie der Umfang der Aktivitäten auf privater und öffentlicher Seite signifikant geringer sind und sich auch im Rahmen der bestehenden Behördenstruktur adäquate Ergebnisse erzielen lassen.

1) Entwicklung des gesetzlichen Rahmens aus den Fachgesetzen

Die Entscheidung des Gesetzgebers, kein spezielles Gesetz für Sportgroßveranstaltungen zu erlassen, sondern den rechtlichen Rahmen aus den jeweiligen Fachgesetzen zu entwickeln, führt dazu, dass der Veranstalter sich einer Vielzahl von zuständigen Behörden gegenübersieht. Erwähnt seien hier nur Bau-, Umwelt- und Polizeibehörden, an die sich der Veranstalter wenden muss, um beispielsweise notwendige Genehmigungen zu erhalten und die jeweils eigene Kompetenzen besitzen.

---

822 Vgl. § 9 dieser Untersuchung.

Dies ist keine Problematik, die sich allein bei Sportgroßveranstaltern stellt, sondern betrifft auch andere Großprojekte oder Unternehmensgründungen.[823]

Ein Vorwurf, der gegen eine derartige Zersplitterung des Verwaltungsverfahrens erhoben wird, geht dahin, das Fachrecht werde nur aus der zu regelnden Materie heraus entwickelt, ohne dabei die Konsequenzen für Private in Betracht zu ziehen.[824] Erschwerend komme hinzu, dass sich durch die Vielzahl der Mitwirkenden bei der Gesetzgebung (EU, Bund und Länder) die Abstimmung mit vorhandenen Normen erschwere und eine Erfolgs- und Nachteilskontrolle bei erlassenen Normen praktisch nicht stattfinde.[825] Ein solches Vorgehen ist kritisch zu bewerten, wenn dadurch gesetzliche Regelungen erlassen werden, die nur auf die Lösung einzelner Probleme abzielen, ohne ein Gesamtkonzept im Blick zu haben und der Betroffene sich in der Folge mit einer Verfahrenszersplitterung konfrontiert sieht.

2) Die Genehmigung aus einer Hand

Diese Problematik wurde von Politik und Verwaltungswissenschaft erkannt und in der Vergangenheit – zumeist im Zusammenhang mit der Erleichterung von Unternehmensgründungen – unter dem Stichwort „Genehmigung aus einer Hand“[826] diskutiert. Die „Genehmigung aus einer Hand“ soll dazu führen, dass Komplexität, Langwierigkeit und mangelnde Rechtssicherheit der Verwaltungsverfahren reduziert werden.[827] Es geht darum, dem Bürger den Kontakt mit der Verwaltung zu erleichtern, indem dieser möglichst viele, wenn nicht gar alle öffentlichen Dienst-

823 Vgl. die Darstellung bei A. Windoffer, Einheitliche Ansprechpartner nach der EU-Dienstleistungsrichtlinie – Aufgabenprofil und Ansiedlungsoptionen, DVBl. 2006, 1210 (1211).

824 Vgl. H. Hill, Bürokratieabbau und Verwaltungsmodernisierung, DÖV 2004, 721 (727), sowie A. Dietz, Konzeptionelle Überlegungen zur „Genehmigung aus einer Hand“, DÖV 2005, 772 (772).

825 A. Dietz, DÖV 2005, 772 (772), mit Verweis auf den Bericht der Deregulierungskommission der Bayerischen Staatsregierung.

826 Weitere Bezeichnungen – teilweise jedoch mit variierendem Inhalt – sind: „one stop agency“ (Bericht der Deregulierungskommission der Bayerischen Staatsregierung, S. 151ff., nachzulesen unter http://www.bayern.de/Anlage23158/BerichtderDeregulierungskommission.pdf, Stand 1.2.2012), „one stop shop“ (im europarechtlichen Zusammenhang A. Klees, "One stop shop“ bei Anträgen auf Kronzeugenbehandlung in Europa?, EuZW 2005, 449 (449)), „One-Stop-Government“ (A. Voßkuhle, § 1 Neue Verwaltungsrechtswissenschaft, in: Hoffmann-Riem/Schmidt-Aßmann/ders. (Hrsg.), GVwR I, 2006, Rn. 66), oder „einheitlicher Ansprechpartner“ (Richtlinie 2006/123/EG des Europäischen Parlaments und des Rates vom 12.12.2006 über Dienstleistungen im Binnenmarkt (EU-ABl. 2006, L 376/36)). M. Eifert, Electronic Government als gesamtstaatliche Aufgabe, ZG 2001, 115 (116 Fn 27), stellt fest: „Der One-Stop-Ansatz hat sich auch international als Leitvorstellung etabliert.“

827 Vgl. im europarechtlichen Kontext F. Lemor, Auswirkungen der Dienstleistungsrichtlinie auf ausgesuchte reglementierte Berufe, EuZW 2007, 135 (137).

leistungen zu einem Thema an einem Ort gebündelt abrufen kann, unabhängig davon, ob sie in der Zuständigkeit der Kommune, des Landes- oder des Bundes liegen.[828] Es ist dann nicht mehr notwendig, dass der Bürger die Organisation der Verwaltung nachvollziehen muss, vielmehr kann er davon ausgehen, mit seinen Anliegen immer und automatisch an der richtigen Stelle zu sein.[829]

Würden alle Angelegenheiten im Zusammenhang mit Sportgroßveranstaltungen in dieser Weise aus einer Hand erledigt, führte dies dazu, dass der rechtliche Komplex Sportgroßveranstaltung als Ganzer betrachtet und nicht in Einzelbereiche aufgesplittert würde. Die Organisation wäre erleichtert, und es wären attraktive Rahmenbedingungen geschaffen, die einen Anreiz für entsprechende gemeinwohlrelevante Aktivitäten bieten. Dies gilt im Übrigen nicht nur für die hier im Fokus stehenden Profisportveranstaltungen, sondern auch und gerade für Breitensportveranstaltungen.

II. Praktische Umsetzung: Trennung von Front Office und Back Office

Die praktische Umsetzung der Genehmigung aus einer Hand ist im Detail umstritten. Detaillierte Lösungsvorschläge können im Rahmen dieser Untersuchung nicht unterbreitet werden, trotzdem soll auf die Grundzüge der Genehmigung aus einer Hand eingegangen und dargestellt werden, welchen Faktoren besondere Beachtung zu schenken ist.[830] Grundsätzlich ist festzustellen, dass die Anwendungsfelder, die von der Kfz-Anmeldung bis zur Unternehmensgründung reichen, verschiedenartig sind und sich daher eine Einheitslösung verbietet.[831] Dementsprechend gibt es auch unterschiedliche Umsetzungsvorschläge. Gemeinsam ist diesen Modellen jedoch die Trennung zwischen dem sogenannten Front Office und dem Back Office.[832]

---

828 H. Panzig, Gestaltung regionaler Informationssysteme Thema: Verwaltung und Internet 5. Phase: "One Stop Government", jurPC 2000, Web-Dok. 99, Abs. 2. M. Eifert, Electronic Government, 2006, S. 170: „zuständigkeitsunabhängige Bündelung aller Angebote an einem Zugangspunkt formen die Verwaltung zu einer virtuellen Einheit."

829 C. Brenski, Der Vorschlag zu einer Richtlinie des Europäischen Parlaments und des Rates über Dienstleistungen im Binnenmarkt, 2005, S. 238.

830 Vgl. zu „potentiellen Ansiedlungsoptionen" der einheitlichen Ansprechpartner nur A. Windoffer, DVBl. 2006, 1210 (1214f.); sowie speziell zum Verfahrensrecht A. Windoffer, Die Implementierung einheitlicher Ansprechpartner nach der EU-Dienstleistungsrichtlinie – Problemfelder und Anpassungsbedarf im nationalen Recht, NVwZ 2007, 495 (497).

831 Vgl hierzu auch C. Brenski, Der Vorschlag zu einer Richtlinie des Europäischen Parlaments und des Rates über Dienstleistungen im Binnenmarkt, 2005, S. 244: „[...] eine Aufgabe für deren Lösung es kein Patentrezept gibt."

832 Auch „Vordergrundverwaltung" und „Hintergrundverwaltung", vgl. ebd., S. 239. Vgl. hierzu auch A. Roßnagel, Möglichkeiten für Transparenz und Öffentlichkeit im Verwaltungshandeln – unter besonderer Berücksichtigung des Internet als Instrument der Staatskommu-

Front Office bezeichnet den nach außen auftretenden Ansprechpartner der Verwaltung, mit dem der Private – vorliegend der Veranstalter – direkt in Kontakt tritt.[833] In diesem Front Office werden alle Dienstleistungen angeboten, so dass der Veranstalter nicht selbst in Erfahrung bringen muss, welche Behörde für das einzelne Problem zuständig ist.[834] Mit dem Back Office, das gewissermaßen im Hintergrund agiert, soll der Private dagegen keinen direkten Kontakt haben. In diesem bearbeiten die zuständigen Sachbearbeiter beziehungsweise Fachbehörden intern die Anliegen des Veranstalters.[835] Insoweit bleibt die Spezialisierung in Fachverwaltungen bestehen, die wegen der Komplexität der Materie sowie unterschiedlicher Kompetenzen notwendig ist.[836]

1) Grundmodelle der Genehmigung aus einer Hand

Hinsichtlich der einzelnen Ausgestaltungsmöglichkeiten lassen sich zwei Grundmodelle unterscheiden[837]:

a) Modell 1: Strikte Trennung von Front Office und Back Office

Ein mögliches Modell[838] beinhaltet, dem Privaten eine Ansprechstelle für alle Verfahren zur Verfügung zu stellen. Es sieht vor, ein Front Office einzurichten, mit dem der Veranstalter ausschließlich in Kontakt tritt und das aus nur einer Stelle besteht. Der dortige Ansprechpartner tritt als Mittler zu den Sachbearbeitern der Fachverwaltung im Back Office auf. Bestimmte Probleme – insbesondere Routineangelegenheiten – können direkt vom Front Office gelöst werden, kompliziertere Sachfragen werden dagegen an das Back Office weitergeleitet.[839] Die entsprechen-

---

nikation, in: Hoffmann-Riem/Schmidt-Aßmann (Hrsg.), Verwaltungsrecht in der Informationsgesellschaft, 2000, S. 326, sowie M. Eifert, Electronic Government, 2006, S. 174.

833 T. Schuppan/C. Reichard, eGovernment: Von der Mode zur Modernisierung, LKV 2002, 105 (108). In der Terminologie der Dienstleistungsrichtlinie wäre dies der "einheitliche Ansprechpartner“.

834 G. Britz, § 26 Elektronische Verwaltung, in: Hoffmann-Riem/Schmidt-Aßmann/Voßkuhle (Hrsg.), GVwR II, 2008, Rn. 40: „Bürgerbüro“.

835 Vgl. T. Schuppan/C. Reichard, LKV 2002, 105 (108); G. Britz, § 26 Elektronische Verwaltung, in: Hoffmann-Riem/Schmidt-Aßmann/Voßkuhle (Hrsg.), GVwR II, 2008, Rn. 40.

836 In diese Richtung auch M. Eifert, Electronic Government, 2006, S. 174.

837 A. Dietz, DÖV 2005, 772 (773), bezeichnet diese als „personales Modell“ und als „funktionales Modell“. C. Brenski, Der Vorschlag zu einer Richtlinie des Europäischen Parlaments und des Rates über Dienstleistungen im Binnenmarkt, 2005, S. 241, differenziert bei der Ausgestaltung des „One-Stop-Shops“, indem er drei Optionen zur Ausgestaltung beschreibt: als Durchführungsstelle, als Mittler oder als Mischung aus beidem.

838 Vgl. hierzu ausführlich A. Dietz, DÖV 2005, 772 (773), der auch auf die personalwirtschaftliche und technische Ausgestaltung eingeht.

839 M. Eifert, Electronic Government, 2006, S. 174, bezeichnet das Front Office als „Vertriebsstruktur“ und das Back Office als „Produktionsstruktur“.

den Ergebnisse werden dann vom Back Office an das Front Office zurückgeleitet und das Front Office informiert den Veranstalter.[840]

Der Veranstalter hätte dann mit nur einer Person zu tun und bekäme von dieser sämtliche Informationen und Genehmigungen. Die Vorteile dieses Modells liegen darin, das Verfahren bei einer Stelle zu konzentrieren und so einer Verfahrenszersplitterung entgegenzuwirken.

Dies offenbart gleichzeitig die Nachteile[841] dieses Modells. Der Ansprechpartner im Front Office kann in vielen Fällen nicht alle Auskünfte erteilen und muss sich erst selbst im Back Office informieren. Hierdurch kann eine zusätzliche Verkomplizierung entstehen, da der Veranstalter keinen direkten Kontakt zu dem Sachbearbeiter im Back Office hat. Es entsteht in der Person des Ansprechpartners gewissermaßen ein Nadelöhr. Insbesondere bei komplexen Verfahren, zu denen auch Sportgroßveranstaltungen gezählt werden können, wäre von Seiten des Front Offices eine hohe Sachkenntnis erforderlich.

b) Modell 2: Flexibler Kontakt mit Front Office und Back Office

Ein zweites Modell sieht daher eine weniger strikte Trennung von Front Office und Back Office vor und ist damit flexibler.[842]

aa) Keine strikte Trennung von Front Office und Back Office

Das Front Office erledigt in eigener Zuständigkeit nur einfache Fragen beziehungsweise Routineangelegenheiten, während bei komplexen Problemen der Sachbearbeiter im Back Office – gegebenenfalls durch Vermittlung des Front Offices – direkter Ansprechpartner ist, der dann gewissermaßen auch Aufgaben des Front Offices wahrnimmt.[843] Dabei kann der Ansprechpartner von Fall zu Fall, aber nicht während eines Verfahrens wechseln.

bb) Verfahrens- oder Projektmanager bei Großprojekten

Bei Großverfahren ist bei diesem Modell vorgesehen, einen Verfahrens- oder Projektmanager[844] einzusetzen, der als Ansprechpartner für die Antragsteller fungiert

---

840 Vgl. hierzu auch ebd., S. 174, insbesondere Fn. 703, mit weiteren Nachweisen.

841 Ausführlich zu den Nachteilen dieses Modells: A. Dietz, DÖV 2005, 772 (774ff.), der zu dem Schluss kommt, dass das Modell den Anforderungen der Verwaltungspraxis nicht gerecht wird.

842 Ebd., (776): „Funktionales Modell". Vgl. hierzu auch A. Windoffer, DVBl. 2006, 1210 (1214).

843 Vgl. hierzu A. Dietz, DÖV 2005, 772 (776). M. Eifert, Electronic Government, 2006, S. 174, bezeichnet dies als „Produktionsnetzwerk", da die zuvor eindeutige Trennung zwischen „Vertrieb" und „Produktion" verwische.

844 Vgl. hierzu den Bericht der Deregulierungskommission der Bayerischen Staatsregierung, Kapitel 7.1.2, S. 153: „Der Bürger sollte künftig nur noch eine behördliche Anlaufstelle für seine Anliegen haben. Dort müssen seine Anliegen kompetent, verlässlich und zeitnah erledigt werden. Dies sollte – wo möglich – durch eine Konzentration von Verwaltungsverfahren und eine Bündelung von Kompetenzen innerhalb der Verwaltung geschehen. Wo sich

und mit den erforderlichen internen Kompetenzen ausgestattet ist.[845] Projektmanager sind einzelne als Ansprechpartner fungierende Personen, die sämtliche Schritte des Verfahrens betreuen. Diese sind dann aber ausschließlich für das Großverfahren zuständig und nicht daneben auch für die Erbringung sonstiger Routineangelegenheiten verantwortlich. Auch Sportgroßveranstaltungen stellen regelmäßig derartige Großverfahren dar, so dass nach diesem Modell für solche Veranstaltungen ein Projektmanager einzusetzen wäre.

2) Der *„einheitliche Ansprechpartner"* im Rahmen der europäischen Dienstleistungsrichtlinie

Die Diskussion um derartige Verfahrensvereinfachungen[846] findet insbesondere vor dem Hintergrund der europäischen Dienstleistungsrichtlinie[847] statt. Diese sieht vor, die Wahrnehmung der Niederlassungsfreiheit durch Dienstleistungserbringer sowie den freien Dienstleistungsverkehr zu erleichtern.[848] Erreicht werden soll die Verfahrensvereinfachung unter anderem durch die Einrichtung sogenannter einheitlicher Ansprechpartner, deren Aufgabenspektrum unter anderem die Abwicklung von Verfahren[849] und die Erteilung von Informationen[850] umfasst.[851] Der Richtlinie liegt ein Verwaltungsverständnis zugrunde, das die Verwaltung als Dienstleister versteht, dessen Ziel es sein muss, Privaten möglichst wenige Hindernisse bei der Ausübung ihrer Freiheiten – im Falle der Dienstleistungsrichtlinie handelt es sich um die Dienstleistungsfreiheit gemäß Art. 56ff. AEUV beziehungsweise die Niederlassungsfreiheit gemäß Art. 49ff. AEUV – zu bereiten.

a) Anreizwirkung

Durch die Verfahrensvereinfachung werden im Falle der Dienstleistungsrichtlinie Anreize geschaffen, in größerem Maße von den dort aufgeführten Freiheiten Gebrauch zu machen und so die „Lissabon-Strategie" des Europäischen Rates zu

---

dies als nicht zielführend erweist, sollten behördliche Projektmanager die Verantwortung für die Anliegen der Unternehmer und die Koordination der zu beteiligenden Fachstellen übernehmen. Zu diesem Zweck sollte auch die Kommunikation sowie die Zusammenarbeit der Behörden untereinander verbessert werden.".

845 Vgl. hierzu A. Dietz, DÖV 2005, 772 (776, insbesondere Fn. 25).

846 Vgl. zu diesem Begriff: C. Brenski, Der Vorschlag zu einer Richtlinie des Europäischen Parlaments und des Rates über Dienstleistungen im Binnenmarkt, 2005, S. 244.

847 Richtlinie 2006/123/EG des Europäischen Parlaments und des Rates vom 12.12.2006 über Dienstleistungen im Binnenmarkt (EU-ABl. 2006 L 376/36). Ausführlich hierzu ebd., S. 235ff.

848 Vgl. Art. 1 Abs. 1 RL 2006/123/EG.

849 Art. 6 RL 2006/123/EG.

850 Art. 7 RL 2006/123/EG.

851 Vgl. hierzu auch A. Windoffer, NVwZ 2007, 495 (496).

fördern.[852] Die Verfahrensvereinfachung kann als Steuerungsinstrument zur Förderung unternehmerischer Tätigkeiten verstanden werden.[853] Es wird auf unionsrechtlicher Ebene als notwendig erachtet, bürokratische Hindernisse abzubauen, um einerseits eine abschreckende Wirkung auf Unternehmensgründer zu verhindern und andererseits Anreize zur Ausübung der Dienst- und Niederlassungsfreiheit und damit der Verwirklichung eines europäischen Markts[854] zu schaffen.

Zuvor wurde insbesondere in der Literatur festgestellt, dass es zu keiner umfassenden Verwirklichung der Genehmigung aus einer Hand gekommen sei, was vor allem auf verfahrens-, organisations- und datenschutzrechtliche, aber auch praktische Hindernisse zurückzuführen sei.[855] Diese Hindernisse dürften allerdings nicht zur Konsequenz haben, dass in diesem Bereich die Ideen zur Genehmigung aus einer Hand gar nicht umgesetzt werden.[856]

b) Umsetzung durch das 4. Verwaltungsverfahrensänderungsgesetz[857]

Mit der Umsetzung der verwaltungsverfahrensbezogenen Pflichten der Dienstleistungsrichtlinie durch das 4. Verwaltungsverfahrensänderungsgesetz und der damit verbundenen Einführung des einheitlichen Ansprechpartners wurde ein wichtiger Schritt zur Verfahrensvereinfachung unternommen.[858] Die §§ 71a-71e VwVfG regeln das sogenannte „Verfahren über eine einheitliche Stelle". In der amtlichen Begründung werden die einheitlichen Ansprechpartner als *„unterstützende Verfah-*

852 Vgl. zur sogenannten „Lissabon-Strategie", die vorsah, dass die EU bis 2010 zum wettbewerbsfähigsten und dynamischsten wissensgestützten Wirtschaftsraum der Welt wird: J. Schneider, Reform der Lissabon-Strategie, Wissenschaftliche Dienste des Deutschen Bundestages (10/05) 2005, S. 1ff.

853 Positive Auswirkungen können sich durch die Neustrukturierung der Verfahrensabläufe auch auf andere Bereiche ergeben. Insbesondere können die Erfahrungen, die mit der Behördenorganisation in diesem Bereich gemacht werden, auch positive Effekte auf das Verhältnis der Verwaltung zum Bürger insgesamt haben. Für eine „umfassende Reorganisation der Verwaltung" unter den Aspekten des „One-Stop-Government", des „Neuen Steuerungsmodells" und der „IuK-Technologie": M. Eifert, ZG 2001, 115 (120).

854 Vgl. auch BT-Drs. 16/10493, S. 1.

855 Vgl. hierzu mit weiteren Nachweisen G. Britz, § 26 Elektronische Verwaltung, in: Hoffmann-Riem/Schmidt-Aßmann/Voßkuhle (Hrsg.), GVwR II, 2008, Rn. 41, die von „Realisierungsproblemen" spricht und „praktische Hindernisse" erwähnt, „die nicht damit rechnen lassen, dass es zur weitreichenden Umsetzung der One-Stop-Government-Idee kommen wird". Diese praktischen Hindernisse seien organisatorischer und finanzieller Art und führen allenfalls zu einer Teilrealisierung.

856 Vgl. zu den Umsetzungen mit weiteren Nachweisen beispielsweise M. Eifert, Electronic Government, 2006, S. 170f.

857 Viertes Gesetz zur Änderung verwaltungsrechtlicher Vorschriften vom 11.12.2008 (BGBl. I S. 2418).

858 U. Schliesky, in: Knack/Henneke (Hrsg.), VwVfG, 2010, § 71a, Rn. 1: „[...] die wohl einschneidendste und wichtigste Neuerung im Bereich des Verwaltungsverfahrens- und -organisationsrechts." Vgl. hierzu instruktiv: F. Lemor/S. Haake, Ausgesuchte Rechtsfragen der Umsetzung der Dienstleistungsrichtlinie, EuZW 2009, 65 (66ff.).

rensmittler" [859] eingestuft, deren Aufgaben in den §§ 71b-71d VwVfG konkretisiert werden und die auch Informationspflichten haben, *„um einen frühzeitigen Überblick über alle für ein Vorhaben einschlägigen Vorschriften und Verfahren und die dafür zuständigen Behörden zu gewährleisten."* [860] Es ist dabei allerdings zu beachten, dass das Verfahren über die einheitliche Stelle nur unter den Voraussetzungen des § 71a VwVfG anwendbar ist. Dieser sieht insbesondere eine Anordnung durch Rechtsvorschrift vor.

In Baden-Württemberg sind mittlerweile in verschiedenen Bereichen einheitliche Ansprechpartner eingeführt worden[861], wie zum Beispiel im Architekten- (§ 12 Abs. 2 Nr. 13 ArchG[862]), Ingenieur- (§ 17 Abs. 4 IngKG[863]) und Baurecht (§ 15 BauPrüfVO[864]). Zuständig sind hierfür gemäß § 2 Abs. 1 EAG BW die jeweiligen Kammern. Eine Anwendung auf Sportgroßveranstaltungen ist soweit ersichtlich bisher nicht erfolgt.

3) Ein sportgroßveranstaltungsspezifisches Modell

Wegen der Komplexität von Sportgroßveranstaltungen erweist es sich aber als nicht zielführend, die Zuständigkeit für diese einem auf Routineangelegenheiten ausgerichteten Front Office zu übertragen.[865] Dagegen sprechen auch die unterschiedlichen einschlägigen Sachmaterien und die Anzahl involvierter Behörden. Hinzu kommt, dass es sich vor allem bei Welt- oder Europameisterschaften um singuläre Ereignisse handelt, so dass eine dauerhafte Einrichtung derartiger Ansprechpartner nicht angezeigt erscheint. Dies belegen auch die strukturellen Unterschiede zu den oben genannten Beispielen einheitlicher Ansprechpartner, deren Aufgaben sich durch einen Routinecharakter auszeichnen.

Für derartige einzelne Großveranstaltungen empfiehlt es sich, im Interesse einer wirksamen Verfahrensvereinfachung, Projektmanager einzusetzen, und so eine Koordination staatlicher Tätigkeit zu realisieren. Es hängt von der Größe der Ver-

---

859 BT-Drs. 16/10493, S. 13.

860 Ebd., S. 13.

861 Vgl. auch das Gesetz über Einheitliche Ansprechpartner für das Land Baden-Württemberg (EAG BW) vom 1.12.2009, GBl. S. 679.

862 Architektengesetz (ArchG) vom 28.3.2011 (GBl. S. 152).

863 Gesetz über die Errichtung einer Ingenieurkammer und über die Berufsordnung der Beratenden Ingenieure in Baden-Württemberg (IngKG) vom 28.3.2011 (GBl. S. 145).

864 Verordnung des Wirtschaftsministeriums über die bautechnische Prüfung baulicher Anlagen (BauPrüfVO) vom 10.5.2010 (GBl. S. 446).

865 Zu beachten sind auch die Bedenken von W. Hoffmann-Riem, Verwaltungsrecht in der Informationsgesellschaft, in: ders./Schmidt-Aßmann (Hrsg.), Verwaltungsrecht in der Informationsgesellschaft, 2000, S. 26f.: „Die gestiegene Umweltkomplexität, die Zunahme der Verwaltungsfunktionen und die Verwissenschaftlichung des Lebens haben die Verwaltung dabei zu immer stärkeren institutionellen und funktionellen Differenzierungen veranlaßt. Solche Differenzierungen dürfen nicht fraglos der Idee des one stop government geopfert werden.".

anstaltung ab, wie die Verwaltung die Position des Projektmanagers personell ausgestaltet. Bei großen beziehungsweise langfristigen Projekten bietet es sich an, eine Person oder eine Gruppe von Personen ausschließlich für ein Projekt abzustellen, wie dies beispielsweise bei der (erfolglosen) Bewerbung für die Olympischen Winterspiele 2018 geschehen ist.[866] Auf welcher Ebene (Kommune, Land, Bund) diese Personen tätig sind, muss im Einzelfall entschieden werden. Positive Erfahrungen wurden diesbezüglich im Rahmen der Fußballweltmeisterschaft 2006 gemacht. Damals wurde im Bundesministerium des Innern zunächst die „Projektgruppe Fußball-Weltmeisterschaft 2006" und später der „Stab WM 2006" eingerichtet, der die Aufgaben und Leistungen der Bundesregierung koordinierte.[867] Die Einrichtung derartiger Gruppen, auch bei kleineren Events, muss nicht immer notwendig sein. Einzelne Projektmanager sind ebenfalls einzusetzen, um beispielsweise in Vorbereitung von Sportgroßveranstaltungen anstehende Projekte wie Stadionbauten zu begleiten.

Insbesondere im Hinblick auf die Schaffung dauerhafter Kommunikationsstrukturen zwischen Staat und Veranstalter ist es notwendig, bei den Polizeibehörden standardmäßig Ansprechpartner einzurichten, die gegebenenfalls auch für andere Behörden als Mittler fungieren. In der Praxis wird dies oftmals bereits umgesetzt, es wäre darüber hinaus angezeigt, dass von gesetzgeberischer Seite derartige Ansprechpartner verpflichtend eingeführt werden, um den Kommunikationsstrukturen einen formalen und rechtlich verbindlichen Rahmen zu geben.

III. Die Organisationsstruktur der Veranstalter

Die Frage der Behördenorganisation ist in dem hier untersuchten Kontext nur ein Aspekt. Vergleichbare Probleme stellen sich daneben auch bezüglich der Organisationsstruktur der Veranstalter. Sportverbände haben ihrerseits ausdifferenzierte Verwaltungsstrukturen, die zwar nicht dieselbe Komplexität wie die der öffentlichen Verwaltung aufweisen, aber dennoch einen für Außenstehende nicht auf den ersten Blick zu durchschauenden Verwaltungsapparat darstellen.

1) Notwendigkeit von Ansprechpartnern auf Veranstalterseite

Dies macht es aus Sicht der öffentlichen Verwaltung notwendig, dass von Veranstalterseite eine entsprechende Transparenz geschaffen wird, um Schwierigkeiten bei der Ansprechbarkeit der Veranstalter zu vermeiden.

---

866 So wurde im BMI in der Abteilung Sport eine eigene Projektgruppe „Olympiabewerbung München 2018" eingerichtet, vgl. BMI (Hrsg.), 12. Sportbericht der Bundesregierung (BT-Drs. 17/2880), 2010, S. 14.

867 BMI (Hrsg.), 11. Sportbericht der Bundesregierung (BT-Drs. 16/3750), 2006, S. 69.

a) Rechtsprechung des Bundesverfassungsgerichts zur Anmeldepflicht bei Versammlungen

In diesem Kontext kann die Rechtsprechung des Bundesverfassungsgerichts zur Anmeldepflicht bei Versammlungen[868] fruchtbar gemacht werden. In diesem Fall ist ein Vergleich mit Sportgroßveranstaltungen im Rahmen eines Erst-Recht-Schlusses trotz des intensiveren Grundrechtsschutzes von Versammlungen angezeigt, da es sich bei der Anmeldepflicht nicht um eine Privilegierung handelt.

Das Gericht hatte die Anmeldepflicht des § 14 VersG als mit Art. 8 GG vereinbar erklärt, da diese zum einen den Adressaten eventueller Auflagen kenntlich mache und zum anderen einen Dialog und eine Kooperation zwischen Anmelder und Staat ermögliche.[869] Das Bundesverfassungsgericht sieht einen derartigen Dialog als notwendig für friedliche Demonstrationen an.[870] Das Fehlen eines gesamtverantwortlichen Anmelders bei einer Versammlung habe zur Folge, dass die Eingriffsschwelle der zuständigen Behörde bei Störungen absinken könne, sofern die Behörde ihrerseits alles getan habe, um in Erfüllung ihrer Verfahrenspflichten die Durchführung einer friedlichen Demonstration zu ermöglichen.[871]

b) Anwendung auf Sportgroßveranstaltungen

Stabile Kommunikations- und Kooperationsstrukturen, die einen intensiven Informationsaustausch gewährleisten, sind die Basis der Zusammenarbeit zwischen Staat und Veranstalter. Es ist hierfür auch von Veranstalterseite notwendig, aus der Organisationsstruktur klar ersichtliche Ansprechpartner bereit zu stellen, um der Verwaltung die Koordination und Kommunikation zu erleichtern. Wenn derartige Verpflichtungen selbst für Versammlungen, die einen intensiveren grundrechtlichen Schutz als Sportgroßveranstaltungen genießen, als rechtmäßig befunden werden und diesbezügliche Defizite ein Absinken der Gefahrenschwelle zur Folge haben, müssen solche Verpflichtungen für Sportgroßveranstaltungen, bei denen sich im Falle fehlender Kooperation und Kommunikation ähnliche Gefährdungslagen ergeben können, auch möglich sein. Es ist im Hinblick auf die staatliche Gewährleistungsverantwortung in diesem Bereich angezeigt, Sportgroßveranstalter rechtlich zur Benennung derartiger Ansprechpartner zu verpflichten.

c) Initiative des Bundesministerium des Innern

Mittlerweile wurde diese Notwendigkeit auch von staatlicher Seite erkannt. Im Rahmen eines Runden Tisches entwickelten Vertreter von DFB, DFL, der Kommunalen Spitzenverbände, der Koordinationsstelle Fan-Projekte bei der Deutschen Sportjugend und der Polizei im April 2010 eine gemeinsame Strategie gegen Ge-

868 BVerfGE 69, 315 (358f.), Beschluss vom 14.5.1985.
869 Ebd., (358).
870 Ebd., (358f.).
871 Ebd., (359).

walt in und außerhalb von Fußball-Stadien.[872] Diese beinhaltet auch die Einstellung eines hauptberuflichen Fan- und Sicherheitsbeauftragten in den Klubs der ersten beiden Fußball-Ligen und die Einrichtung eines wissenschaftlichen Beirats, der Modelle für die Bekämpfung von Sicherheitsproblematiken erarbeiten soll.[873] Vorzugswürdig ist es, die Einstellung derartiger Sicherheitsbeauftragter gesetzlich zu regeln, um diesen wichtigen Baustein der Strategie gegen Gewalt nicht von der Freiwilligkeit der Veranstalter abhängig zu machen. Eine Verletzung der Autonomierechte der Verbände wäre darin nicht zu sehen, zumindest wäre diese wegen der damit verbundenen Sicherheitsaspekte gerechtfertigt.

2) Umsetzung der Anforderungen

Wie die Bereitstellung von Sicherheitsbeauftragten im Einzelnen ausgestaltet wird, ist dem Veranstalter zu überlassen, da dieser seine internen Verfahrensabläufe entsprechend abstimmen muss. Erneut kommt den Sportverbänden dabei eine zentrale Rolle zu, da sie im Rahmen ihrer Verbandsautonomie die Vereine zu entsprechenden Maßnahmen verpflichten können. Auch hier kann der Staat sich die spezifische Struktur der Sportverbände zunutze machen.

Exemplarisch für die wachsende Einsicht und die Bereitschaft, die Organisationsstrukturen den Sicherheitsproblemen anzupassen, können §§ 18 und 20 der DFB-Sicherheitsrichtlinien genannt werden[874]:

> § 18 Zusammenarbeit Verein/Sicherheitsträger, Sicherheitsbeauftragter
>
> 1. Der Verein ist verpflichtet, einen Sicherheitsbeauftragten zu benennen und diesen mit der Wahrnehmung aller Sicherheitsaufgaben zu betrauen.
>
> 2. Dem Sicherheitsbeauftragten obliegt es insbesondere,
>
> - außergewöhnliche sicherheitsrelevante Ereignisse vor, während und nach den Bundesspielen zu erfassen, auszuwerten und dem DFB und/oder der DFL mitzuteilen,
>
> - die gem. § 3 Abs. 2 jährlich durchzuführende Platzanlageninspektion zu leiten oder – soweit die Leitung durch einen Vertreter einer Verwaltungsbehörde erfolgt – an diesen verantwortlich mitzuwirken,
>
> - spätestens vier Wochen vor Beginn einer jeden Saison und bei besonderen Anlässen Sicherheitsbesprechungen mit Vertretern des Eigentümers der Platzanlage, der Rettungs- und Sanitätsdienste, der Feuerwehr, des Ordnungsdienstes, der Ordnungsbehörde

---

872 BMI (Hrsg.), 12. Sportbericht der Bundesregierung (BT-Drs. 17/2880), 2010, S. 109.

873 Ebd., S. 109. Dies beinhaltet auch die Abstimmung der Spieltagplanung, um Belastungsspitzen der Polizei zu vermeiden. Insbesondere kam es immer wieder zu Personalengpässen der Polizei, wenn parallel zu gewalttätigen Veranstaltungen rund um den 1. Mai Bundesligaspiele stattfanden. Der Ligaverband und die DFL verzichteten daher darauf, auf Sonntag, den 1.5.2011, Fußball-Bundesligaspiele zu terminieren (vgl. Presseerklärung der DFL vom 8.3.2011).

874 Diese Richtlinien waren allerdings schon vor der Einberufung des oben beschriebenen Runden Tisches in Kraft.

und insbesondere der Polizei zu führen. Über diese Sicherheitsbesprechung ist eine Niederschrift zu fertigen.

[...]

§ 20 Veranstaltungsleitung

1. Der Verein hat bei Bundesspielen einen Veranstaltungsleiter einzusetzen, welcher während der Veranstaltung ständig anwesend sein muss.

2. Der Veranstaltungsleiter ist verpflichtet, ständigen Kontakt zu den Sicherheitsträgern, insbesondere zur Polizei, zu halten.

3. Der Veranstaltungsleiter hat dafür zu sorgen, dass ihm Personen zur Seite stehen, die mit der technischen und baulichen Ausstattung der Platzanlage vertraut sind und erforderlichenfalls die notwendigen Maßnahmen unverzüglich einleiten bzw. durchführen können.

Der in § 18 Nr. 1 genannte Sicherheitsbeauftragte ist sowohl für den Verband (DFB) als auch für die Verwaltung Ansprechpartner in Sicherheitsfragen. Dies erleichtert es der Verwaltung, bereits im Vorfeld Kontakt mit dem Veranstalter aufzunehmen und relevante Informationen zu erlangen. Die Einsetzung eines Veranstaltungsleiters im Sinne des § 20 Nr. 2 ist ein noch intensiveres Instrument, da dieser während der Veranstaltung im ständigen Kontakt mit der Polizei steht und dadurch eine lückenlose Kommunikation mit den staatlichen Sicherheitsträgern stattfindet. Hier zeigt sich anschaulich, dass es mit den Instrumenten, die die Verbandsautonomie den Verbänden bietet, möglich ist, die interne Struktur den sicherheitsrechtlichen Anforderungen entsprechend zu organisieren.

Fünfter Teil: Ausblick

§ 13 Ausblick

Die in dieser Untersuchung beschriebene Stellung der Sportgroßveranstaltungen zwischen Staat und Markt stellt lediglich eine Momentaufnahme dar. In welche Richtung sich dieses Verhältnis in Zukunft entwickeln wird, hängt entscheidend davon ab, wie Sportverbände und Staat ihr Verhältnis zueinander definieren und welchen Einfluss die Sportverbände den Kräften des Marktes zubilligen. Das wirtschaftliche Potenzial der Sportgroßveranstaltungen muss nicht ungenutzt bleiben und die Akquirierung privater Sponsorengelder stellt einen wichtigen Baustein zu deren Finanzierung dar. Es darf aber nicht übersehen werden, dass der Gemeinwohlcharakter von Sportgroßveranstaltungen sich nicht über deren Wirtschaftskraft definiert, sondern über die positiven Eigenschaften, wie sie Staat und Verbände dem Sport zusprechen.

Das Mantra der privaten und staatlichen Entscheidungsträger, der Sport sei Vorbild für Fairness, Respekt und Solidarität, darf nicht zur Plattitüde verkommen, indem Sportgroßveranstaltungen zu Sponsoringevents mit gedopten Sportlern werden, weil die zuständigen Gremien versagen. Die staatliche Gewährleistungsverantwortung in diesem Bereich basiert auf dem Gemeinwohlcharakter der Veranstaltungen und entfiele, wenn dieser nicht mehr identifiziert werden könnte. Derartigen Entwicklungen entgegenzusteuern, fällt primär den autonomen Trägern des Sports zu. Der Staat muss die Grenzen seiner Einflussnahme akzeptieren und darf diesbezüglich erst dann eingreifen, wenn eine Gefahr für die öffentliche Sicherheit vorliegt insbesondere die Grenze zur Strafbarkeit überschritten zu werden droht.

Ob die Aufnahme eines Staatsziels zur Sportförderung in das Grundgesetz an den Ergebnissen dieser Untersuchung etwas ändern würde, ist fraglich. Viele der beschriebenen Bereiche fallen in die Kompetenz des Landesgesetzgebers, der zumindest in Baden-Württemberg bereits heute durch die Landesverfassung zur Förderung des Sports unter Wahrung der Autonomie der Träger angehalten ist.

Der Verfassungsgesetzgeber muss sorgfältig abwägen, ob er dem Sport diese Stellung mit Verfassungsrang auch im Grundgesetz einräumen will, und seiner Entscheidung eine genaue Folgenanalyse voranstellen. Insbesondere das zukünftige Verhältnis zum Staatsziel Umweltschutz gilt es genau zu analysieren. Es ist zu vermuten, dass sich auf diesem Feld – beispielsweise im Bereich der Sportstättenplanung – die praktischen Auswirkungen am deutlichsten zeigen werden. Die Stärkung des Sports ginge im Ergebnis vermutlich mit einer Schwächung des Umweltschutzes einher, wenn sich beide als Staatziele im Grundgesetz gegenüberstünden.

Der Verfassungsgesetzgeber muss in seine Überlegungen auch miteinbeziehen, ob eine pauschale Aufnahme des Sports mit all seinen unterschiedlichen Erscheinungsformen wirklich das anzustrebende Staatsziel sein soll oder ob es ihm nicht primär darum geht, ausgewählte positive Aspekte des Sports zu fördern.

Auf der anderen Seite müssen sich die Sportverbände bewusst sein, dass der Verfassungsrang des Sports ihnen auch einen Teil der Deutungshoheit, was Sport beinhaltet und wo seine Rolle in der Gesellschaft zu verorten ist, nimmt. Das Staatsziel Sportförderung könnte unter diesem Aspekt zu einem "Eigentor" für die Sportverbände werden. Ein Autonomiestatus mit staatlicher Unterstützung ohne Verpflichtungen würde auch mit einem Staatsziel Sportförderung nicht erreicht. Insbesondere die Rechtsprechung des Europäischen Gerichtshofs hat derartigen Aussichten klare Grenzen gesetzt.

Die in dieser Untersuchung entwickelten Grundsätze zeigen, dass das Gewährleistungsverwaltungsrecht flexibel genug ist, auch für Bereiche Lösungen aufzuzeigen, die traditionell von privater Tätigkeit geprägt sind und in denen der Staat privaten, mit Autonomierechten ausgestatteten Akteuren gegenübersteht. Dieses Spannungsverhältnis in einen interessengerechten Ausgleich zu bringen, muss auch bei einem grundrechtlichen Staatsziel Sportförderung weiterhin die primäre staatliche Aufgabe bleiben.

Selbstverständlich ist unter den aufgezeigten Bedingungen und Grenzen eine Kooperation zwischen den staatlichen und privaten Akteuren notwendig. Sie müssen sich dabei jedoch ihrer jeweiligen Rolle bewusst sein und dürfen sich bei allen gegenseitigen Verlockungen nicht voneinander für die dann nur scheinbar gemeinsame Sache vereinnahmen lassen. Nur so wird das Handeln der Beteiligten zum Wohle des Sports und zum Wohle der Sportgroßveranstaltungen mit all ihren positiven Auswirkungen sein.

Literaturverzeichnis

Albrecht, Karl-Dieter, Probleme der Kostenerhebung für polizeiliche Maßnahmen, in: Festschrift zum 70. Geburtstag von Rudolf Samper, Stuttgart 1982.

Anderheiden, Michael, Gemeinwohl in Republik und Union, Tübingen 2006.

Appel, Ivo, § 32 Privatverfahren, in: *Hoffmann-Riem/Schmidt-Aßmann/Voßkuhle* (Hrsg.), Grundlagen des Verwaltungsrechts Band 2, München 2008.

Arzt, Clemens, Gefährderansprache und Meldeauflage bei Sport-Großereignissen, Die Polizei 2006, S. 156.

- Verbunddateien des Bundeskriminalamts – Zeitgerechte Flurbereinigung, NJW 2011, S. 352.

Badura, Peter, § 29 Grundrechte und Wirtschaftsordnung, in: Handbuch der Grundrechte in Deutschland und Europa Band II, Heidelberg 2006.

Bauer, Martin, Kultur und Sport im Bundesverfassungsrecht, Frankfurt a. M. 1999.

Beaucamp, Guy, Sollten Kultur- und Sportförderung als Staatsziele in das Grundgesetz aufgenommen werden?, NordÖR 2009, S. 492.

Bechthold, Rainer, Kommentar zum GWB, 6. Aufl., München 2010.

Belz, Reiner/Mußmann, Eike, Polizeigesetz für Baden-Württemberg, 7. Aufl., Stuttgart 2009.

Benda, Ernst/Maihofer, Werner/Vogel, Hans-Jochen (Hrsg.), Handbuch des Verfassungsrechts der Bundesrepublik Deutschland, 2. Aufl., Berlin 1994.

Bernett, Hajo, Die Sport-Kritik der Neuen Linken, in: *ders.* (Hrsg.), Der Sport im Kreuzfeuer der Kritik, Schorndorf 1982.

Bernstein, Frank, Ludi publici, Stuttgart 1998.

Born, Jürgen L., Die Folgen des Bosman-Urteils aus der Sicht der Vereine, ZEuP 2005, S. 378.

Börner, Joachim, Sportstätten-Haftungsrecht, Berlin 1985.

Brandl, Georg, Das Sozialstaatsprinzip als subsidiäre Anspruchsgrundlage für nicht ausdrücklich normierte soziale Grundrechte, Frankfurt 1989.

Bredt, Stephan, „Gemietete“ Demonstranten und „Fuckparade“ - Der Versammlungsbegriff bleibt in Bewegung, NVwZ 2007, S. 1358.

Brenski, Carsten, Der Vorschlag zu einer Richtlinie des Europäischen Parlaments und des Rates über Dienstleistungen im Binnenmarkt, Speyer 2005.

Breucker, Marius, Präventivmaßnahmen gegen reisende Hooligans, NJW 2004, S. 1631.

- Zulässigkeit von Stadionverboten, JR 2005, S. 133.
- Sicherheit bei der Fußballweltmeisterschaft 2006, SpuRt 2005, S. 133.
- Sicherheitsmaßnahmen für die Fußballweltmeisterschaft 2006 – Prävention durch Polizei und Deutschen Fußball Bund, NJW 2006, S. 1233.
- Gegen Hooligans!, DPolBl. 2007, S. 4.

Britz, Gabriele, § 26 Elektronische Verwaltung, in: *Hoffmann-Riem/Schmidt-Aßmann/Voßkuhle* (Hrsg.), Grundlagen des Verwaltungsrechts Band 2, München 2008.

Brohm, Winfried, Demonstrationsmüll und Straßenreinigung, JZ 1989, S. 324.

Broß, Siegfried, Zur Erstattung der Kosten von Einsätzen der Polizei, VerwArch 1983, S. 388.

Brych, Felix, Möglichkeiten und Grenzen der gemeindlichen Förderung des Berufssports aus rechtlicher Sicht, Hamburg 2004.

Büch, Martin-Peter/Maennig, Wolfgang/Schulke, Hans-Jürgen, Sportgroßveranstaltungen – vom Erlebnis zum Standortfaktor, in: *dies.* (Hrsg.), Regional- und sportökonomische Aspekte von Sportgroßveranstaltungen, Köln 2002.

Buchberger, Markus, Die Überprüfbarkeit sportverbandsrechtlicher Entscheidungen durch die ordentliche Gerichtsbarkeit, Berlin 1999.

Bull, Hans Peter, Daseinsvorsorge im Wandel der Staatsformen, Der Staat 47 (2008), S. 1.

Bundesministerium des Innern (Hrsg.), 11. Sportbericht der Bundesregierung (BT-Drs. 16/3750), 2006.

- 12. Sportbericht der Bundesregierung (BT-Drs. 17/2880), 2010.

Bundesministerium des Innern/Bundesministerium der Jusitz (Hrsg.), Staatszielbestimmungen/Gesetzgebungsaufträge. Bericht der Sachverständigenkommission, 1983.

Burgi, Martin, Privatisierung öffentlicher Aufgaben - Gestaltungsmöglichkeiten, Grenzen, Regelungsbedarf, (Beilage), NJW 21/2008, S. 17.

Burmann, Michael/Heß, Rainer/Jahnke, Jürgen/Mühlhaus, Hermann, Straßenverkehrsrecht, 21. Aufl., München 2010.

Butte, Freyja, Das selbstgeschaffene Recht des Sports im Konflikt mit dem Geltungsanspruch des nationalen Rechts, Baden-Baden 2010.

Butzer, Hermann, Flucht in die polizeiliche Generalklausel?, VerwArch 2002, S. 506.

Caninenberg, Peter, Die Sportveranstaltungsausfallversicherung, Frankfurt 1987.

Cremer, Wolfram, Aufenthaltsverbote und offene Drogenszene, NVwZ 2001, S. 1218.

Dauer, Peter, Verkehrszentralregister: Wann entstehen Punkte?, NZV 2007, S. 593.

Deger, Johannes, Platzverweise und Betretungsverbote gegen Mitglieder der Drogenszene und anderer offener Szenen, VBlBW 1996, S. 90.

Denninger, Erhard/Hoffmann-Riem, Wolfgang/Schneider, Hans-Peter/Stein, Ekkehart, Kommentar zum Grundgesetz für die Bundesrepublik Deutschland (Alternativkommentar Grundgesetz), 3. Aufl., Neuwied 2001.

Deusch, Florian, Polizeiliche Gefahrenabwehr bei Sportgroßveranstaltungen, Berlin 2005.

- "Fanorientierte" Maßnahmen polizeilicher Gefahrenabwehr bei Fußballspielen, Die Polizei 2006, S. 145.

Dietel, Alfred/Gintzel, Kurt/Kniesel, Michael, Versammlungsgesetz, 16. Aufl., Köln 2011.

Dietl, Helmut/Pauli, Markus, Strategien erfolgreicher Stadionfinanzierung: Gesamt- und einzelwirtschaftliche Überlegungen am Beispiel des deutschen Profifußballs, in: *Büch/Maennig/Schulke* (Hrsg.), Regional- und sportökonomische Aspekte von Sportgroßveranstaltungen, Köln 2002.

Dietz, Andreas, Konzeptionelle Überlegungen zur „Genehmigung aus einer Hand“, DÖV 2005, S. 772.

Donhauser, Christoph, Neue Akzentuierungen bei der Vergabe von Standplätzen auf gemeindlichen Volksfesten und Märkten, NVwZ 2010, S. 931.

Dreher, Christian, Staatsziele im Bundesstaat am Beispiel des Sports, Göttingen 2005.

Dudzik, Thade, Die Werbewirkung von Sportsponsoring, Wiesbaden 2006.

Eifert, Martin, Grundversorgung mit Telekommunikationsleistungen im Gewährleistungsstaat, Baden-Baden 1998.

- Electronic Government als gesamtstaatliche Aufgabe, ZG 2001, S. 115.

- Electronic Government, Baden-Baden 2006.

Eisele, Jörg, Zur Bedeutung des § 231 II StGB nach dem 6. Strafrechtsreformgesetz, JR 2001, S. 270.

Eumann, Marc, Organisationsrechtliche Probleme kommunaler Daseinsvorsorge in den Vereinigten Staaten von Amerika, Berlin 1999.

Europäische Kommission (Hrsg.), Weißbuch Sport, Brüssel 2007.

Fehling, Michael/Ruffert, Matthias (Hrsg.), Regulierungsrecht, Tübingen 2010.

Feltes, Thomas, Zusammenarbeit zwischen privater und staatlicher Polizei bei der FIFA WM 2006TM, ZRP 2007, S. 243.

Fiebig, Jan-Peter, Der Einsatz der Bundeswehr im Innern, Köln 2002.

Fischer, Peter, Staatszielbestimmungen in den Verfassungen und Verfassungsentwürfen der neuen Bundesländer, München 1993.

Forsthoff, Ernst, Die Verwaltung als Leistungsträger, Stuttgart 1938.

- Die Daseinsvorsorge und die Kommunen, Köln 1958.

- Rechtsfragen der leistenden Verwaltung, Stuttgart 1959.

- Lehrbuch des Verwaltungsrechts, Bd. I, Allgemeiner Teil, 10. Aufl., München 1973.

Franzius, Claudio, Der "Gewährleistungsstaat" - ein neues Leitbild für den sich wandelnden Staat?, Der Staat 42 (2003), S. 493.

- Der Gewährleistungsstaat, VerwArch 2008, S. 351.

Fritzweiler, Jochen/Pfister, Bernhard/Summerer, Thomas (Hrsg.), Praxishandbuch Sport, 2. Aufl., München 2007.

Gans, Paul/Horn, Michael/Zemann, Christian, Alternative Konzepte zur Erfassung regionalwirtschaftlicher Wirkungen von Sportgroßveranstaltungen, in:

Büch/Maennig/Schulke (Hrsg.), Regional- und sportökonomische Aspekte von Sportgroßveranstaltungen, Köln 2002.

Geck, Wilhelm, Zum Versammlungsbegriff des Art. 8 GG, DVBl. 1980, S. 797.

Götz, Volkmar, Kostenrecht der Polizei und Ordnungsverwaltung, DVBl. 1984, S. 14.

- Allgemeines Polizei- und Ordnungsrecht, 14. Aufl., Göttingen 2008.

Gramm, Christof, Ersatz von Polizeikosten, in: *Sacksofsky/Wieland* (Hrsg.), Vom Steuerstaat zum Gebührenstaat, Baden-Baden 2000.

Grawert, Rolf, Die Bedeutung gliedstaatlichen Verfassungsrechts in der Gegenwart, NJW 1987, S. 2329.

Grzella, Ulrich, "Fußballfans sind nicht alle Verbrecher", DPolBl. 2007, S. 11.

Gusy, Christoph, Polizeirecht, 7. Aufl., Tübingen 2009.

Haack, Stefan, Kommunales W-LAN als Daseinsvorsorge, VerwArch 2008, S. 197.

Häberle, Peter, "Sport" als Thema neuerer verfassungsstaatlicher Verfassungen, in: *ders.* (Hrsg.), Das Grundgesetz zwischen Verfassungsrecht und Verfassungspolitik, Baden-Baden 1996.

Hailbronner, Kay, § 152 Freizügigkeit, in: Handbuch des Staatsrechts der Bundesrepublik Deutschland Band VII, 3. Aufl., Heidelberg 2009.

Hamacher, *Karl,* Exklusive Marketingrechte für Sportgroßveranstaltungen und ihre Grenzen am Beispiel von Kennzeichenschutz, SpuRt 2005, S. 55.

Hammer, Felix, Private Sicherheitsdienste, staatliches Gewaltmonopol, Rechtsstaatsprinzip und "schlanker Staat", DÖV 2000, S. 613.

Hebeler, Timo, Das Staatsziel Sport – verfehlte Verfassungsgebung?, SpuRt 2003, S. 221.

- Die Gefährderansprache, NVwZ 2011, S. 1364.

Hecker, Wolfgang, Neue Rechtsprechung zu Aufenthaltsverboten im Polizei- und Ordnungsrecht, NVwZ 2003, S. 1334.

Hedemann, Justus Wilhelm, Flucht in die Generalklauseln, Tübingen 1933.

Heermann, *Peter,* Professionelle Sportligen auf der Flucht vor dem Kartellrecht, RabelsZ 67 (2003), S. 106.

Heermann, Peter, Wettbewerbsrecht, in: *Nolte/Horst* (Hrsg.), Handbuch Sportrecht, Schorndorf 2009.

Heinemann, *Klaus,* Einführung in die Soziologie des Sports, 5. Aufl., Schorndorf 2007.

Henneke, *Hans-Günter,* Die Daseinsvorsorge in Deutschland - Begriff, historische Entwicklung, rechtliche Grundlagen und Organisation, in: *Krautscheid* (Hrsg.), Die Daseinsvorsorge im Spannungsfeld von europäischem Wettbewerb und Gemeinwohl, Wiesbaden 2009.

Herberg, *Dieter,* IRONMAN® - nicht nur eine sportliche Höchstleistung, DPolBl. 2007, S. 25.

Herzog, *Markwart,* Fußballkultur als Faktor städtischer und regionaler Identität, in: *Pyta* (Hrsg.), Der lange Weg zur Bundesliga, Münster 2004.

Herzog, Roman, Gesetzgebung und Einzelfallgerechtigkeit, NJW 1999, S. 25.

Hesse, Konrad, Grundzüge des Verfassungsrechts der Bundesrepublik Deutschland, Heidelberg 1995.

Hilf, Meinhard/Pache, Eckhard, Das Bosman-Urteil des EuGH, NJW 1996, S. 1169.

Hill, Hermann, Bürokratieabbau und Verwaltungsmodernisierung, DÖV 2004, S. 721.

Hoffmann-Riem, Wolfgang, Übergang der Polizeigewalt auf Private?, ZRP 1977, S. 277.

- Verwaltungsrecht in der Informationsgesellschaft, in: *ders./Schmidt-Aßmann* (Hrsg.), Verwaltungsrecht in der Informationsgesellschaft, Baden-Baden 2000.

- Neuere Rechtsprechung des BVerfG zur Versammlungsfreiheit, NVwZ 2002, S. 257.

Hofmann, Hasso, Natur und Naturschutz im Spiegel des Verfassungsrechts, JZ 1988, S. 265.

Holzke, Frank, Der Begriff Sport im deutschen und europäischen Recht, Köln 2001.

Hölzl, Alfons, Sport in der Verfassung und in der Verfassungswirklichkeit unter Berücksichtigung des Gemeinschaftsrechts, Regensburg 2002.

Hornby, Nick, Fever Pitch, London 1992.

Hummer, Waldemar, Der Vertrag von Prüm – "Schengen III"?, EuR 2007, S. 517.

Ipsen, Hans Peter, Über das Grundgesetz, Rede gehalten anlässlich des Beginns des neuen Amtsjahres des Rektors der Universität Hamburg am 17. Nov. 1949, Hamburg 1950.

Isensee, Josef, § 73 Staatsaufgaben, in: Handbuch des Staatsrechts der Bundesrepublik Deutschland Band IV, 3. Aufl, Heidelberg 2006.

Jeand'Heur, Bernd, Von der Gefahrenabwehr als staatlicher Angelegenheit zum Einsatz privater Sicherheitskräfte, AöR 119 (1994), S. 107.

Jellinek, Georg, Allgemeine Staatslehre, 3. Aufl. (Nachdruck von 1959), Darmstadt 1914.

Kania, Thomas, Betriebsräte in Lizenzfußballvereinen, SpuRt 1994, S. 121.

Kasza, Peter, 1954 – Fußball spielt Geschichte, Bonn 2004.

Kilian, Wolfgang/Heussen, Benno, Computerrecht, 28. Lfg., München 2010.

Kingreen, Thorsten, Das Sozialstaatsprinzip im europäischen Verfassungsverbund, Tübingen 2003.

Kirsch, Guy/Kempf, Hippolyt, Staatliche Finanzierung des Sports - Ein Auslaufmodell?, in: *Horch* (Hrsg.), Finanzierung des Sports: Beiträge des 2. Kölner Sportökonomie-Kongresses, Aachen 2002.

Klees, Andreas, "One stop shop" bei Anträgen auf Kronzeugenbehandlung in Europa?, EuZW 2005, S. 449.

Knack, Hans Joachim/Henneke, Hans-Günter, Verwaltungsverfahrensgesetz, Köln 2010.

Knape, Michael/Klös, Jörg-Michael, Oberste Priorität für untere Fußballligen?, Die Polizei 2007, S. 241.

Knauff, Matthias, Der Gewährleistungsstaat: Reform der Daseinsvorsorge, Berlin 2004.

Knemeyer, Franz-Ludwig, Polizei- und Ordnungsrecht, 11. Aufl., München 2007.

Kniesel, Michael, Versammlungs- und Demonstrationsfreiheit, NJW 2000, S. 2857.

Krahm, Bastian, Polizeiliche Maßnahmen zur Eindämmung von Hooligangewalt, Stuttgart 2007.

Krajewski, Markus, Rechtsbegriff Daseinsvorsorge?, VerwArch 2008, S. 174.

Kramer, Ernst, Juristische Methodenlehre, 2. Aufl., Bern 2005.

Krogmann, Mario, Grundrechte im Sport, Berlin 1998.

Krüger, Heike/van der Schoot, Oliver, Eingekesselte Versammlungsfreiheit, NordÖR 2007, S. 276.

Kubera, Thomas, Beweissicherung und Freiheitsentziehung bei gewalttätigen Aktionen aus Anlass der FIFA-WM 2006, Die Polizei 2007, S. 125.

Kühling, Jürgen, Kulturstaat und Verfassungsrecht, in: Nach geltendem Verfassungsrecht: Festschrift für Udo Steiner zum 70. Geburtstag, Stuttgart 2009.

Lambiris, Andreas, Klassische Standardbefugnisse im Polizeirecht, Stuttgart 2002.

Langer, Mathias, Öffentliche Förderung des Sports, Berlin 2006.

Lege, Joachim, Polizeieinsätze bei Fußball-Bundesligaspielen, VerwArch 1998, S. 71.

Leggereit, Rainer, Verbringungsgewahrsam – ein generell rechtswidriges Instrumentarium der Vollzugspolizei?, NVwZ 1999, S. 263.

Lemor, Florian, Auswirkungen der Dienstleistungsrichtlinie auf ausgesuchte reglementierte Berufe, EuZW 2007, S. 135.

- */Haake, Stefan,* Ausgesuchte Rechtsfragen der Umsetzung der Dienstleistungsrichtlinie, EuZW 2009, S. 65.

Leutert, Stefan, Polizeikostentragung bei Grossveranstaltungen, Zürich 2005.

Lisken, Hans/Denninger, Erhard (Hrsg.), Handbuch des Polizeirechts, 4. Aufl., München 2007.

Löwer, Wolfgang/Tettinger, Peter J./Ennuschat, Jörg, Kommentar zur Verfassung des Landes Nordrhein-Westfalen, Stuttgart 2002.

Majer, Diemut, Die Kostenerstattungspflicht für Polizeieinsätze aus Anlaß von privaten Veranstaltungen, VerwArch 1982, S. 167.

Markert, Ludwig/Schmidbauer, Wilhelm, Polizeirechtliche Probleme bei Sportgroßveranstaltungen, BayVBl. 1993, S. 517.

- Polizeitaktische und polizeirechtliche Probleme bei Sportgroßveranstaltungen, in: *Schild* (Hrsg.), Rechtliche Aspekte bei Sportgroßveranstaltungen, Heidelberg 1994.

Maunz, Theodor/Dürig, Günter (Hrsg.), Kommentar zum GG, München 2010 (Lfg. 60).

Mayen, Thomas, Privatisierung öffentlicher Aufgaben: Rechtliche Grenzen und rechtliche Möglichkeiten, DÖV 2001, S. 110.

Melwitz, Nikolaus, Der Schutz von Sportgroßveranstaltungen gegen Ambush Marketing, Tübingen 2008.

Merten, Deltlef, Über Staatsziele, DÖV 1993, S. 368.

Meyer-Goßner, Lutz, Strafprozessordnung, 53. Aufl., München 2010.

Michel, Julia, Doping, Berlin 2010.

Micker, Lars, Die Anwendung ordnungsrechtlicher Generalklauseln auf Aufenthaltsverbote zur Bekämpfung von Drogenszenen, VR 2003, S. 89.

Ministerium für Kultus, Jugend und Sport Baden-Württemberg (Hrsg.), 19. Landessportplan (LT-Drs. 14/663), 2007/2008.

- 21. Landessportplan (LT-Drs. 14/5610), 2010/2011.

Möller, Manfred, Allgemeines Polizei- und Ordnungsrecht, 5. Aufl., Stuttgart 2003.

Motzke, Gerd, Verkehrssicherheit in Fußballstadien – Forderungen der Panikforschung an der Schnittstelle zwischen Bauordnungsrecht und Privatrecht mit Auswirkungen auf die Planung, NZBau 2004, S. 297.

Muckel, Stefan, Abschied vom Zweckveranlasser, DÖV 1998, S. 18.

Murswiek, Dietrich, Umweltschutz als Staatszweck, Bonn 1995.

- Staatsziel Umweltschutz (Art. 20a GG), NVwZ 1996, S. 222.

Mutius, Albert von, Die Generalklausel im Polizei- und Ordnungsrecht, Jura 1986, S. 649.

Mutschler, Stefanie, Der Prümer Vertrag, Stuttgart 2010.

Neuner, Claudia, Zulässigkeit und Grenzen polizeilicher Verwaltungsmaßnahmen, Berlin 2003.

Nolte, Martin, Aufgaben und Befugnisse der Polizeibehörden bei Sportgroßveranstaltungen, NVwZ 2001, S. 147.

- Staatliche Verantwortung im Bereich Sport, Kiel 2004.

- Sport in guter Verfassung - auch ein Verfassungsgut?, in: Gedenkschrift für Jörn Eckert, Baden- Baden 2008.

- Staats- und Europarecht, in: *ders./Horst* (Hrsg.), Handbuch Sportrecht, Schorndorf 2009.

Ochs, Rudolf, Zusammenarbeit zwischen Polizei und privaten Sicherheitsdiensten, Die Polizei 2005, S. 69.

- Fußball-WM 2006, Die Polizei 2006, S. 129.

Olshausen, Henning von, Landesverfassungsbeschwerde und Bundesrecht, Baden-Baden 1980.

Paetow, Stefan, Das Mehrfachtäter-Punktsystem als Rechtsnorm?, NJW 1990, S. 1441.

Palm, Wolfgang, Öffentliche Kunstförderung zwischen Kunstfreiheitsgarantie und Kulturstaat, Berlin 1998.

Panagiotopoulos, Dimitrios/Mournianakis, Ioannis, Verbandsautonomie und staatliche Regulierung, SpuRt 2006, S. 189.

Panzig, Holger, Gestaltung regionaler Informationssysteme Thema: Verwaltung und Internet 5. Phase: "One Stop Government", JurPC 2000, Web-Dok. 99.

Papier, Hans-Jürgen, Kommunale Daseinsvorsorge im Spannungsfeld zwischen nationalem Recht und Gemeinschaftsrecht, DVBl. 2003, S. 686.

Persch, Sven, Sportförderung in Europa: Der neue Art. 165 AEUV, NJW 2010, S. 1917.

Pestalozza, Christian, Die Bedeutung gliedstaatlichen Verfassungsrechts in der Gegenwart, NVwZ 1987, S. 744.

Piastowski, Andreas, Gemeinsam für die Sicherheit, DPolBl. 2007, S. 2.

Pieroth, Bodo/Schlink, Bernhard, Staatsrecht II Grundrechte, 26. Aufl., Heidelberg 2010.

- */Kniesel, Michael,* Polizei- und Ordnungsrecht, 6. Aufl., München 2010.

Pitschas, Rainer, Polizei und Sicherheitsgewerbe, Wiesbaden 2000.

Präsident des Bundesrechnungshofes (Hrsg.), Gutachten - Modernisierung der Verwaltungsbeziehungen von Bund und Ländern, 2007.

Preißler, Dietmar, Fußball im katholischen Milieu, in: *Pyta* (Hrsg.), Der lange Weg zur Bundesliga, Münster 2004.

Pyta, Wolfram, Der Beitrag des Fußballsports zur kulturellen Identitätsstiftung in Deutschland, in: *ders.* (Hrsg.), Der lange Weg zur Bundesliga, Münster 2004.

Reimer, Franz, § 9 Das Parlamentsgesetz als Steuerungsmittel und Kontrollmaßstab, in: *Hoffmann-Riem/Schmidt-Aßmann/Voßkuhle* (Hrsg.), Grundlagen des Verwaltungsrechts Band 1, München 2006.

Reissinger, Florian, Staatliche Verantwortung zur Bekämpfung des Dopings, Baden-Baden 2010.

Richtsfeld, Stefan, Das Rechtsverhältnis zwischen Sportveranstalter und Zuschauer, Regensburg 1991.

Ringwald, Roman, Daseinsvorsorge als Rechtsbegriff, Frankfurt 2007.

Rixen, Stephan, Vom Polizeirecht über das Gewerberecht zurück zum Policeyrecht?, Die Polizei 2007, S. 168.

Rolfes, Eugen, Aristoteles: Politik, Hamburg 1981.

Roos, Jürgen, Fußball und Recht, Kriminalistik 1994, S. 674.

Röper, Erich, Anmerkung zu dem Urteil des VGH Baden-Württemberg vom 15.9.1980, DVBl. 1981, S. 780.

Roßnagel, Alexander, Möglichkeiten für Transparenz und Öffentlichkeit im Verwaltungshandeln – unter besonderer Berücksichtigung des Internet als Instrument der Staatskommunikation, in: *Hoffmann-Riem/Schmidt-Aßmann* (Hrsg.), Verwaltungsrecht in der Informationsgesellschaft, Baden-Baden 2000.

Roth, *Wulf-Henning,* Drittwirkung der Grundfreiheiten, in: Festschrift für Ulrich Everling, Baden-Baden 1995.

Röthel, *Anne,* Lex mercatoria, lex sportiva, lex technica - Private Rechtssetzung jenseits des Nationalstaates?, JZ 2007, S. 755.

Ruder, *Karl-Heinz,* Platz- bzw. Hausverweis, Betretungs- und Rückkehrverbot für gewalttätige Ehepartner?, VBlBW 2002, S. 11.

- */Schmitt, Steffen*, Polizeirecht Baden-Württemberg, 7. Aufl., Baden-Baden 2011.

Sachs, *Michael* (Hrsg.), Grundgesetz, 5. Aufl., München 2009.

Sacksofsky, *Ute,* § 40 Anreize, in: *Hoffmann-Riem/Schmidt-Aßmann/Voßkuhle* (Hrsg.), Grundlagen des Verwaltungsrechts Band 2, München 2008.

Schenke, *Wolf-Rüdiger,* Erstattung der Kosten von Polizeieinsätzen, NJW 1983, S. 1882.

- Polizei- und Ordnungsrecht, 6. Aufl., Heidelberg 2009.

Schmidt-Aßmann, *Eberhard,* Zur Reform des Allgemeinen Verwaltungsrechts, in: *Hoffmann-Riem/ders./Schuppert* (Hrsg.), Reform des Allgemeinen Verwaltungsrechts, Baden-Baden 1993.

Schmidt, *Christian,* Neustrukturierung der Bundesnetzagentur – Verfassungs- und verwaltungsrechtliche Probleme, NVwZ 2006, S. 907.

Schmidt, *Reiner,* Die Liberalisierung der Daseinsvorsorge, Der Staat 42 (2003), S. 225.

Schmidt, *Rolf,* Bremisches Polizeigesetz, Grasberg b. Bremen 2006.

Schmidt, *Thorsten,* Der Anspruch auf Ersatz von Polizeikosten bei Großveranstaltungen, ZRP 2007, S. 120.

Schneider, *Jürgen,* Reform der Lissabon-Strategie, Wissenschaftliche Dienste des Deutschen Bundestages Nr. 10/05 vom 22.2.2005.

Schnekenburger, *Franz,* Rechtsstellung und Aufgaben des privaten Sicherheitsgewerbes, Köln 1999.

Schoch, *Friedrich,* Polizei- und Ordnungsrecht, in: *Schmidt-Aßmann/ders.* (Hrsg.), Besonderes Verwaltungsrecht, 14. Aufl., Berlin 2008.

- Gewährleistungsverwaltung: Stärkung der Privatgesellschaft?, in: Bitburger Gespräche Jahrbuch 2008/I, München 2009.

Schönke, *Adolf/Schröder, Horst* (Hrsg.), Strafgesetzbuch, 28. Aufl., München 2010.

Schubert, *Jürgen,* Europa – Fußball – Einsatzgeschehen – Belastungen und die Bereitschaftspolizeien mittendrin, Die Polizei 2008, S. 198.

Schulze-Fielitz, *Helmuth,* § 12 Grundmodi der Aufgabenwahrnehmung, in: *Hoffmann-Riem/Schmidt-Aßmann/Voßkuhle* (Hrsg.), Grundlagen des Verwaltungsrechts Band 1, München 2006.

Schuppan, *Tino/Reichard*, *Christoph,* eGovernment: Von der Mode zur Modernisierung, LKV 2002, S. 105.

Schuppert, *Gunnar Folke,* Vom produzierenden zum gewährleistenden Staat, in: *König/Benz* (Hrsg.), Privatisierung und staatliche Regulierung, Baden-Baden 1997.

Schütte, Christian, Progressive Verwaltungsrechtswissenschaft auf konservativer Grundlage, Berlin 2006.

Schütz, Raimund/Cornils, Matthias Universaldienst und Telekommunikation, DVBl. 1997, S. 1146.

Schweitzer, Heike, Daseinsvorsorge, "service public", Universaldienst, Baden-Baden 2002.

Segerer, Jürgen, Wirkung der Grundrechte zwischen Sportlern, Sportvereinigungen und Staat, Bayreuth 1999.

Siebler, Michael, Olympia, Stuttgart 2004.

Siegfried, Michael, Die Fernsehberichterstattung von Sportveranstaltungen, München 1990.

Simon, Helmut/Franke, Dietrich/ Sachs, Michael, Handbuch der Verfassung des Landes Brandenburg, Stuttgart 1994.

Sommermann, Karl-Peter, Staatsziele und Staatszielbestimmungen, Tübingen 1997.

- Kultur im Verfassungsstaat, VVDStRL 65 (2006), S. 7.

Steiner, Udo, Staat, Sport und Verfassung, DÖV 1983, S. 173.

- Verfassungsfragen des Sports, NJW 1991, S. 2729.
- Aktuelle Entwicklung des Verhältnisses von Sport und Recht, BayVBl. 1995, S. 417.
- Von den Grundrechten im Sport zur Staatszielbestimmung "Sportförderung", in: Festschrift für Klaus Stern zum 65. Geburtstag, München 1997.
- Bemerkungen zum Verhältnis von Staat und Sport in Deutschland, in: Festschrift für Volker Röhricht zum 65. Geburtstag, Köln 2005.
- § 87 Sport und Freizeit, in: Handbuch des Staatsrechts der Bundesrepublik Deutschland Band IV, 3. Aufl., Heidelberg 2006.

Stender-Vorwachs, Jutta, Sport und Kultur, SpuRt 2004, S. 201.

Stober, Rolf, Private Sicherheitsdienste als Dienstleister für die öffentliche Sicherheit?, ZRP 2001, S. 260.

- Zur Qualifizierung der privaten Sicherheitsdienste, GewArch 2002, S. 129.
- Für ein aufgabenadäquates Sicherheitsvergaberecht – Verfassungsrechtliche und rechtspolitische Anforderungen an die Auftragsvergabe bei Sicherheitsdienstleistungen, NJW 2007, S. 2008.
- Privatisierung öffentlicher Aufgaben. Phantomdiskussion oder Gestaltungsoption in einer verantwortungsgeteilten, offenen Wirtschafts-, Sozial- und Sicherheitsverfassung?, NJW 2008, S. 2301.

Strauß, Ingo, Hörfunkrechte des Sportveranstalters, Berlin 2006.

Streinz, Rudolf, Der Fall Bosman: Bilanz und neue Fragen, ZEuP 2005, S. 340.

- Deutschland als "Sportstaat" - Gegenseitige Erwartungen von Sport und Verfassung, in: Wege gelebter Verfassung in Recht und Politik: Festschrift für Rupert Scholz zum 70. Geburtstag, Berlin 2007.

- /*Leible, Stefan,* Die unmittelbare Drittwirkung der Grundfreiheiten, EuZW 2000, S. 459.

Stümper, Franz-Peter, Die Gewährleistung der öffentlichen Sicherheit und Ordnung bei Großsportveranstaltungen, Tübingen 2001.

Swieter, Detlef, Eine ökonomische Analyse der Fußball-Bundesliga, Berlin 2002.

Tettinger, Peter J., Rechtsprobleme der Subventionierung des Sports, in: *ders.* (Hrsg.), Subventionierung des Sports, Heidelberg 1987.

- Sport als Verfassungsthema, JZ 2000, S. 1069.

- 10 Jahre Sport in der Verfassung des Landes NRW, SpuRt 2003, S. 45.

- /*Wank, Rolf,* Gewerbeordnung, 7. Aufl., München 2004.

Trzaskalik, Christoph, Die Steuer - Instrument der Sportförderung, in: *Tettinger* (Hrsg.), Subventionierung des Sports, Heidelberg 1987.

Tschentscher, Axel, Versammlungsfreiheit und Eventkultur – Unterhaltungsveranstaltungen im Schutzbereich des Art. 8 I GG, NVwZ 2001, S. 1243.

Unruh, Georg-Christoph von, Vorsorge für das Dasein, DÖV 2006, S. 779.

Vesting, Thomas, § 20 Information und Kommunikation, in: *Hoffmann-Riem/Schmidt-Aßmann/Voßkuhle* (Hrsg.), Grundlagen des Verwaltungsrechts Band 2, München 2008.

Vieweg, Klaus/Röthel, Anne, Verbandsautonomie und Grundfreiheiten, ZHR 166 (2002), S. 6.

- /*Müller, Anne,* Gleichbehandlung im Sport – Grundlagen und Grenzen, in: Nach geltendem Verfassungsrecht: Festschrift für Udo Steiner zum 70. Geburtstag, Stuttgart 2009.

Vitzthum, Wolfgang Graf, Auf der Suche nach einer sozio-ökonomischen Identität?, VBlBW 1991, S. 404.

Vögeli, Christoph/Netzle, Stephan, Schweizer Hooligan-Gesetz: Wirksamere Bekämpfung der Gewalt in den Stadien, SpuRt 2007, S. 221.

Volkmann, Uwe, Die Rückeroberung der Allmende, NVwZ 2000, S. 361.

Voßkuhle, Andreas, Beteiligung Privater an der Wahrnehmung öffentlicher Aufgaben und staatliche Verantwortung, VVDStRL 62 (2003), S. 266.

- § 1 Neue Verwaltungsrechtswissenschaft, in: *Hoffmann-Riem/Schmidt-Aßmann/ders.* (Hrsg.), Grundlagen des Verwaltungsrechts Band 1, München 2006.

Wackerhagen, Rolf/Olschok, Harald, Deutschland, in: *Ottens/Olschok/Landrock* (Hrsg.), Recht und Organisation privater Sicherheitsdienste in Europa, Stuttgart 1999.

Wahlen, Swantje, Polizeikostenerstattung kommerzieller Großveranstalter, Saarbrücken 2008.

Weiß, Holger, Die rechtliche Gewährleistung der Produktsicherheit, Baden-Baden 2008.

Widder, Fabian, Die Polizeipflicht des Zweckveranlassers, Frankfurt 1997.

Wiefelspütz, Dieter, Ist die Love-Parade eine Versammlung?, NJW 2002, S. 274.

Wiegand, Wolfgang, Die Verantwortlichkeit des Veranstalters gegenüber den Teilnehmern, in: *ASDS* (Hrsg.), Die Verantwortlichkeit des Sportveranstalters, Neuchâtel 1998.

Wilbert-Lampen, Ute/Leistner, David/Greven, Sonja, et al., Cardiovascular Events during World Cup Soccer, The New England Journal of Medicine Bd. 358 (2008), S. 475.

Windoffer, Alexander, Einheitliche Ansprechpartner nach der EU-Dienstleistungsrichtlinie – Aufgabenprofil und Ansiedlungsoptionen, DVBl. 2006, S. 1210.

- Die Implementierung einheitlicher Ansprechpartner nach der EU-Dienstleistungsrichtlinie – Problemfelder und Anpassungsbedarf im nationalen Recht, NVwZ 2007, S. 495.

Winkler, Markus, Private Wachdienste als Horch- und Guckposten der Polizei?, NWVBl. 2000, S. 287.

Wißmann, Hinnerk, Generalklauseln, Tübingen 2008.

Wolf, Heinz/ Stephan, Ulrich /Deger, Johannes, Polizeigesetz für Baden-Württemberg, 6. Aufl., Stuttgart 2009.

Wollff, Hans/Bachof, Otto/Stober, Rolf/Kluth, Winfried, Verwaltungsrecht I, 12. Aufl., München 2007.

Wopp, Christian, Die Zukunft des Sports und Fragen an die Volkswirtschaft, in: *Büch/Maennig/Schulke* (Hrsg.), Regional- und sportökonomische Aspekte von Sportgroßveranstaltungen, Köln 2002.

Woyke, Wichard, Mega-Events und ihre Bedeutung für die Politik, in: *ders.* (Hrsg.), Sport und Politik, Schwalbach 2006.

Wulff, Siegfried-Peter/Rogge, Ingo, Fußballweltmeisterschaft 2006 – Sportevent der Superlative, Die Polizei 2007, S. 117.

Würtenberger, Thomas, Erstattung von Polizeikosten, NVwZ 1983, S. 192.

- Risiken des Sports – polizei- und ordnungsrechtliche Fragen, in: *ders.* (Hrsg.), Risikosportarten, Heidelberg 1991.

- */Heckmann, Dirk,* Polizeirecht in Baden-Württemberg, 6. Aufl., Heidelberg 2005.

Zippelius, Reinhold, Juristische Methodenlehre, 10. Aufl., München 2006.

FSC
www.fsc.org
MIX
Papier | Fördert
gute Waldnutzung
FSC® C083411

Kolibri 360 GmbH
Ferdinand-Jühlke-Straße 7
99095 Erfurt, Deutschland
produktsicherheit@kolibri360.de